国家社科基金青年项目"汉语形容词的词类属性和句法功能"
（项目编号：13CYY063）

汉语形容词的词类问题及相关句法语义研究

陈刚 著

中国社会科学出版社

图书在版编目（CIP）数据

汉语形容词的词类问题及相关句法语义研究/陈刚著.—北京：中国社会科学出版社，2021.12
ISBN 978-7-5203-9001-9

Ⅰ.①汉… Ⅱ.①陈… Ⅲ.①汉语—形容词—研究 Ⅳ.①H146.2

中国版本图书馆 CIP 数据核字（2021）第 172811 号

出 版 人	赵剑英
责任编辑	慈明亮
责任校对	赵雪姣
责任印制	戴 宽

出　　版	中国社会科学出版社
社　　址	北京鼓楼西大街甲 158 号
邮　　编	100720
网　　址	http://www.csspw.cn
发 行 部	010-84083685
门 市 部	010-84029450
经　　销	新华书店及其他书店
印　　刷	北京君升印刷有限公司
装　　订	廊坊市广阳区广增装订厂
版　　次	2021 年 12 月第 1 版
印　　次	2021 年 12 月第 1 次印刷
开　　本	710×1000　1/16
印　　张	20.75
插　　页	2
字　　数	351 千字
定　　价	118.00 元

凡购买中国社会科学出版社图书，如有质量问题请与本社营销中心联系调换
电话：010-84083683
版权所有　侵权必究

序

沈家煊　中国社会科学院

陈刚在取得博士学位后多年来在安徽大学教英语、教语言学，不喜欢出头露面，现在一个接一个、开得热热闹闹的学术会议上鲜见他的身影，但是我知道他一直关注语言学界的热点问题，在他感兴趣的研究领域（汉语的形容词）内，勤奋学习，独立思考，钻研不止。现在的学界最好有更多像他这样默默耕耘不求闻达的人。

形容词在汉语语法中的地位问题一直悬而未决，而且意见纷杂。有人认为汉语跟英语一样是名、动、形、副四分，先是名词和动词二分对立，然后形容词是名词的修饰语，副词是动词的修饰语。有人认为名、动、形三分鼎立，说英语也是这样，因为英语里名词、动词、形容词各有各的形态。有人认为汉语的形容词只是动词的一个次类，是不及物动词，这就取消了形容词的独立地位，但没有否认汉语有形容词。国外有学者则认为汉语里根本没有形容词，连动词的次类也不是。还有人则认为汉语不仅有形容词而且是以形容词为本的。我想，外界的人要是知道了一定会奇怪，会发问，你们语法学家到底在搞什么名堂？

以上各种看法虽然各不相同互相抵触，但是有一个共同的前提，那就是"名动分立"，假设名词和动词必然是二分对立的，然后在这个前提下来看形容词。陈刚在书中通过详细的分析说明，造成形容词地位剧烈纷争的原因恰恰是名动分立这个前提。如果忽视了名动的关系，那么也就无法正确判断形容词的词类地位。陈刚赞同我提出的观点，汉语里的名词和动词不是分立关系，而是包含关系，名词是"大名词"，包含动词。他要论证的是，解决汉语形容词地位问题的出路在放弃名动分立、接受名动包含。他还回应了一些对名动包含说的误解曲解和质疑。

国际上对词类的类型学研究近些年来有很大的进展，文献不少，陈刚潜心阅读，仔细领会，打开了眼界。原来从世界范围来看，英语那种名动分立、形饰名、副饰动的词类格局只是一个特例，大量的语言不是这个类型，尤其是名词和动词不是二分对立的。书中提到，早在20世纪初，美国结构主义语言学家和人类学家鲍阿斯就开始对印欧语词类划分的普遍性提出质疑，认为美洲印第安语言中的一些词类在印欧语中可能并不存在。近年来专门从事词类类型学研究的学者根据调查指出，名词、动词、形容词这些源于印欧语的词类名称在世界范围来看，并无统一的定义或内涵，直接使用这些名称是不可取的。澳大利亚的语言类型学家迪克森对大量的土著语言进行了调查，他指出，当研究者面对一种陌生的语言时，首要任务就是使用该语言的内在语法标准对词进行分类，然后再为这些词类命名，一种语言内在的语法标准通常也只适合该语言。

研究者最不可做的事情，是把有待发现的东西作为发现它的准则。名词和动词这对范畴是舶来品，它们的所指和之间的关系在汉语里是有待发现和验证的东西。然而，受印欧语语法观念的深刻影响，长期以来我们一直无法摆脱名动必然二分对立的观念，这种观念变得根深蒂固，思维的习惯定式使得要摆脱这一观念十分困难。这种思维定式造成汉语语法分析中出现大量不好解决的问题，纷争不断，语法规则变得比语言事实还复杂，而不少研究者却自我感觉良好，令人遗憾。做科学研究的人不能对研究现状的感觉太好，天下太平，花好月圆，应该总是觉得有问题要解决才好，有问题才需要研究，才会有进步。特别是一些根本性的、牵动全局的问题，更要勇于正视。何况在应用方面，现行的汉语语法体系，针对中学的语法教学是不成功的，对人工智能、人机对话的贡献也微乎其微。正是因为认识到存在的问题严重，吕叔湘先生生前呼吁汉语语法研究要"大破大立"。

我阅读陈刚的书稿，学到不少东西，特别是国外词类类型学方面的进展情况。比如有一位数理语言学家认为，如果一种语言具有独立的名词，同时有一类词既是名词也是动词（动词类尚未独立），那么这种语言就属于名词为本的柔性语言，这类语言有毛利语（Maori）和纽因语（Niuean)等。他还发现，实际只存在名词为本的柔性语言，没有动词为本的柔性语言。书中还介绍了北美洲卢绍锡德语（Lushootseed）的情形，通过与汉语的比较，陈刚认为汉语是"主语中性化语言"（名词动词都能自由做主语），而卢绍锡德语是谓语中性化语言（名词动词都能自由做谓语），汉语的词类系统是"语用型单向柔性"，而卢绍锡德语的词类系统是"语法型单向柔性"，汉语词类系统的柔性程度相对更高。这些内容都值得我们去深入了解和参考。

陈刚在书中指出汉语语法学界不少互相矛盾的观点和做法，应该引起我们的重视。比如有的研究或教材一方面认为副词的功能是做状语，同时承认汉语的形容词也可以修饰动词，另一方面又同意词的兼类只能是少数，须知这两个方面在深层次上是相互冲突的，因为如果认为大量修饰动词的形容词都是状语，那就是同意大量形容词都是兼类，兼具副词性。又比如，有的语法书一方面认可形容词也是动词，另一方面又将形容词看作和名词、动词对立的词类，即形容词是独立的词类。又比如，在处理汉语名动关系时，只根据名动功能上的不同点（名词一般不做谓语）确认名动分立，但在处理动形关系时，却又只看到动形功能上的相同点（形容词也能做谓语），确认动形同类。又比如，不少人在语法现象和语用现象的判断上自相矛盾，在一处给"漂亮女孩"的说法打上不合语法的星号，在一处又承认"漂亮女孩"在一定的语境里是成立的，并用它作为语法论证的依据。对这些矛盾或不自洽，陈刚很敏感很警觉。如果你是一个从事语法理论和语法体系的研究者，就不能不具备这种敏感性和警觉性。

消除理论和体系上的矛盾和不自洽是汉语语法研究的当务之急。我想起朱德熙先生对"名物化"说（主张汉语动词做主语宾语的时候发生了名物化）的批评，说名物化在理论上站不住脚，所谓名物化或"零形式的"名物化完全是"人为的虚构"，因为造成自相矛盾，而且会导致汉语没有词类的结论，名物化不仅理论上站不住，而且在语法教学上也没有意义。从陈刚的书稿中我看到，即使在英语中，零派生这种假设也受到一些批评。上面提到的那位数理语言学家（Luuk，2010，见书后参考文献）指出，零派生是一种错误的、多余的说法。这种说法混淆了两件事：词的历时派生和词的共时派生。以英语 walk 一词为例，从历时角度看，这个词的名词用法的确是源于它的动词用法。然而，零派生这个假设涉及的是词的共时派生。事实上，有了一个词的历时派生就不再需要一个相应的共时派生，从逻辑上讲，一个词不需要也不可能派生两次。合理的解释应该是：在共时层面，walk 是一个柔性词；在历时层面，walk 从一个动词演变为一个柔性词。Luuk 提出，英语是个靠形态派生新词的语言，如果英语的单词本身就可以派生成为其他词类，那要这些形态有何意义？所以在现代英语中，以 walk 为代表的这些词本身就是一个柔性词类，一个尚未分化的词类。Luuk 的批评不无道理，值得今天还在主张汉语动词"名物化"的人深思。陈刚在书中有一句话：汉语中根本不存在与"零派生"对立的"非零派生"，所以零派生的说法显得无中生有。

我也赞赏陈刚在研究中坚持理论的简洁性。朱德熙先生曾说，建立语法体系的时候简单和严谨同等重要。遗憾的是，简单原则一直没有得到汉语语法学界的足够重视，很多人以为研究就是细分，不管不断地细分使体系变得何等复杂，再加上不自洽，这是目前的汉语语法理论得不到国际认可的一个重要原因。陈刚在书中对科学家、哲学家重视简单原则的论述有较多的介绍，并且以英语 before 一词的词性为例，说明在语法研究中心贯彻简单原则的重要性，他对形容词地位的研究就是以理论和体系的简单为准则的。在研究的方法上，陈刚还强调分清主次的重要性，我一直认为，能不能分清主次说来容易做起来难，但体现一个研究者的素质，现在有些对"名动包含"说的无理质疑，起因是对语言事实不分主次。比如有人反对朱德熙先生的观点，即汉语的动词大都可以直接做主宾语因此没有名词化或名物化，说英语也有不少如 walk 那样的动词可以做主宾语，这显然是把英语中的次要现象当作主要现象了，且不说 walk 这类词做主宾语的时候一般都要加冠词。

陈刚在书中最终对形容词在汉语词类系统中的定位是：形容词和动词是从属于大名词的两个并列的次类，动词是指称动作的名词，形容词是指称性状的名词。我由此想起了《马氏文通》。马氏在仿照拉丁语语法建立汉语词类系统的时候，对汉语自身的特性不是没有意识，从取名来看，与"动字"相对的是"静字"，而静字是指形容词，可见在他的潜意识里，动字不是首先与名字相对，尽管他的论述还是名、动、静三者并列，这是不自洽的地方。陈刚的这个名动形格局与以往各种格局的大不同就是重新审视名动关系，确立大名词的地位。这个新的格局当然可以讨论可以评判，但是讨论和评判的共同标准应该是严谨和简单（与严谨同等重要），加上分清主次。

总之，本书虽以形容词的研究为主，涉及形容词做主语、定语、谓语、补语的方方面面，其实联系到对整个汉语语法体系的重新认识，是从事汉语语法和语法理论研究的人应该重视和参考的一本书。

2021年10月26日

目　　录

第一章　引言 ……………………………………………………… (1)

第二章　词类研究的历史、视角和问题 ………………………… (5)
　第一节　词类研究溯源 ………………………………………… (5)
　第二节　词类研究的主要视角和观点 ………………………… (6)
　　2.1　功能视角 ………………………………………………… (7)
　　2.2　认知视角 ………………………………………………… (20)
　　2.3　生成语法视角 …………………………………………… (23)
　第三节　汉语词类研究的历史和困境 ………………………… (25)
　　3.1　名词化和名物化的再兴起 ……………………………… (26)
　　3.2　词类先验观 ……………………………………………… (29)
　　3.3　认知语言学与名词化 …………………………………… (29)
　　3.4　再谈转类说和兼类说 …………………………………… (32)

第三章　词类研究中的一些重要问题 …………………………… (36)
　第一节　词类研究的"印欧语眼光" …………………………… (36)
　第二节　词类划分的关键原则 ………………………………… (43)
　第三节　词类判断中的相关因素 ……………………………… (51)

第四章　汉语的名词和动词 ……………………………………… (56)
　第一节　汉语的名动关系 ……………………………………… (56)
　第二节　名动功能的不对称 …………………………………… (60)
　第三节　汉语谓语的指称性 …………………………………… (62)

第五章　关于大名词的疑问和讨论 …………………………………… (68)
第一节　名动包含之"包含" ……………………………………… (68)
第二节　观点之辩：汉名观、汉动观和汉形观 ………………… (73)
2.1　汉动观 ……………………………………………………… (73)
2.2　汉形观 ……………………………………………………… (74)
第三节　"名动包含"产生了新问题？ …………………………… (78)
第四节　关于大名词理论的思考 ………………………………… (84)

第六章　词类划分的主次要标准 …………………………………… (88)
第一节　主要标准和次要标准 …………………………………… (88)
第二节　主次要标准的区分理据 ………………………………… (92)

第七章　汉语形容词的词类地位 …………………………………… (99)
第一节　西方的形容词研究 ……………………………………… (99)
第二节　国内早期形容词研究的特点和问题 …………………… (101)
第三节　什么是独立词类？ ……………………………………… (105)
第四节　从形容词看汉语的词类系统 …………………………… (107)
4.1　形容词和动词 ……………………………………………… (107)
4.2　形容词和名词 ……………………………………………… (114)
4.3　形容词和副词 ……………………………………………… (123)
第五节　汉语词类系统的两种关系 ……………………………… (130)

第八章　形容词的分类 ……………………………………………… (134)
第一节　传统分类 ………………………………………………… (134)
第二节　关于"很"的误区 ………………………………………… (136)
2.1　"很"和"very"的语法性质及差别 ………………………… (136)
2.2　程度副词的选择性限制 …………………………………… (137)
第三节　状态形容词的语法功能和词类地位 …………………… (140)
3.1　汉语的重叠式和状态形容词 ……………………………… (140)
3.2　重叠式的语法功能 ………………………………………… (144)
3.3　小结 ………………………………………………………… (159)

第四节　从重叠式看汉语词类的划分模式 …………………… (159)
第五节　再谈汉语形容词的独立性 …………………………… (161)
第六节　非谓形容词的词类地位 ……………………………… (165)
　6.1　非谓形容词的历史和问题 ……………………………… (165)
　6.2　非谓形容词的语法功能 ………………………………… (168)
　6.3　非谓形容词的词类身份是什么？ ……………………… (174)
　6.4　从词类名称看"非谓形容词"和"区别词" ……………… (177)
　6.5　非谓形容词和语法教学 ………………………………… (180)
　6.6　小结 ……………………………………………………… (181)
第七节　双音形容词的词类性质 ……………………………… (182)
　7.1　三音节组合中的标记颠倒 ……………………………… (183)
　7.2　从标记性看双音形容词 ………………………………… (185)

第九章　形容词研究中的语法和语用问题 …………………… (190)
第一节　词类分析中的语法和语用限制 ……………………… (190)
第二节　"的"与"很"能否统一解释？ ………………………… (196)
　2.1　"的""很"与形容词的描述功能 ………………………… (197)
　2.2　"的"与"很"的量级核查作用 …………………………… (204)
　2.3　也谈形容词的定谓转换 ………………………………… (210)
　2.4　小结 ……………………………………………………… (212)
第三节　"很"的句法和语义："很"还是"很"吗？ …………… (213)
　3.1　"很"的程度义 …………………………………………… (213)
　3.2　"很"系词化了吗？ ……………………………………… (219)

第十章　形名定中的结构和性质 ………………………………… (224)
第一节　目前的问题 …………………………………………… (224)
第二节　汉语的"AN"结构 …………………………………… (225)
第三节　形容词的词类特点和定中结构的形式 ……………… (229)
　3.1　汉语形容词的提取型关系小句 ………………………… (232)
　3.2　汉语形容词的非提取型关系小句 ……………………… (235)
　3.3　定中结构中"的"的性质和功能 ………………………… (236)

第四节　汉语违反了语序共性？…………………………………（240）
　　第五节　汉语定语的并列结构 …………………………………（244）

第十一章　形容词谓语句的句法和语义 …………………………（250）
　　第一节　谓语和谓词 ……………………………………………（250）
　　第二节　形容词谓语句的结构类型 ……………………………（251）
　　　2.1　形容词谓语句的类型 ……………………………………（251）
　　　2.2　汉语形容词做谓语的形式和特点 ………………………（254）
　　第三节　形容词谓语句中的系词"是" …………………………（257）
　　第四节　"A 的"谓语句 …………………………………………（262）
　　第五节　形容词谓语句的否定式 ………………………………（264）
　　第六节　形容词的多维性与谓语性 ……………………………（266）
　　　6.1　形容词谓语句的谓语性及相关问题 ……………………（266）
　　　6.2　形容词的多维性对谓语的影响 …………………………（268）
　　　6.3　形容词谓语句的语义自足等级 …………………………（271）
　　　6.4　从形容词谓语句看结构的语法性 ………………………（273）

第十二章　形容词做补语的结构和语义
　　　　　　——论动结式的歧义现象 ……………………………（276）
　　第一节　动结式的歧义现象及问题 ……………………………（276）
　　第二节　句法象似性和歧义产生的认知理据 …………………（278）
　　　2.1　语序和句法象似性 ………………………………………（278）
　　　2.2　动结式的语序结构 ………………………………………（280）
　　　2.3　汉语动结式的概念模式 …………………………………（281）
　　第三节　动结式的事件结构 ……………………………………（283）
　　　3.1　子事件的划分 ……………………………………………（283）
　　　3.2　歧义动结式的事件和语义 ………………………………（284）
　　　3.3　释义对比分析 ……………………………………………（288）
　　第四节　歧义产生的限制条件和规律 …………………………（288）
　　第五节　汉语动结式的名词性 …………………………………（291）

第十三章　结语 …………………………………………… （293）
　第一节　摆脱语义和语用的干扰 ………………………… （293）
　第二节　形容词的研究出路：大名词 …………………… （295）
　第三节　词类的术语问题 ………………………………… （296）

参考文献 …………………………………………………… （298）

后　记 ……………………………………………………… （317）

第一章

引 言

语言交流的目的是传达语义，语义可在语素、词（组）、句子、语用、韵律等层面获得编码，其中最为重要的语义载体之一便是词。人类认识事物的基本途径之一是分类，分类的方式服务于分类的目的。词类的划分也是如此。吕叔湘、朱德熙（1952：10）认为，"区分词类，是为的讲语法的方便"。沈家煊（2009：1）提出，"讲语法，先要讲词类，因为词类是讲语句结构必不可少的'道具'（或叫'理论构件'），有了这个道具才方便我们讲语法"。因此，我们将要探讨的词类划分是为了方便语法分析，完全不同于一些基于语义的词类研究。

澳大利亚的语言类型学家 Dixon 曾对大量的土著语言进行了调查。他指出，当研究者面对一种陌生的语言时，首要任务就是使用该语言的内在（internal）语法标准对词进行分类，然后再为这些词类进行命名（Dixon，1982：1）。这里的"内在"语法标准是一套根据形态和句法特征而设立的标准，通常也只适合该语言。因此研究者在面对不同的语言时，词类划分的标准可依据各种语言的自身特点而制定。从词类的数量到词类的内部成员，再到词类的名称，都应尊重每种语言的客观情况。这是词类研究中的一个上位原则。Dixon 的观点不但针对词类的划分，同样适用于语法研究的其他领域。

有些观点认为，多数语言的词类都有大致对应的原型概念，但这只能说明词类和语义之间具有潜在的、可能的对应关系，并不意味着我们可以依据原型概念就能逆向推断一个词的词类身份。例如"到达"这个语义概念，在具有形态变化的英语中既可以是动词"arrive"也可以是名词"arrival"，所以"一义多类"在形态丰富的语言中不会给词类划分或语法分析带来过多的困扰。英语的词类划分高度依赖该语言具有的形态标志和语法分布上的特征。这也意味着,英语词类的划分模式也只能反映该语言的词类体系。

根据词类类型的调查,Haspelmath(2012a)指出,名词、动词、形容词这些源于印欧语的词类名称,在世界范围来看,并无统一的定义或内涵,直接使用这些名称进行语言比附是不可取的。换句话说,印欧语的词类体系不具备跨语言的共性,因为词类的定义或内涵本来就无先验的定论。当然,不具比附性不等于不具对比性。比附是拿一种语言当作参考标准,其他语言向其靠拢;对比是指将两种语言进行客观的比较,以发现两者的异同,寻找共性和个性。因此,比附还是对比,在性质和结果上都会完全不同。这也是词类研究开始之前需要明确的研究思路。

汉语的词类长久以来面临诸多的争议和困境。究其原因一方面源于汉语自身的复杂性,另一方面,由于先入为主的缘故,我们曾经做了较多的比附印欧语的工作,忽视了汉语的词类类型(沈家煊,2011c)。当然,语言的对比也很重要,因为语言的个性特点可以在对比中得以显现。随着语言类型学的兴起,基于大规模语言调查而发现的各种语言共性对个别语言的认识和研究都有重要的指导意义。共性蕴藏在个性之中,没有个性,共性也无从说起。语言共性就是建立在语言的客观对比之上而获得的规律性结论,有些共性是绝对共性,而有些只是倾向共性。就词类而言,名动分立就是一种倾向共性,仍有不少语言呈现名动不分或者名动难分的情形。Luuk(2010:360—361)曾列举了18种名动不分的语言(详见第二章第二节),Hengeveld、Rijkhoff等学者也有一些类似的发现(Hengeveld, 1992a;Hengeveld & Rijkhoff, 2005;Rijkhoff & Lier, 2013)。这些研究对解决汉语的词类问题和困境都有很大的启示意义。

汉语的词类划分是个老大难问题,几乎成了汉语本体研究中的"哥德巴赫猜想"。问题看似简单,内涵却深邃复杂。不少传统的研究方法和思路只能解决局部的语法问题,却在宏观的语法体系中出现这样或那样的理论矛盾或不能自洽。譬如有的研究或教材一方面认为副词的功能是做状语且词的兼类只能是少数,另一方面又承认汉语的形容词也可以修饰动词。这些观点在深层次上是相互冲突的,因为如果认为大量修饰动词的形容词都是状语,那就同意大量形容词都是兼类,具有副词性。这就和"词的兼类只能是少数"相互矛盾,形成理论上的不自洽。汉语中一些经典的词类问题如"这本书的出版"便是如此。"出版"到底是动词还是名词,争论很大。这个问题本质上是旧的词类框架迫使我们要在简约原则和中心扩展规约之间进行取舍。按照印欧语"名动分立"的词类框架,如果将"出版"看作名词,那么就得说动词出现了名词化。这虽然遵守了中心扩展规约,但却违反了简约原则。如果将"出版"看作动词,虽然遵守了简约原则却违反了中心扩展规约(沈家煊,2009)。在语言学界,简约原则和中心扩展规约都是目前普遍公认的语言规则,但是在处理"出版"的词类时,却出现了规则之间的相互矛盾。类似的例子我们还可以举出如"这座雕塑的力与美",根据现有的词类划分,被修饰的中心词"力"是名词,"美"是形容词,那么这里的"力与美"整体上是什么性质的?形容词"美"是不是名词化了?如果按照以往的分析方式,问题的答案同样面临着简约原则和中心扩展规约的取舍难题。

从查找问题的思路上讲,可能首先需要怀疑的应该是汉语传统的词类划分,而非轻易地否定一些普遍公认的语言规则。汉语的名动关系显然是解决"这本书的出版"应该如何分析的突破口。如果解决了名动问题,那么"这座雕塑的力与美"应该如何分析自然也能得到相应的启示。因为形容词通常是以名词和动词为参照的(Baker,2003;Dixon,2004),所以名动关系也是解决形容词问题的理论前提。

在词类研究中,形容词是难中之难。Givón(1979:17)曾将形容词定性为一个"臭名昭著、摇摆不定的范畴"(a notorious swing-category)。Hofhrr(2010:1)认为,和名词、动词相比,形容词"尤其难以把握"(particularly elusive)。刘丹青(2017:148)将形容词描述为一个"调皮鬼",它的语法分布颇为灵活。在世界范围来看,形容词的词类研究具有很高的难度和极大的挑战性。国内已有的大量研究都对汉语形容词的观察和认识起到了极大的推进作用,例如形容词的性质和状态之分,形容词的单双音节对功能和语义的影响,形容词的带宾现象,等等。然而,以往的研究大多将汉语的形容词作为一个默认的、独立的词类,并以此为基础进一步探讨形容词的句法功能及其内部划分,很少考虑名动关系对形容词产生的重要影响。虽然赵元任(1968/1979)曾将形容词看作静态动词,该观点在学界也有不小的影响力,但鲜有文献将形容词直接当作动词来看待。可能在多数研究者的潜意识中，形容词和名词、动词仍然存在着对立的关系。

刘丹青（2005：28）认为，在名词、动词、形容词三大实词中，形容词的词类地位最不确定。在逻辑上，词类的划分需要先从外部开始，然后才对词类进行有限的内部区分。导致汉语形容词的词类地位尚不确定的外部因素或外部参照是什么？主要就是名词和动词。但目前对名词、动词、形容词的整体观察仍然十分欠缺，这也是当前形容词研究的主要症结之一。总之，名动关系是我们需要首先厘清的理论前提。为了避免回到旧的词类框架而重复陷入以往的研究困境，我们将依据沈家煊（2009）提出的大名词理论，尝试解决汉语形容词的词类身份问题，并同时探讨一些具有争议的句法和语义现象。

第二章

词类研究的历史、视角和问题

第一节 词类研究溯源

词类研究起源于欧洲古希腊时期。根据《古希腊语言及语言学百科全书》(*Encyclopedia of Ancient Greek Language and Linguistics*)(Wouters & Swiggers,2013),早在公元前4世纪,柏拉图和亚里士多德就开始关注词类的划分问题。在亚历山大帝国时期,语法学家将古希腊语分出八个词类。这种词类划分模式又流传至罗马世界(Roman World),并逐渐成为当今西方语法学界词类研究的基本范式。

在术语上,"词类"这个概念最初来自希腊语"ta mérētoulógou"以及拉丁语"partesorationis",后者发展为英语的"part of speech"。从术语的表述内容可见,词类曾被看作话语(speech)的组成部分(part)。但以现代语言学的眼光来看,这种定义显然比较含糊且不严谨。但"part of speech"目前仍被众多关注词类研究的功能语言学家和语言类型学家所采用,如 Hengeveld、Haspelmath、Beck 等。在生成语法的研究中,词类常被归为句法范畴(syntactic category)的下位成分之一。但在早期,词类的划分问题并未受到生成语言学家的充分重视,因为他们通常认为,除非有强有力的证据(compelling evidence),否则所有语言都存在名词、动词、形容词的区分(Chomsky,2001:2)。

在语言类型学的领域,句法范畴的内涵常被限定为名词、动词、形容词等词类范畴(Croft,1991)。后来,为了和功能范畴(functional category)做出区分,词汇范畴(lexical category)逐渐出现在各类文献中(Davis & Matthewson,1999;Baker,2003;Chung,2012)。Haspelmath

(2012a)认为,"lexical category"依然含义不清,因为"lexical"既可以指"词的",也可以指"与词相关的",所以他坚持使用"word class"来表示词类这个概念。近些年来,西方对词类术语的持续争议说明词类在句法研究中的地位正逐渐受到重视,词类研究的内容也不断地深入和细化。这也同时意味着,词类这个看似古老的话题,直到今天为止仍然存在许许多多未解的难题。

在词类研究的内容和观点上,最初柏拉图、亚里士多德及一些斯多葛(Stoic)学派的学者对词的分类展开过辩论,他们的主要议题是为什么词汇要分为不同的词类而不能当作一类词处理(Simone & Masini,2014:1)。到了中世纪,词类不但在西方语法学界,而且在哲学界和逻辑学界都成为热门话题。在欧洲启蒙运动时期,词类研究不但聚焦词的分类和功能,还涉及儿童的词类习得(Simone,1998)。到了近代,美国结构主义学者Boas(1911:38)开始对印欧语词类划分的普遍性提出质疑。他认为,美洲印第安语言中的一些词类在印欧语中可能并不存在。随着语言类型学研究的不断深入,词类的相关话题在西方学界也进入了新阶段。语言学家开始逐渐关注词类划分标准的多样性,以及词类系统和语法结构的相关性等。研究范围也从印欧语慢慢扩大至世界各语系的数百种语言。这一时期较为活跃的学者有Vogel、Simone、Haspelmath、Rijkhoff、Hengeveld等,主要的研究成果多以论文集的形式呈现,如《词类类型的研究途径》(Approaches to the Typology of Word Classes)(Vogel & Comrie,2000)、《词类:实证和理论的新进展》(Parts of Speech: Empirical and Theoretical Advances)(Ansaldo et al.,2010),以及《柔性词类:未分化词类的类型学研究》(Flexible Word Classes: Typological Studies of Underspecified Parts of Speech)(Rijkhoff & Lier,2013)等。这些成果标志着词类研究开始逐渐摆脱印欧语的影响,进入了跨语言研究的新阶段。

第二节 词类研究的主要视角和观点

由于词类问题的复杂性,词类的定义和划分也给西方学界带来极大的困扰。在一段时期内,西方不同学派的学者都根据自身的理论视角对各种词类问题提出了不同的解决方法。目前大致有三种研究的思路:功能视角、认知视角和生成语法视角。以下将逐一进行简单介绍和评述。

2.1 功能视角

功能学派对词类研究的时间较长，语言考察的范围也较广。不少学者结合语言类型学的研究范式，对众多语言展开了细致的观察和归纳，因此在词类系统的多样性及规律总结上成果颇丰。此节主要涉及功能视角的传统研究、跨语言词类比较的阿姆斯特丹模型以及 Luuk 的词类研究。

2.1.1 传统研究

根据功能主义的观点，语言是人类交流的形式系统。语言的交际功能或者说语用功能有三种：指称（reference）、述谓（predication）和修饰（modification）。Searle（1969）认为，指称功能可帮助说话人在客观世界中确定一个指称的对象，即说话人想要谈论的对象；述谓功能可将指称的对象与某个事件的状态（state of affairs）关联起来；修饰功能可通过添加一些特征的方式以丰富指称语和述谓语的语义表达。

实现指称、述谓、修饰的基本语言手段就是某些特定的类词。更确切地说，语言的词汇成员会依据这些交际功能而形成一些相应的词类。在理论上，指称、述谓、修饰应该分别对应三个不同的词类。Beck（2002：3）指出，当前大部分的语言学理论都是基于词类三分的假设之上，即语言中存在名词、动词和形容词三个分立的开放词类。然而，跨语言的研究表明，并非所有语言都具有三分的词类模式。有些语言形动不分，有的语言形名不分，有的语言名动不分（Kindade，1983；Schachter，1985；Hengeveld，1992a；Sasse，1993；Bhat，1994；Broschart，1997）。比较而言，各种语言中名动的区分似乎比形动或形名的区分更为普遍，而形容词是否独立成类则存在着不小的差异（Croft，2002/2008：183）。

功能语言学家曾根据意义提出了一个词类分布的连续统（continuum）。如图2—1所示（引自 Baker，2003：238），名词表达恒久义，动词表达瞬时义，所以名词和动词分别位于连续统的两端，而形容词相对灵活，但总体上位于名动之间。

在图2—1的 a 中，名词、动词、形容词之间的分界较为清晰，英语就具有这样的词类划分，也就是说，英语具有三个独立的词类。在图2—1的

```
                    瞬时义                                          恒久义
    a.   x ———(动)——— x ———(形)———— x ——(名)—— x (英语)
    b.   x ———(动)——— x ——(形₁)——(形₂)——— x ——(名)—— x (日语)
    c.   x ———(动)——— x ————————————(名)——————————— x (齐切瓦语)
    d.   x ————————————(动)——————————— x ——(名)—— x (莫霍克语)
```

图 2—1　词类的语义连续统

b 中，形容词的内部出现分化，形成两个不同的次类，日语属于这种语言（Backhouse, 2004：50—73）。在日语中，有一种形容词（图 2—1b 中的"形₁"）的语法功能与动词近似，能够直接做谓语，并可附加动词的曲折形态。日语还有一种形容词（图 2—1b 中的"形₂"）的语法功能与名词近似，做谓语时和名词一样需要借助系词。不过，日语的这两类形容词在构词形态以及做定语时存在一定的形式区别。在图 2—1 的 c 中，形容词的功能是由名词实现的，也就是说，形容词就是名词。这样的语言如齐切瓦语（Chichewa）和克丘亚语（Quechua）等。而在图 2—1 的 d 中，形容词的功能是由动词实现的，即形容词就是动词，这类语言如莫霍克语（Mohawk）。有的学者（Dixon, 2004；Baker, 2003）并不认可图 2—1 中 c 和 d 的类型。他们认为所有语言都会存在形容词，只要找到适当的判断标准，就可以发现形容词与其他词类的语法界限。

我们认为，词类的语义连续统天然地将名词和动词对立起来，这种词类的对立通常是基于语义的对立。根据词类的划分标准，语义是一条不可靠的判断标准（朱德熙，1985；Payne, 1997）。所以词类的语义连续统只是一种倾向性的语义描写，在判断词类时无法起到决定性的作用。

2.1.2　阿姆斯特丹模型

Hengeveld（1992a；1992b）提出的词类理论被称为"阿姆斯特丹模型"（Amsterdam Model）。和概念或者形态句法途径相比，Hengeveld 的功能途径可以保证高度普遍的跨语言概括性，因为词在短语结构中的功能总是可以识别的（完权、沈家煊，2010：4）。Dik（1989：162）认为，词类范畴的划分取决于词类短语的原型功能。Hengeveld 依据 Dik 的观点提出了"词类—功能"的组配表。请见表 2—1：

表 2—1　　　　　Hengeveld 的"词类—功能"组配表

	核心（head）	修饰语（modifier）
述谓短语（predicate phrase）	动词（V）	方式副词（MAdv）
指称短语（referential phrase）	名词（N）	形容词（A）

动词的原型功能是充当述谓短语的核心；方式副词（仅指修饰动词的副词）的原型功能是修饰述谓短语的核心；名词的原型功能是充当指称短语的核心；形容词的原型功能是修饰指称短语的核心。这种观点隐含的逻辑是：语言表达首先需要区分指称语（主语）和述谓语（谓语），然后才能确定它们各自的修饰语。阿姆斯特丹模型将指称语和述谓语看作语言结构的两个核心成分。这符合语言交际的基本需求，也是人类语言的一种共性，目前也未发现反例。该模型还体现了一种潜在的可能：如果指称语和述谓语存在对立，也就可能导致指称语的修饰语和述谓语的修饰语也存在对立。这两组对立在形式上的反映就是：名词和动词的对立，形容词和副词的对立。

为了说明词类和功能的匹配方式，Hengeveld（1992a：87）提出了"不采用其他手段"（without further measures）这个句法上的限制条件。也就是说，能够进入表 2—1 中功能槽位的四类词必须都是形式上无标记的，即在形态和句法上不加任何标记。譬如，英语的名词可以无标记直接做主语，那么说明做主语是名词的原型功能，如下面例（1）。而在例（2）和例（3）中，动词和形容词如果不做任何形态或句法上的变化，则无法充当主语。

（1）The man fed the tiger.
（2）a. *Feed the tiger is dangerous.
　　　b. Feeding the tiger is dangerous.
　　　　 To feed the tiger is dangerous.
　　　　 The feeding of the tiger is dangerous.
（3）a. *to avoid dangerous
　　　b. to avoid dangers

Hengeveld 等又进一步提出了词类的"专门化"（specialization）（Hengeveld et al.，2004：546）。专门化是指：如果一种语言的某一词类专门实现某个句法功能，那么这个词类就不太可能带标记；针对该功能而言，这个词类就是一个专门化的词类。英语是四个功能槽位都已经专门化了的语言，如例（4）：

(4) The tall$_A$ girl$_N$ dances$_V$ beautifully$_{MAdv}$.

英语中名、动、形、副四个词类都专门实现各自的句法功能，基本没有交叉性，因此英语具有刚性的（rigid）词类系统。而那些词类没有实现专门化的语言，就属于柔性词类系统。在柔性系统中，词类的句法功能比较灵活；或者说，词类具有多功能性。如下例的土耳其语，"güzel"（好）既可以在例（5）中无标记充当名词短语的核心（即主语），又可在例（6）、例（7）中无标记充当定语和状语（Hengeveld，1992a）。所以土耳其语的名词、形容词和方式副词尚未实现专门化。

(5) güzel-im
　　漂亮—第一人称领有
　　'我的漂亮'
(6) güzel　bir　kopek
　　漂亮　冠词　狗
　　'一只漂亮的狗'
(7) Güzel　konuş-tu-Ø.
　　漂亮　说—过去时—第三人称单数
　　'她/他说得好。'

完权、沈家煊（2010：13）评价说："Hengeveld 的词类'专门化'的思想值得重视。'专门化'强调'专一'和'无标记'，只有当有一批词专门只跟某一个句法槽位以无标记形式相捆绑的情形下，才能确定这种语言具有某一类词。这个标准虽然严格，但是可操作性强，容易掌握，也便于跨语言的比较。"

Hengeveld 等（2004）认为，根据词类的专门化以及词类的功能表现，人类语言的词类系统总体上分为三种类型：柔性（flexible）、分化（differentiated）和刚性（rigid）。世界上各种语言的词类系统都是在这三种类型的范围中呈现各种不同的变异。

从以下表 2—2 可见，人类语言的词类系统似乎以分化类型为中间线，两边分别平均分布了若干刚性和柔性的词类系统。Hengeveld 等提出，如果一种语言具有柔性的词类系统，那么在这种语言中至少有一类词可以不借助其他的形态句法手段实现两个或两个以上的语法功能。根据表 2—2，类型 1 至类型 3/4 都属于柔性的词类系统。类型 1 的萨摩亚语（Samoan）只有一个实词类，在形式上不区分名、动、形、副。也就是说，实词成员都具有多功能性，可以自由充当主宾语、谓语、定语或状语。再例如类型 2/3 的土耳其语，该语言具有独立的动词词类，但还有两个柔性词类，即柔性名词和柔性修饰词。柔性名词的柔性较强，其成员既可以自由充当句子的主宾语，也可以自由充当定语和状语。柔性修饰词的柔性相对较弱，其成员可以自由做定语和状语。在形态句法上，柔性名词和柔性修饰词之间仍然存在差异，而且它们也都共同区别于动词。因此土耳其语首先区分的是动词和柔性词，然后在柔性词的内部再区分出柔性名词和柔性修饰词。

表 2—2　　词类系统的阿姆斯特丹模型

词类系统	词类类型	述谓短语核心	指称短语核心	指称短语的修饰语	述谓短语的修饰语	代表语言
柔性	1	实词				萨摩亚语
	1/2	实词				蒙达里语
			非动词			
	2	动词	非动词			瓦劳语
	2/3	动词	名词			土耳其语
				修饰词		
	3	动词	名词	修饰词		苗语
	3/4	动词	名词	形容词		朗高语
					方式副词	

续表

词类系统	词类类型	述谓短语核心	指称短语核心	指称短语的修饰语	述谓短语的修饰语	代表语言
分化	4	动词	名词	形容词	方式副词	英语
刚性	4/5	动词	名词	形容词	（方式副词）	考萨迪语
	5	动词	名词	形容词	—	荷兰语
	5/6	动词	名词	（形容词）	—	泰米尔语
	6	动词	名词	—	—	克隆高语
	6/7	动词	（名词）	—	—	塔斯卡罗拉语
	7	动词	—	—	—	—

和柔性词类系统不同的是，在具有刚性词类系统的语言中，词类都已实现了专门化。词类和语法功能之间呈现一一对应的关系，即名词对应主宾语，动词对应谓语，形容词对应定语，方式副词对应状语。这种情形实现了简单的无标记对应。具有刚性词类系统的语言通常具有较为丰富的形态手段，句子结构的语序也相对灵活。以表2—2中类型5的荷兰语为例，该语言有名词、动词和形容词，但没有专门化的方式副词。那么在荷兰语中，如果要对动词进行修饰，只能对其他词类进行形态操作。此外，刚性词类系统中最为特殊的是类型7，即只有动词的语言。但Hengeveld 也承认，只有动词的语言目前尚未发现，北美的塔斯卡罗拉语（Tuscarora）比较接近类型7。

在表2—2中，位于刚性和柔性词类系统之间的是分化系统，即类型4。其实根据 Hengeveld 提出的词类系统划定标准，分化词类系统本质上也应算是一种刚性系统。英语、日语和巴斯克语（Basque）等都具有分化的词类系统。

Hengeveld 等（2004：533）根据 Sasse（1993）的观点提出了一个假设：动词是词类系统中最核心的词类，名词其次。这在表2—2的词类模型中也已明显体现。他们还提出一个跨语言的词类等级序列（parts-of-speech hierarchy），如下所示：

述谓短语核心 > 指称短语核心 > 指称短语修饰语 > 述谓短语修饰语
（动词）　　　（名词）　　　（形容词）　　　（副词）

该等级序列从左到右体现了各个词类在人类语言中的重要性，并且还反映了词类之间的蕴涵关系，即等级序列中右边的词类会蕴涵左边的词类。例如，一个语言如果有形容词，那么就有其左侧的名词和动词，但不一定有副词。反过来看，一个语言如果没有形容词，那就没有副词。

Hengeveld 等认为，在人类语言的演变中，词类的专门化是从词类序列等级最左侧的动词开始的。也就是说，左侧的词类比右侧的词类更可能实现专门化。Hengeveld & Lier（2010：137）为了涵盖一些后来发现的语言反例，又将词类等级序列从原来的单层蕴涵关系改为复式蕴涵关系，即：

①述谓⊂指称
②核心语⊂修饰语
③（述谓/指称）⊂（核心/修饰语）

这几个子蕴涵共同构成一个复式蕴涵：①如果一种语言有指称语（名词），就有述谓语（动词）。②如果一种语言有修饰语（形容词/方式副词），就有核心语（名词/动词）。③如果一种语言存在修饰语和核心语，就有指称语和述谓语，因为实现指称和述谓功能的词类成分都是核心语。

复式蕴涵关系中的子蕴涵是基于不同的逻辑出发点的。其中子蕴涵②类似"皮之不存，毛将焉附"的逻辑推理，因此也较容易被理解和接受。然而子蕴涵①则是基于一个未经证实的假设，即 Sasse（1993）的"谓语核心"假说。正是这个假说成为阿姆斯特丹模型的根本立足点，也反映了 Sasse、Hengeveld 所主张的"动词中心主义"——动词是任何语言中必然存在的词类，世界上不存在只有名词的语言。

在西方学界，动词中心主义受到了不同观点的质疑和反证。有的学者发现，一些语言似乎只有名词或大名词类，例如他加禄语（Tagalog）（Kaufman，2009）和伊朗语（Larson，2009）。还有一些学者提出，人类语言的词类演化并非以动词为起点。Heine & Kuteva（2002）基于非洲语言的调查提出，名词是人类语言词类系统的原始词类。Heine（2011）认为，词类演化的路径以时间进程为顺序，大致分为六个阶段：第一阶段是名词，名词是人类语言词类演化的起始点。第二阶段是动词，动词的产生源于名词，但也可独立出现。第三个阶段为形容词和副词，其中形容词源于名词，而副词既可源于名词也可源于动词。其他词类或句法范畴会在上述基础之上继续演化而产生。请见图2—2：

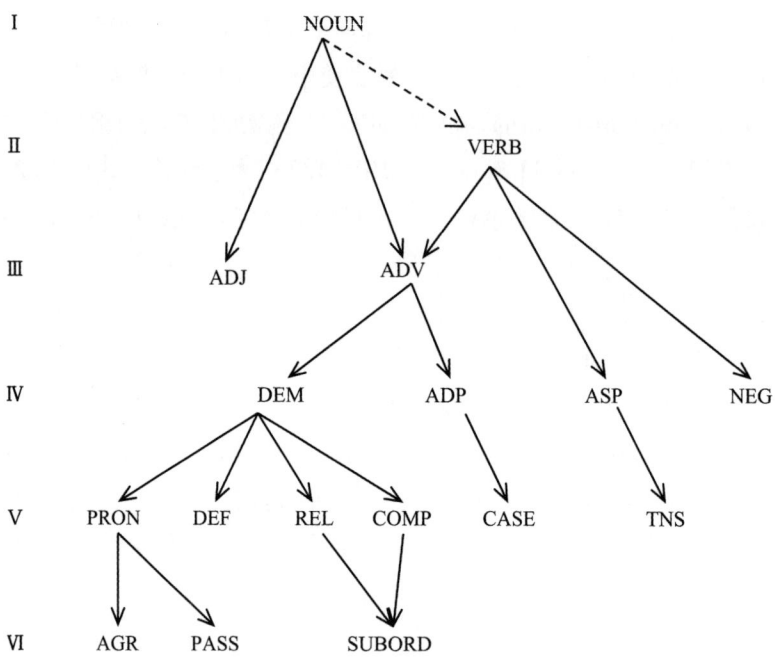

图2—2　人类语言的词类演化路径

Heine 根据调查提出，人类语言的动词即使独立成类，在时间上也不会早于名词的出现。从另一个角度讲，人类语言的某个阶段是存在只有名词的情形的，但并不存在只有动词的情形。最直接的证据是，到目前为止语言学家没有发现只有动词的语言（Luuk，2010），反而发现了一些只有名词的语言。

Sasse 和 Hengeveld 的动词中心主义还受到了认知研究和语言习得的挑战。Dirven & Verspoor（1998：19）曾列举了五个词项：电话，公司，下午，工作，愚蠢。他们认为"电话"是一个典型的名词，是名词这一语法范畴中的中心成员，因为电话是具体的、可见的、可触摸的事物，并占据三维空间。"公司"则比"电话"的典型性要弱一些,"公司"指代的事物不像电话那么具体,但还是有些具体存在的事物属性。"工作"是指一种行为,因此"工作"更像是一个动词。"愚蠢"是指一种抽象属性,更像是一个形容词。如果将这五个词按照具体到抽象的顺序进行排列,则为:Ⅰ名词→Ⅱ动词→Ⅲ形容词。这也反映了具体事物的表达难度低,而抽象事物的表达难度高。该顺序与 Heine 的词类演化的阶段相吻合。而且这种顺序还可以从儿童的认知发展过程得到印证。儿童最先认知的是一个个具体的、离散的、完整的事物,然后才会认知其他非典型的、较为抽象的词项(王寅,2007:156)。很难想象人类语言是以抽象的、难以表达和理解的动词为起点,而不是以具体的、容易表达和理解的名词为起点。因此,从词类系统的语法化来看,名词更有可能是词类系统的起源。

毋庸置疑,人类语言已经经历了漫长的发展史,那么为什么语言学家还会发现一些只有名词的语言?沈家煊(Shen,2011)曾用汉语、英语、德语和汤加语对人类语言的词类演化过程进行了假设和演示。他提出,语言词类系统的类型演化是循环性的。请见图 2—3:

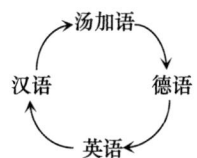

图 2—3 词类演化的循环性

从目前名词和动词的语法化程度来看,汉语最低,德语最高,而汤加语、英语正处在汉语和德语之间的过渡阶段。沈家煊提出,英语是一种正在向汉语型语言回归的语言。跟德语、拉丁语相比,英语曲折形态的衰减程度已经很高,因此英语是一种正在经历"去语法化"(degrammaticalize)的语言(Vogel,2000)。沈家煊还认为,如果英语继续演变下去,词的形态会消失殆尽,可能就会变得跟古代汉语一样。而古代汉语很可能也是更古老的汉语"去语法化"的产物。Bisang(2010:65—84)曾发现,中古汉语具有一定数量的形态标记,可以帮助确定词类的划分;

而在近古汉语中，这些形态消失了。相比之下，现代英语等印欧语也正在经历古代汉语的形态演变过程。瑞典汉学家高本汉（Karlgren）（2010：62）指出，印欧语正在逐渐失去派生和曲折形态，在类型上和汉语越来越接近；"拉丁语—德语—瑞典语"在形态上由繁到简。现代英语是在语法简化中走得最远的语言，早期的英语也曾有大量词类形态的区分，但现在已经和汉语这样的孤立语大大地接近了。所以，词类演化的循环性具有一定的客观依据。

综上所述，我们认为人类语言的词类系统更可能是以名词为起点，汉语词类的发展过程就是如此（周生亚，2018）。动词中心说无法解释他加禄语等这样名词型的语言，不论从儿童的语言习得还是从跨语言的调查结果来看，动词中心说都无法得到有力的支持。不过 Hengeveld 等学者也为词类研究在宏观上提供了一些重要的指导原则：指称语和述谓语在语言结构中具有首要的地位，修饰语的语法功能不能独立于指称语和述谓语。从词类层面看，在研究一种语言的形容词时，如果忽视了名动的关系，那么也就无法正确判断形容词的词类地位。此外，虽然 Hengeveld 的阿姆斯特丹模型还存在一些值得商榷的观点，但他提出的词类专门化、词类系统的类型以及词类等级的蕴涵关系也可为词类的具体划分带来两个重要的依据：（1）词类的判断要以形式为依据；（2）对某个词类的研究需要考虑整个词类系统的类型，刚性系统或柔性系统都会为词类身份的宏观把控提供大致的判断方向。

2.1.3 Luuk 的词类研究

计算语言学家 Luuk（2010：349—365）提出，如果所有语言都有谓语（Linguistic Predicate，以下简称为 LP）和论元（Linguistic Argument，以下简称为 LA），那么在所有语言中至少有一类词可以充当谓语，或至少有一类词可以充当论元。也就是说，任何语言中至少存在一种词类。Luuk 认为词类和谓语或论元的对应（mapping）存在三种可能：词类和谓语对应；词类和论元对应；词类既和谓语对应又和论元对应。这三种可能的对应方式分别与语言中的动词、名词和柔性词类（flexibles）相吻合。那么世界上的语言应该具有五种词类类型：（1）名/动/柔（N/V/F）；（2）名/柔（N/F）；（3）动/柔（V/F）；（4）名/动（N/V）；（5）柔（F）。

Luuk 十分强调论元标记（LA markers）和谓语标记（LP markers）的

作用，因为这些都是确定词类的主要形式手段。论元标记包括限定词（determiners）、领属成分（possessives）以及"论元/谓语"的语序限制。谓语标记包括"时—体—语气"（Tense-Aspect-Mood，简称为TAM）、语态标记（voice markers）以及"论元/谓语"语序限制（Luuk，2010：354）。由于汉语词库中的光杆名词和动词都可以直接充当主宾语，例如（8）和例（9）中的"老虎、狮子"和"打、骂"，这说明限定词和领属成分的使用在汉语语法中不具有强制性，所以汉语词类的判断主要还是依靠词的语法功能。

(8) a. 老虎怕狮子。（"老虎、狮子"：类指）
　　 b. 老虎正在睡觉。（"老虎"：定指）
(9) a. 打是亲，骂是爱。
　　 b. 我怕打。

不过，限定词和领属成分的确可以作为测试名词性成分的重要辅助手段，因为领属成分具有跨语言的普遍性（Heine，1997）。例（8）和例（9）中的"老虎"和"打"都可以通过领属结构的测试，如"动物园的老虎"和"爸爸的打"。因此"老虎"和"打"都具有名词性。同样，汉语中的形容词也可以通过领属测试，例如"（忍受不了）他的慢、雕塑的美"。相比之下，英语的动词和形容词通常无法和领属成分直接组合，除非出现形态变化，即名词化。例如"＊his die/his death""＊the boy's careless/the boy's carelessness"。因此英语的动词、形容词不具有名词性。

由于汉语缺少丰富的形态，所以在判断词的语法功能时语序显得更加重要。在Luuk给出的论元标记中，"论元/谓语"语序限制也能够成为汉语词类辨别的主要标准。对于汉语而言，能够自由出现在主语位置的词项就是名词性成分。

不过，Luuk认为英语不是想象中的名动分明的"N/V型"语言，有些词项例如"walk、run、work、smile、cry、march"等都应属于柔性词类，因为它们根据出现的环境不同，既能带论元标记也能带谓语标记，所以这些词可以被标注为$F_{N/V}$。然而这个现象正是Hengeveld刻意忽视的，因为Hengeveld认为，少量的柔性词不足以影响英语整个分化词类系统的大局。我们认为，从分清主次的角度看，Hengeveld 的观点更为合理。

Luuk 根据名词、动词和柔性词的关系，将英语归为"N/V/F 型"，在英语的名动之间存在部分柔性成员 F，如"walk、run"等。请见图 2—4：

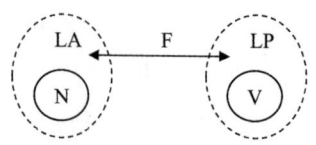

图 2—4　N/V/F 型

除了上述类型，Luuk 认为，如果一种语言具有独立的名词，同时有一类词既是名词也是动词（动词尚未独立），那么这种语言就属于"N/F 型"。该类型的语言有毛利语（Maori）和纽因语（Niuean）等。请见图 2—5：

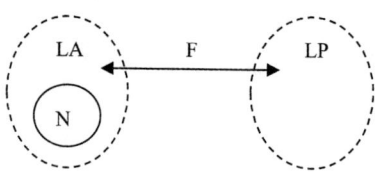

图 2—5　N/F 型

如果一种语言有独立的动词类，同时还有一类词既是名词也是动词（没有独立的名词），那么就属于"V/F 型"。但目前尚未发现这种类型的语言，这和 Hengeveld 的调查结果一致。请见图 2—6：

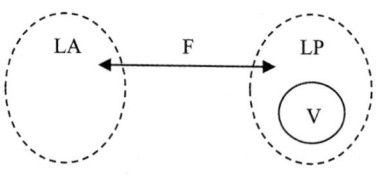

图 2—6　V/F 型

如果一种语言既有独立的名词也有独立的动词，但这两类词之间没有重合，那么就属于"N/V 型"。Luuk 认为，目前只有人造语言 Esperanto 和 Ido 属于这个类型，但在自然语言中尚未发现。请见图 2—7：

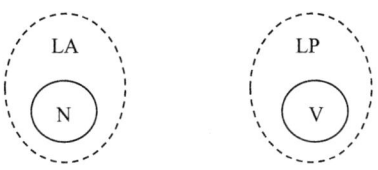

图 2—7 N/V 型

如果一种语言的名词和动词没有区别，那么就属于"F 型"，请见图 2—8。这样的语言有很多，Luuk（2010：360—361）列举了 18 种语言，包括努特卡语（Nootka）、马卡语（Makah）、尼蒂纳特语（Nitinat）、夸基特尔语（Kwakiutl）、海峡萨利希语（Straits Salish）、斯阔米什语（Squamish）、上游切哈利语（Upper Chehalis）、蒙达里语（Mundari）、卡里亚语（Kharia）、汤加语（Tongan）、萨摩亚语（Samoan）、他加禄语（Tagalog）、卡姆贝拉语（Kambera）、图康贝西语（TukangBesi）、马来/印尼语（Malay/Indonesian）、印度尼西亚廖内语（Riau Indonesian）、伊洛卡诺语（Ilokano）和越南语（Vietnamese）。

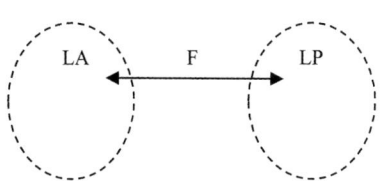

图 2—8 F 型

与 Hengeveld 不同的是，Luuk 注重词项身份的外部测试手段，但是他对各种词类等量齐观，忽视了词类和功能之间的不对称现象。因此 Luuk 的词类模式在解释类似汉语或伊朗语这样的语言时需要进一步修正。Hengeveld 的词类观点基于"动词中心论"，他假设动词在所有人类语言中具有普遍性，即一种语言可以没有名词，但一定会有动词或类似动词的词类。这种假设先验地排除了只有名词的语言，因而在理论上就具有排他性。而 Luuk 的词类观点并不做任何词类中心的假设，他的观点在逻辑上可以涵盖人类语言中所有可能的情况。因此从理论上讲，Luuk 的观点比 Hengeveld 具有更广泛的适用性。特别是 Luuk 发现只有"N/F 型"语言，没有"V/F 型"语言，这说明名词和动词在人类语言的演化过程中是不对称的。

2.2 认知视角

语言的词类问题同样引起了认知语言学家的注意。认知学派通常以少数语种为蓝本，认为词类范畴的划分在认知上具有跨语言的普遍性。目前主要有两种词类研究的认知视角：Langacker 的认知语法以及 Croft 的概念空间。

2.2.1 认知语法视角

Langacker（1999）的认知语法理论认为，词类是图式性的象征结构。名词被界定为事物（thing），其本质是显影（profile）某个认知域中的一个区域（region）。动词会显影一个在时间轴上变化并被识解人顺序扫描（sequential scanning）的关系（relation）。形容词和副词显影的是非时间关系（atemporal relation），且只有一个处于焦点的参与者。对于形容词而言，这个参与者就是射体（trajector）所代表的事物；而对于副词而言，这个参与者就是射体和界标（landmark）之间的抽象关系。用通俗的话来说，形容词的功能是修饰一个事物，而副词的功能是修饰事物间的抽象关系。图 2—9（引自张凤、高航，2008：44）以英语形容词"tall"和副词"fast"为例，显示了它们之间不同的语义结构。形容词"tall"所涉及的射体是一个事物，该事物在高度上超过了参照标准 n。副词"fast"所涉及的射体是一个抽象关系，这种关系本身也有自己的射体和界标，同时在速度上也有一个参照标准 n。

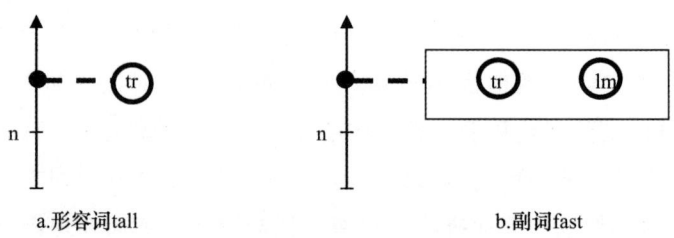

a. 形容词 tall　　　　　　b. 副词 fast

图 2—9　英语形容词 tall 和副词 fast 的语义结构

认知语言学者认为，传统语法没有能利用语义对词类进行很好的划分。认知语法采用了认知语义学的思路，不仅可以反映概念内容，还可以反映人们对概念内容的组织和理解，因此能够清楚地说明各种细微的语义区分（张凤、高航，2008）。可以看出，在认知语法的框架中，所有语言的名词、动词、形容词和副词都可以区分开来，划界的标准是基于对语义特有的观察方式。

在认知语法理论中，形容词可被识解为根据某个参照标准对个体事物的显影（即对个体事物的修饰）。当形容词具有动词的某些特征时，这种静态的分析方式就得进行修改。也就是说，对形容词的分析需要比照动词的分析方式，那么形容词和动词的区别又在哪里？例如，如何描绘形容词"aware"和动词"know"的区别？它们具有同样的语义，都表示动作"知道"。而且从跨语言的角度看，同一个概念在不同的语言中会呈现不同的词类，这类情况该怎么处理？例如语义概念"饿"，在《现代汉语词典（第六版）》（2014）中被标注为形容词和动词；在英语中是动词或名词的"hunger"，也可以是形容词"hungry"；在澳大利亚的迪巴尔语（Dyirbal）中是形容词"namir"；在法语中为名词"faim"；在拉丁语中为动词"esurio"；在南美的加拉瓦拉语（Jarawara）中为动词性词根"-fimi-"（Dixon，2004：2）。很显然，认知语法只能在事先知道一个词的词类身份后，才能被动地呈现该词的概念模式。或者说，认知语法也许更适合用于词类后期的语义描述，却很难用来划分词类。

2.2.2　概念空间和词类的语义地图

Croft对词类的研究具有类型学和认知语言学的色彩，他将概念空间（conceptual space）理论运用到跨语言的词类描写中。Croft（2002/2008：183）认为形容词的普遍性是值得怀疑的。而且依靠语义无法确定一个语言的词类成员，因此就必须借助一些额外手段，即命题行为（propositional acts），其中包括指称、述谓和修饰。请见图2—10（引自Croft，2001：92）。

Croft将属性（形容词）置于事物（名词）和行为（动词）之间，这是从属性的时间稳定性（time stability）角度考虑的。图2—10显示的词类的语义地图可以为不同的语言大致勾画出词类的功能分布以及相互关系。以英语为例，由于英语具有较丰富的形态，因此当不同的词类各司

图 2—10 词类的语义地图

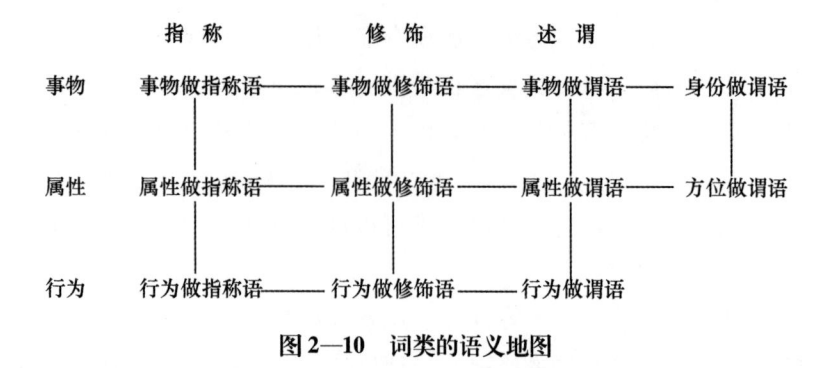

其职时，通常会以某些形态或句法手段为显性标志。请见图 2—11（引自 Croft，2002/2008：188）：

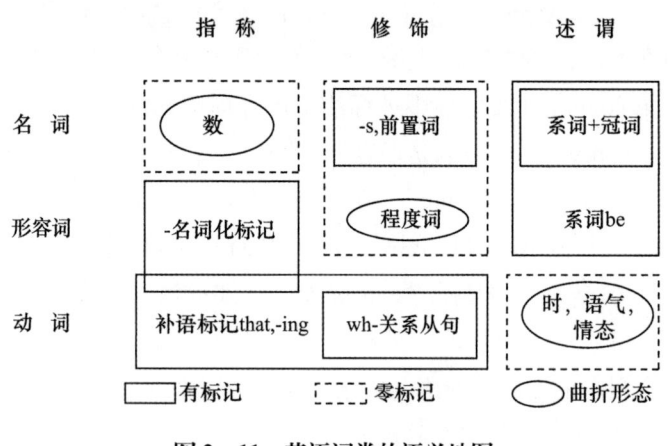

图 2—11 英语词类的语义地图

英语中的形容词做指称语时需要名词化标记，例如"brave"要变为"bravery"，或者通过句法操作成为不定式或"v + ing"形式，即"to be brave/being brave"。形容词做修饰语时可以被程度词修饰，做谓语时需要借助系词"be"。相较而言，汉语不具备印欧语的那些形态——各种词类的语法功能呈现出多样化的局面。譬如汉语的动词可以直接做主宾语和谓语，并在一定程度上可以做定语。名词可以直接做主宾语和定语，并在合适语境下可以做谓语，但否定时需要借助系词"是"。形容词可以涵盖所有主要语法功能。关键是，这些词类也都能在光杆形式的情况下实现这些语法功能,所以语义地图可能很难说清汉语词类的实际情况。如果根据 Croft 的描写方式,我们可以得到以下汉语词类的语义地图:

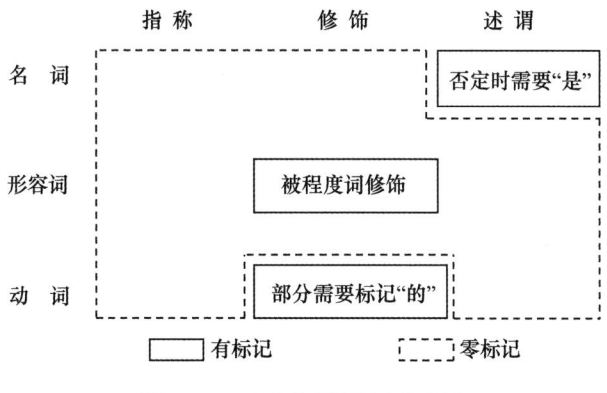

```
              指  称      修  饰       述  谓
          ┌─────────────────────────┬──────────┐
    名 词  │                         │否定时需要"是"│
          │                         └╌╌╌╌╌╌╌╌╌╌┘
          │         ┌──────────┐               │
    形容词 │         │被程度词修饰│               │
          │         └──────────┘               │
          │         ┌╌╌╌╌╌╌╌╌╌╌╌╌╌┐            │
    动 词  │         │部分需要标记"的"│            │
          └─────────┴╌╌╌╌╌╌╌╌╌╌╌╌╌┴────────────┘
              □ 有标记        ╌╌ 零标记
```

图 2—12　汉语词类的语义地图

图 2—12 中,汉语词类的功能重合区域较大,光杆名词、动词、形容词就可以完成大部分语法功能。所以这个语义地图并不能呈现太多的词类信息,自然对汉语的词类划分没有太多的帮助。

语义地图的最大优势在于能够从宏观上显示整个词类系统的功能分布,但是语义地图对揭示孤立语的词类特征稍显不足。而且 Croft 的概念空间仍在潜意识中将名词和动词对立起来,这是一种认知视角上的印欧语眼光。所以语义地图对词类描写的局限是显而易见的。

2.3　生成语法视角

生成语法学派也对语言的词类问题较为关注(Abney,1987;Halle & Marantz,1993;程工,1999;林巧莉、韩景泉,2011)。生成学派和认知学派类似的是,都认为词类范畴具有普遍性。生成学派的词类研究主要以少数印欧语为基础,其早期研究是利用"中心词理论"和"DP 假说"对词类结构进行分析。该派后经发展又创立了分布形态理论(Distributed Morphology),并对早期的理论进行了修改和补充。分布是指把传统认定的词法分散到词法和句法等之中。

分布形态理论认为,如果某个词根要获得一个词类标签(category label),就必须和某个能够定义词类的功能语素构成局部的结构关系。换句话说，要想判断一个词根的词类身份，就必须依靠一个更大句法环境中的某个成分。表面上看，这种观点似乎并无新意。但是该理论主张，句法运作的基本单位是语素，而不是词，词和词组是在句法结构中生成的。语素包括抽象语素和词根。抽象语素是指具有普遍性的时、体、数等。词根是指语言中概念的音义复合体，例如"√CAT、√OX、√SIT"等（"√"为词根符号）。词根本身不是词，因此不具备词类身份。例如英语中的"fast、red、big"，以及汉语中的"冷、好、新"，它们都是没有词类身份的词根，只是一种语素。因此在该理论中，词类并非词根的固有属性，任何一个词根完全可能属于不同的词类，具体情况要视句法环境而定。这样一来，似乎就可以解决"这本书的出版"中的"出版"和"这种慢"中的"慢"的词类身份问题了（程工，1999；林巧莉、韩景泉，2011）。因为孤立地看，"√出版"本身既不是动词也不是名词，当进入到结构"这本书的_____"，由于句法环境的制约（领属结构），"出版"就成了名词。同样，"慢"本身既不是名词也不是形容词，当它进入到结构"这种_____"，"慢"就成了名词。分布形态理论似乎可以摆脱"出版"和"慢"在进入结构前后的词类身份之争了，因为"出版"和"慢"在进入一个句法结构前，根本没有任何词类地位。然而，这种观点本质上是"词根无类，入句辨品"。

分布形态理论在处理印欧语时可能会有较好的效果，但是在分析汉语时就会遇到一些困难。因为汉语的光杆名词和光杆形容词都可以直接入句，例如：

（10）笑会影响心态。
（11）快当然好。

根据分布形态理论，"√笑"在进入例（10）的结构之前是词根但不是词，也就没有任何词类身份。由于"笑"入句后做主语，所以"笑"是名词。按照这个逻辑，如果"笑"出现在"不_____"结构中，"笑"就成了动词。那么，在"不笑会影响心态"中，"不笑"做主语，此时的"笑"是动词还是名词？如果认为"笑"是动词，那么就和之前"做主语的是名词"相矛盾。如果认为"笑"是名词，那就得承认名词可以被"不"否定,可是汉语的名词不能直接被否定(吕叔湘,1982:234;沈家煊,2010a),如"*不星期天、*不上海人"。所以不管分布形态理论怎么分析,最终都会产生这样或那样的理论矛盾。例(11)中的主语"快"也会面临同样的问题,不再重复分析。

分布形态理论只是解决了眼前的局部问题,却会带来更多后续的问题。而且,该理论还凭空增加了"入句前的词都是词根"以及"词根无类"两个假设,问题不但没有解决,反而把理论复杂化了,最终导致理论上的不自洽。

第三节 汉语词类研究的历史和困境

在汉语研究领域,19世纪德国汉学家甲柏连孜(Gabelentz)在其著作《汉文经纬》(1881/2015)中首次将汉语的实词分为名词、形容词、动词、数词等九个词类。但是《汉文经纬》在中国的学术影响并不大,因此并未受到学界的重视。在此之后,马建忠的《马氏文通》(1898/1983)在西方语法理论的基础上将汉语文言文分为名字、动字、静字、状字、代字等九类。《马氏文通》标志着汉语词类研究的真正萌芽,并对后期黎锦熙的《新著国语文法》(1924)产生了一定的影响。黎锦熙将汉语的词类分为五个大类,即实体词、述说词、区别词、关系词和情态词,它们还可以进一步分为九个基本类。《新著国语文法》的问世意味着汉语词类研究的雏形已经形成。但总体来看,马建忠和黎锦熙的词类划分在本质上并无明显区别,只是词类名称略有改变(郭锐,2010:12)。

在此后90余年的语法研究中,关于汉语词类的讨论一直持续未止。由于我国早期的汉语语法和词类研究带有浓厚的印欧语色彩,因此在20世纪30年代,陈望道、方光焘等学者发起了一场"文法革新"的讨论,其目的是摆脱西方语法理论的干扰、建立具有汉语自身特点的语法新体系。这次讨论的主要议题之一便是汉语有没有词类、怎么划分词类等,但这些问题在当时并未得到很好的解决。在20世纪50年代,学界对类似的话题又展开了更大范围的讨论,主要成果有文炼、胡附的《谈词的分类》(1954)、吕叔湘的《关于汉语词类的一些原则性问题》(1954)和王力的《关于汉语有无词类的问题》(1955)。然而汉语的词类和相关语法问题仍然没有得到解决。

以下一些观点是汉语词类研究长久以来的主要焦点问题,也是词类研究必须克服的几个难题。我们将逐一介绍近些年来围绕这些老问题的一些新观点,并给出我们的看法。

3.1 名词化和名物化的再兴起

名词化和名物化在汉语词类研究中曾经引起学界广泛的争议和讨论。在形态丰富的印欧语中,形态变化是词类判断的主要证据。朱德熙(1985)提出,在判断词类时语义标准不可靠,因此主要依据形态和语法功能,而形态本质上是语法功能的标记。朱先生还指出,汉语动词做主宾语不存在名词化或名物化。然而,近期的一些观点重新提出名词化和名物化,这就需要我们再次审视这些汉语词类研究的关键问题。

名词化、名物化和词类判断的语义标准有着千丝万缕的关系。意义和词类没有直接的对应关系,因为具有相似意义的词可能会分属不同的词类,例如"突然"和"忽然"在意义上是一类,但依据语法功能前者是形容词,后者是副词。这种词类和意义上的不对应说明依靠意义无法区分词类。还有一种情况,同一个词项可能会被归为不同的词类。该情形在学界存在两种不同的处理思路。

第一,同一个词在不同位置分属不同的词类。如(12a)[①]中的谓语"开车"是动词,表达行为范畴;而(12b)中的宾语"开车"是在表达事物范畴。此观点是张志公(1956)在《暂拟汉语教学语法系统》中提出的动词名物化。

(12) a. 今天我开车。
　　　b. 我喜欢开车。

朱德熙等(1961)曾批评说,名物化在理论上站不住脚,存在自相矛盾,而且会导致汉语没有词类的结论。朱先生认为,名物化在语法教学上也没有意义,因为"先告诉学生说哪些词是动词,哪些词是形容词,

---

[①] (12a)表示例(12)的 a 例句,以下不再说明。

等到这些词放到主宾语位置上的时候,又说它们转成了名词,或取得了名词的语法性质",对于学习者来说,这是难以理解和掌握的。

第二,同一个词在同一个句法位置上可能分属不同的词类。如例(13)中,a 句和 b 句主语位置的动词"游泳"以及形容词"谦虚":

(13) a. 游泳对身体有好处。
b. 谦虚是做人的一种美德。

陆俭明(2014:36—37)提出,例(13)中的"游泳"和"谦虚"已经名词化了,其中 a 句的"游泳"不是指游泳这个具体的、动态的行为动作,而是指一种活动项目,是行为或事件的名称。类似的是,b 句中的"谦虚"也不是指某种性状,而是指做人的一种美德。所以例(13)中的"游泳"和"谦虚"可看作零派生的名词化。

陆俭明先生还认为,以下例(14)中主语位置的动词"干"和形容词"谦虚"仍然是动词和形容词,没有名词化。

(14) a. 你说吧,干有什么好处?不干有什么害处?
b. 谦虚才能赢得人们的尊重。

陆俭明先生说,例(14)表面上看是动词和形容词做主语,其实是小句做主语,只是省略的缘故,即"干"和"谦虚"的前面都有一个潜主语。所以例(14)是下面例(15)省略的结果。

(15) a. 你说吧,我们干有什么好处?我们不干有什么害处?
b. 态度谦虚才能赢得人们的尊重。

最后,陆俭明先生得出的结论是:汉语中的情况和印欧语是一致的,因为印欧语也存在上述两种情况。只不过印欧语是通过改变形态让表示行为动作或性状的词语来做主宾语。汉语的特点不表现在动词、形容词能做主语这一点,而是表现在大量的零派生和大量的省略上。

我们认为,陆俭明先生的零派生和省略说可能值得商榷。首先,

（13a）中的"游泳"是表达活动项目还是具体动作，可能并不容易判定。例如医生对运动员说"游泳会导致你的腿部伤势加重"。根据语境，该句中的"游泳"可以是指一项运动（医生希望运动员今后避免游泳这项运动），也可以是指具体动作（医生告知运动员今天游泳中的某个动作将会加剧伤势），所以如何理解"游泳"完全取决于语境。也就是说，如果脱离语境，"游泳"这个词就很难判定词类。另外，（13b）和（14b）中的主语"谦虚"到底是"性状"还是"美德"，似乎并不矛盾。因为性状是事物的内在属性，而美德是人对性状的主观价值判断。两者不在一个层面，所以它们之间并非二选一的排斥关系。最后，如果说例（14）是例（15）省略主语的结果，那么问题是，为什么"干"和"谦虚"省略的是主语，而不是其他成分？请对比前文例（15）和下面例（16）：

（16）a. 你说吧，<u>干革命</u>有什么好处？<u>不干革命</u>有什么害处？
　　　b. <u>谦虚的态度</u>才能赢得人们的尊重。

按照省略说，例（16）表明"干"也可以是省略宾语"革命"，"谦虚"省略的是被修饰的核心语"态度"。如果依据陆先生的分析方式，那么（16a）中的"干（革命）"可以是一种活动项目，不是具体行为，那么"干（革命）"名词化了。这就和（15a）的判断（"干"是动词）不一致。据此我们可以得出结论，"干有什么好处"这句话中的"干"到底是什么词类取决于我们如何补充省略的句法成分。这样的话，一个词的词类判断变得主观性极强，自然也不好把握。而且脱离了语境，研究者就无法判断词类。吕叔湘（1979：67—68）曾指出，省略"添补"的词语应该只有一种可能，这样才能说省略了这个词语。朱德熙（1982：220—221）认为，省略指的是结构上必不可少的成分在一定的语法条件下没有出现，省略的成分应该是可以补出来的。可见，例（14）不能简单地被看作是种省略的结果，因为他人无法确定所谓的"省略"前的句法结构或者概念结构具体是什么，否则词类也就成了"言者自明、听者未知"的东西了。这就给语言研究和语言教学都带来很大的挑战和不确定因素。

3.2 词类先验观

除了以上的零派生和省略说，还有一种词类先验观。胡建华（2013：16—17）认为，词类判定的语义标准不可靠，形态是在已有词类的基础上进行的标记，是二次加工，即不同的形态标记加在不同的词类上。但分布并不能划分词类，分布只是用来验证已有的词类。他引用了谭景春（2010）的"只身、独身、单身"为例，并且论证：由于"只身"只能做副词，"单身"有名词用法而"独身"却没有，因此词类划分不是语义和形态决定的，也不是分布决定的，是先验地存在的，分布只不过是用来验证已有的词类。胡建华（2013：16）进一步提出，在形态语言中根词有词类，而且形态标出来的也不是绝对的类。派生形态操作要先看根词词类，屈折形态的操作更是如此。他认为词类是"依句辨品，而不是离句无品"。

根据上述观点，这里的"依句辨品"中的"辨"可理解为"验证"的意思，那么词在入句前就已经具有特定的词类身份。但问题是，词在入句前先验的词类身份又是怎么事先确定的？"只身"为什么先验地就是副词而不是名词？先验的知识或规律通常不依赖于人的经验，是客观存在的，例如数学中的"1 + 1 = 2"，其计算的结果不依赖于人的经验。即使是先验的规律也有背后的科学原理，那么词类先验观并没有解释词项所具有的先验的词类到底源于何处以及有何理据。这个问题如果没有得到解释，那么汉语中大量词项的先验的词类又是如何逐一确定的？所以词类先验论存在明显的先天缺陷。

3.3 认知语言学与名词化

高航（2009：90）认为，名词化是概念物化的结果。这种说法对于有词形变化的英语来说，可能问题不大。英语动词"explode"变为名词"explosion"时出现了概念语义物化，认知语法通常会将语义变化通过概念图式进行阐释。在分析以下英语例句时，高航认为"walking、walking alone、reading、reading such books"都出现了名词化，但是（17b）和（17d）中的"walk"和"read"作为动词的性质没有发生变化，因为它们分别被副词"alone"修饰以及带宾语"such books"。

(17) a. Walking is good for our health.
　　b. Walking alone is dangerous for a young woman in such an area.
　　c. Reading can broaden your horizons.
　　d. Reading such books can be fun and enlightening.

然而我们的观点正相反，(17b) 和 (17d) 中"walk"和"read"的动词性质发生了明显变化。因为英语动词的首要功能是做谓语，而带了"-ing"的"walk"和"read"即使被副词修饰或者带宾语，都无法再做谓语，如 "*I walking alone" 和 "*I reading such books"。所以副词"alone"和宾语"such books"无法改变"walking"和"reading"已经名词化为动名词的事实。高航的分析是"抓小放大"，只看局部，却忽视了整体。也许我们只能说 (17b) 和 (17d) 中"walk"和"read"的意义变化不大，但动词是个句法范畴，名词化也是一种句法操作，动词加上"-ing"后的句法性质一定会出现一些本质的变化。从英语的例子可以看出，名词化是个显性的、客观的句法过程，和动词的概念意义关系不大。

高航进一步认为，以往的汉语研究在分析例 (18) 时，没有区分概念组织的不同层面。从认识语法角度看，(18a) 和 (18b) 中的"出版"是通过不同的合成路径进入到"这本书的_____"结构中（高航，2009：93）。

(18) a. 这本书的出版是有重要意义的。
　　b. 这本书的迟迟不出版是有原因的。

高航提出，在 (18a) 中，"出版"在与"这本书的"组合前是光杆动词，在"这本书的出版"中是光杆动词发生名词化。而在 (18b) 中，"出版"首先与否定副词"不"组合，然后与副词"迟迟"组合，最后"迟迟不出版"整个动词短语在名词化之后再与"这本书的"组合。高航说，没有人怀疑"出版"在合成的最低层面是动词，但在概念组织的更高层面上，以上两句中的名词化作用的层面不同，前者是光杆动词发生名词化，后者是动词短语发生名词化，其中的"出版"仍然是动词（高航，2009：93）。高航认为传统观点将同一个"出版"在（18a）中处理为名词，而在（18b）中处理为动词；两种不同的处理方式违反人们的语言直觉。

我们对上述分析过程和结论存在质疑，现用下例（19）来说明这种分析方式：

（19）a. ［这本书的 ［出版_动］_名］
　　　b. ［这本书的 ［迟迟不 ［出版_动］_动］_名］

首先，在分析"这本书的出版"时，高航认为"出版"在与"这本书的"组合"之前"是光杆动词，而组合"之后"就名词化了。这是依句辨品的做法。但是在分析"这本书的迟迟不出版"时，认为"出版"与副词结构"迟迟不"组合时仍是动词，然后整个动词短语名词化"之后"，再与"这本书的"组合。很明显，高航对这两句的分析存在矛盾：一个名词化是发生在和"这本书的"组合之后，一个名词化是发生在和"这本书的"组合之前。这两种名词化的产生方式明显不一致。

第二，在"这本书的迟迟不出版"中，高航认为"迟迟、不"是副词，"出版"仍然是动词，但整个短语是名词性的。这就明显违反了向心原则。如果按照这种说法，"这本书的"似乎是"迟迟不出版"的名词化触发成分。那么在下面例（20）中，"不出版"的前后没有任何名词化触发成分，这种情况下的"出版"该是什么词类？如果"出版"是动词，那么又回到了高航自己所批判的传统观点。如果"出版"是名词，但句中缺少名词化触发语，那么名词化又是因为什么机制而发生的？很显然，这种分析方式十分繁杂，最终导致自相矛盾，也回答不了我们提出的这些质疑。

（20）<u>不出版</u>是有原因的。

第三，高航认为传统观点将同一个"出版"做两种处理。其实高航的观点同样也是将"出版"进行了两种处理。因为在（18a）中，"出版"名词化了，所以是名词；而在（18b）中，"出版"仍然是动词，只不过"迟迟不出版"整体是名词性的。可见,前一个"出版"名词化了,后一个"出版"依旧是动词。这样的处理方式同样不合理。

总之,认知分析法存在将语义变化和句法变化"捆绑"起来的嫌疑。问题是,名词化这种句法变化如果没有在形式上得到支持,那么名词化的客观形式根据是什么?认知语言学也许可以说明概念物化这种语义现象,却不能证明"概念物化"一定会导致形式层面的"名词化"。所以词类的认知分析并没有解决什么实质性的问题,依旧回到依句辨品的老路子,同时将各种问题复杂化,最终导致理论和逻辑上的不自洽。

3.4 再谈转类说和兼类说

与名词化、名物化密切相关的两个概念就是转类说和兼类说。汉语大量动词、形容词的名词化就是指零派生情况下的转类或兼类。其中,零派生是名词化的关键假设。

转类说认为,汉语的动词、形容词在做主宾语的时候,词性出现了变化,它们变成了名词。也就是说,动词、形容词出现了"名物化"或者"名词化"的过程。在汉语语法体系建立后一直到 20 世纪 50 年代,转类说的观点相当流行。黎锦熙、刘世儒(1960:7)曾认为,在主语位置的时候,"单个儿动词既是'名词性',干脆说,就是名词了"。这种说法其实是依据印欧语的词类特点认为汉语中所谓的"词性转变"存在着一种"零派生"的过程,因为英语中也有一些词可以在不改变形式的情况下,既做主语又做谓语,例如"walk、try、play、smile、work、jump"等。王维贤(1987/2007)在《现代汉语动词形容词的名物化》一文中也有类似的看法,他认为处在主宾语位置上的动词、形容词都可以带定语,但是带上定语和没带上定语,形式上是有区别的,句法功能也不一样。没有带定语之前,整个短语是动词、形容词性的;带上定语之后,整个短语就成了名词性的。王维贤先生的观点是想表明,做主宾语的光杆动词和形容词的词性没有变,但是如果在前面加上定语,它们就具有了名词性,实现了转类。这是一个名物化的过程。

转类说的缺陷是显而易见的,因为这种观点在没有可靠的形式证据下增添了一种假设,认为动词、形容词可出现零标记转类。我们的疑问是:和"零标记"转类相对立的是"有标记"转类,没有"有标记"就谈不上"零标记",但是当汉语的光杆动词、形容词自指时并不需要带标记,那么汉语的零标记该从何说起呢?这里唯一可能的解释是:和汉语零标记转类相对立的是英语的有标记转类。但这种解释显然是荒谬的,因为汉、英分属不同的语法体系。

朱德熙(1985:5)曾批评说,"汉语的语言事实完全不支持名物化的说法","汉语的动词和形容词无论是做谓语还是做主宾语,都是一个样子。传统汉语语法著作认为主宾语位置上的动词、形容词已经名词化了。这是拿印欧语言的眼光来看待汉语"。在英语中,动词和形容词做主宾语的时候,一般需要添加各种后缀以实现名词化。但是汉语不具备英语中那些名词性派生词缀。如果说汉语动词、形容词做主宾语时出现了名词化,我们在形式上看不到任何直接的客观证据。

此外,即使在英语中,零派生这种假设也受到一些批评。Luuk(2010:352—353)指出,零派生是一种错误的、多余的说法。这种说法混淆了两件事:词的历时派生和词的共时派生。以"walk"为例,从历时角度看,这个词的名词用法的确是源于它的动词用法。然而,零派生这个假设涉及的是词的共时派生。事实上,有了一个词的历时派生就不再需要一个相应的共时派生。从逻辑上讲,一个词不需要也不可能派生两次。合理的解释应该是:在共时层面,"walk"是一个柔性词;在历时层面,"walk"从一个动词演变为一个柔性词。Luuk 提出,英语是个靠形态派生新词的语言,如果英语的单词本身就可以派生成为其他词类,那要这些形态有何意义?所以在现代英语中,以"walk"为代表的这些词本身就是一个柔性词类,它们是尚未实现专门化(underspecification)的词类。Luuk 的批评不无道理,在共时层面零派生是个无中生有的说法,在逻辑上存在明显的问题。

总之,不论是英语还是汉语,动词通过零派生而转类的这个假设都是缺乏科学根据的。在英语中,零派生的对立面是大部分名词、动词、形容词存在着"非零派生"。而汉语的动词、形容词都可以直接做主宾语(朱德熙,1985;沈家煊,2011b),所以零派生根本不存在与其对立的"非零派生",所以零派生的说法显得无中生有。吕叔湘(1979:39)指出,在处理词类兼类的现象时坚持的主要原则是:"凡是在相同条件下,同类的词都可以这样用的，不算词类转变。"因此，以零派生为理由认为汉语的动词、形容词做主宾时出现了转类，这是个不合理、不科学的主观论断。

兼类说和转类说不同。兼类说认为汉语的动词和形容词可以身兼几个类。吕叔湘、朱德熙（1952：12）在《语法修辞讲话》中提出，一个词的意义不变的时候，尽可能让它所属的类也不变。但是这并不等于否认一个词能属于两类或三类，只是说，不应该完全根据它在句子里的地位来决定罢了。吕叔湘（1979：51）认为"这个作品的发表"中的"发表"是动名词，而整个短语则是动名词短语。施关淦（1981：11—12）同意吕叔湘的分析，他认为："说它们是动名词或形名词，而不干脆说它们是名词，是因为它们跟一般的名词还不尽相同。正如朱德熙所指出的，在'这本书的出版'的'出版'的前面，还可以受副词'不''马上'等的修饰，而一般名词却是不能受副词修饰的。但这仅仅是问题的一个方面。另一个方面，我们还必须看到，整个偏正结构'这本书的出版'是名词性的，而其中的'出版'又是'核心'，它在这里不表示实际的动作，而是指一种事物，在它的后面也决不能加上时态助词。鉴于前者，它区别于一般的名词；鉴于后者，它又跟动词区别开来了。"吕叔湘和朱德熙对兼类的看法主要涉及三点：第一，汉语中词有定类，但是可以有兼类的现象；第二，一个词是不是兼类要看这个词的意义变了还是没有变，不能完全根据它在句子中的地位来判定；第三，兼类词的比例只能是少数，不能是多数。

在上述三点看法中，第一点、第二点最容易被关注，而第三点却常常被忽视。张凤、高航（2008：47）认为："从语言使用的角度看，许多常见的词都会发展出代表不同语法范畴的意义。因此，汉语这样的非形态语言和英语等西方形态语言在词类范畴上没有本质差别，不同之处可能仅仅在于兼类词的比例问题。"很明显，这种观点没有考虑"兼类词只能是少数"的标准。汉语的事实是，动词、形容词都能直接做主宾语，即使汉语的系词"是"也不例外（沈家煊，2016a），例如："他是不是考上研究生了？我想是，是更好。"所以动词、形容词的兼类说就丧失了"兼类"的根本立足点。

总之，在处理动词、形容词等词类的语法功能时，转类说、兼类说、零派生、名词化等观点在汉语中很难获得有力的证据支持。根据奥卡姆剃刀定律和简单性原则,这些说法无端增添了不必要的假设,而使得语法体系变得复杂且难以把握,最终增加了理论矛盾的潜在风险。

第三章

词类研究中的一些重要问题

第一节 词类研究的"印欧语眼光"

由于汉语缺少印欧语中的形态标记，这给词类的划分带来了不小的困扰。而且词类判断的难易似乎也不均衡，在名词、动词、形容词三类实词中尤其以形容词的词类地位最不确定（刘丹青，2005）。虽然国内外很多学者曾为此做出大量的努力并且成果丰富，但不少研究者都几乎默认了一个不言自明的前提，即汉语的名词和动词是两个没有争议或者争议不大的、独立的词类。我们似乎只有承认了这个前提，才能继续分析形容词更接近哪一类词或者是否独立成类。可如果沿着这样的研究思路，得出的结论最终只能回归赵元任和朱德熙的词类观点，即形容词靠近动词。实际上，汉语的名动关系几乎就是基于印欧语的舶来品，但汉语和印欧语差别巨大，所以词类的关系也绝非可以直接比附或复制的。

汉语研究中的印欧语眼光是个无法回避的事实。朱德熙在《语法答问》（1985：iii）中指出："这些争论里有很大一部分是由于受了印欧语传统语法观念的影响以至看不清汉语语法的本来面目。"朱先生还说："中国有一句成语叫'先入为主'，意思是说旧有的观念的力量是很大的。我们现在在这里批评某些传统观念，很可能我们自己也正不知不觉之中受这些传统观念的摆布。这当然只能等将来由别人来纠正了，正所谓后之视今，亦犹今之视昔。不过就目前而论，能向前跨一步总是好的，哪怕是很小很小的一步。"

吕叔湘（2002：402—404）晚年在《语法研究中的破与立》中说：

要大破特破。要区别什么是客观存在的,什么是研究者定下来的(制造的)。当然不是任意指定的,是被认为反映现实的,但既有"认为",就有了主观因素。这个主观因素是排除不了的,只要"一致认为"就行了,就证明是比较正确地反映现实了。问题就在于不一致。所以要破,要把"词"、"动词"、"形容词"、"主语"、"宾语"等等暂时抛弃。可能以后还要捡起来,但这一抛一捡之间就有了变化,赋予这些名词术语的意义和价值就有所不同,对于原来不敢触动的一些条条框框就敢于动它一动了。

在探索规律性的过程中,不得不使用术语,这些术语以及它们所构成的体系是为陈述规律性服务的。我们制造和使用这些术语,应该让它们听命于我们,不能让我们听命于它们。

汉语词类研究中的"名词、动词、形容词"等是一套用来描述印欧语法体系的术语。吕叔湘先生的看法清楚地点明了汉语词类研究的现状以及寻求研究突破的大致方向,传统的研究思路和范式已经无法维持下去,否则只能原地踏步、停滞不前。我们觉得有以下几点非常值得细究。吕叔湘先生认为"要区别什么是客观存在的,什么是研究者定下来的(制造的)"。这前后两句本是针对汉语研究,即汉语中什么是客观存在的,什么是汉语研究者定下来的。但实际情况是,由于汉语语法及研究框架在很大程度上由西方引入我国,因此很多语法术语和概念都是由西方学者基于印欧语语法框架而制定的。当我们几乎原封不动地使用名词、动词、形容词以及主语、谓语、定语等概念时,可能就会造成"拿汉语的事实来迎合印欧语的框架",削足适履也就在所难免。对这一误区,学界的先贤似乎都已察觉,但一时却又很难彻底修正,因为我们始终没有放弃使用名词、动词、形容词等这些印欧语框架中的术语,并坚持以这些术语为出发点来讨论和分析汉语的语法现象。所以吕叔湘先生才会强调另一个关键的问题,即术语。"名词""动词""形容词"等本是代表着英语分化的词类系统,如果继续使用它们,那就意味着我们需要默认汉语也是分化的词类系统,同时也就不得不做出一些"削足适履"的语法分析。这种做法其实已经导致词类研究中一种严重的逻辑错误。本来正确的逻辑应该是"先分类、再取名",取名是对分类结果的标识。可汉语目前的状况是"名已取、类后分"。虽然学界也对汉语名词、动词、形容词的内涵有所调整，但基本上仍然处于英语分化词类系统的桎梏之中。传统的汉语词类研究似乎很少怀疑"名、动、形"的普遍性。在词类划分中，即使名词、形容词在语法功能上的重合性再大，有人也要找出一些次要的差别将它们一分为二。如果承认名词在满足语境的情况下也能做谓语（沈家煊，2016a），那么形容词和名词的差别几乎就只剩能否被"很"修饰了。传统的做法似乎早就默认了形容词和名词之间存在一种先验的对立关系。如果我们从不怀疑"名、动、形"的普遍性而只把它当作一个既定的事实，那么"词类划分"就会走向"词类必分"。也就意味着，汉语的词类在划分之前，结果基本就已确定。

如果想要摆脱印欧语的影响，我们首先需要丰富眼界，重视语言词类系统的多样性，抛弃一些曾经被我们当作是语言共性的语法观念。词类的研究者通常都会面临一些需要回答却又很难回答的问题：在人类语言中，词类的划分是否具有共性？是不是所有语言都有名词、动词、形容词？词类划分的标准能否统一？这些问题长期存有争议。有些西方的学者也会反对词类类型的多样性。早期印欧语的研究经验显示，名词、动词、形容词似乎是强势存在的主要词类。一些生成学派的学者认为，概念范畴和句法范畴是多对多的关系，每种语言都有名词、动词、形容词三种主要词类。Croft（2000）从认知角度判断，名词、动词、形容词是人类语言普遍存在的词类，每个语言中都会有它们的原型成员。Croft反对词类系统的多样性，他不同意Hengeveld等提出的柔性词类的观点。因为Croft认为，即使一个词可能同时具有两个词类的特征，如果存在语义差别，那么就该分为两个词类。例如以下汤加语（Tongan）的例子（引自Croft，2000：70）：

(1) a. na'e si'i 'ae akó.
  过去时 小 通格 学校：定指
  '学校小。'
 b. 'I 'ene si'í
  在 三单：领有 小时候：定指
  '在他小时候'

c. na'e   ako   'ae   tamasi'i   si'i   iate au.
过去时 学习 通格 孩子小 地点 第一人称
'那个小孩子在我家学习。'

Croft 认为，例（1）各句中的"si'i"和"akó"分别表达了不同的意思。"si'i"在 a 句和 b 句中分别是"小"和"小时候、童年"的意思。"akó"在 a 句和 c 句中分别是"学校"和"学习"的意思。由于这两个词分别具有不同的意义，所以应该分别归为不同的词类，即"si'i"分别是形容词和名词，"akó"分别是名词和动词。Croft 还用英语单词"school、study、small"作为旁证：

（2）a. The school was small.（名词：学校）
　　 b. We schooled him in proper manners.（动词：使……受教育）
（3）a. The little child studied at my house.（动词：学习）
　　 b. I retired to my study.（名词：书房，学习的地方）
（4）a. The school was small.（形容词：尺寸或面积小）
　　 b. the small child（形容词：年龄小）
　　 c. There are a lot of smalls at this fair.（名词：小物件）

以上各例中，"school、study、small"分别表示不同的语义，除了（4a）和（4b）中的"small"可合并为形容词，其他都被归为不同的词类。Croft 认为汤加语和英语的情况类似，所以不该将例（1）中"si'i"和"akó"的几种用法都看作同一类词。其实在汉语中也有很多类似情况，如例（5）的"大"：

（5）a. 大房子
　　 b. 大孩子
　　 c. 他大我一岁。
　　 d. 从小到大/三岁看大，七岁看老。
　　 e. 大闹

"大"在上例中有五个不同的意思：（5a）中指"尺寸或面积大"，（5b）中指"年龄大"或者"尺寸大"，（5c）中指"比……年长"，（5d）中指"年纪成熟的时期"，（5e）中指抽象的"程度高"或"场面大"。可以看出，在这些不同的语义中，除了（5a）算是本义，其余都是转喻和隐喻的结果。按照 Croft 的做法，可以把（5a）、（5b）中的"大"都归为形容词，但却是两种不同的形容词，另外把（5c）、（5d）、（5e）中的"大"分别各看作一类，即动词、名词和副词。那么汉语的"大"至少能够分出 4 个词类。可如果汉语中只是少数形容词具有"大"的多义用法，那么 Croft 的分类思路也许可以接受。但事实上，汉语大量的形容词在语法上也都具有多功能性（朱德熙，1985：5），在不同的句法位置上形容词都普遍存在语义上的变化。那么词类划分就要依靠灵活的语义标准了，这恰恰是中西方主流学界都普遍反对的做法。

Croft 的词类判断过于依赖语义上的差别，但更主要的问题是，英语中不是所有名词都像"school"一样可以直接做动词，更不是所有形容词都像"small"一样可以直接做名词。Croft 所提供的例证只是英语中的少数现象。这种情况下，将"school"和"small"处理为英语中的柔性词或兼类词也许是个更合适的办法，也不违反兼类只能是少数的基本原则。汤加语是否所有的主要词类都具有多义性和多功能性，还有待研究者的验证。但至少在汉语中，根据某些语义差别来划分词类并不可行也不现实。而且 Croft 这种判断词类的方式也会导致一些潜在分析困境，例如"买房子不怕小就怕远"，这里做宾语的"小"是指尺寸、"远"是指距离，都是它们的本义。那么"小"和"远"是形容词还是名词？按照 Croft 的观点，属性义普遍对应的是形容词，那么做宾语的"小"和"远"就应该是形容词。但这不符合 Croft 提出的名词才能做宾语的原型匹配模式，除非说"小"和"远"已经名词化了。但前文已经论述，"名词化"的观点在汉语中根本行不通（朱德熙，1985）。Croft 的分析思路在一定程度上反映了印欧语中心论，对语言词类系统的多样性显得不够重视。

众所周知，世界上存在 6000 多种语言。根据"世界语言结构在线地图"（*The World Atlas of Language Structures Online*）的统计，当前的语言研究对象已经涉及 2679 种语言。因此词类系统的多样性是个不可否认的事实。Boas（1911：38）在调查美洲土著语言时就提出，"一些我们熟知的名词范畴，（在美洲土著语中）要么不存在，要么以其他形式出现；而有些土著语的词类范畴对于印欧语来说却又十分陌生"。Boas 的发现可以说明，语言应该都有一些基本词类，但词类的种类可能存在语言差异，那些我们通常认为是名词的词在其他语言中可能会是另外一类词，或者根本不存在。Boas 之后的一些研究者发现，不少语言的词类呈现较高的一体性，很难分出名词、动词和形容词，例如汉语（Bloomfield, 1933；Larson, 2009）、他加禄语（Tagalog）（Bloomfield, 1933；Hengeveld *et al.*, 2004）、努特卡语（Nootka）（Swadesh, 1938）、萨摩亚语（Samoan）（Hengeveld *et al.*, 2004）、蒙达里语（Mundari）（Hengeveld & Rijkhoff, 2005）、印度尼西亚廖内语（Riau Indonesian）（Gil, 2005）、伊朗语（Larson, 2009）等。所以印欧语的词类模式仅仅是世界语言画板中的一个色块而已。人类语言词类系统的多样性已经动摇了印欧语中心主义（Euro-centralism）。

由于世界上的语言数量众多，语言类型学的研究领地尚存很大的空白，所以从理论上讲，目前不少已知的语言共性只能算是局部共性。这就意味着研究者在利用语言共性解释语言现象时可能需要谨慎对待。或者说，局部共性或许不能强加于所有的语言。拿词类来说，Haspelmath（2012a：109）提出，在做跨语言比较时，那些基于"名词、动词、形容词"的研究问题通常都是错误的。如下所示：

（一）针对特定语言的问题：
　　X 语言有名词和动词的区分吗？
　　X 语言有动词和形容词的区分吗？
　　X 语言有名词和形容词的区分吗？
（二）针对跨语言的问题：
　　所有语言都有名词和动词的区分吗？
　　所有语言都有动词和形容词的区分吗？
　　所有语言都有名词和形容词的区分吗？

Haspelmath 认为，上述问题只有在明确了什么是"名词""动词""形容词"的前提下才有意义；而且（一）和（二）中的两组问题也隐含了"名、动、形"的三分模式是一种语言共性。但随着语言调查范围的扩大，印欧语学界曾经提出的很多有关词类的定义或假设都不断受到挑战（Beck，2002：3），所以语言学家逐渐意识到他们很难提供一个统一的跨语言的词类模式。Haspelmath（2007；2012b）反对印欧语优势观，他认为人类语言也不存在先设的词类范畴（pre-established categories）。

Haspelmath（2007；2012a；2012b）反复强调，不同语言的词类不具备相互参照性，名词、动词、形容词等词类范畴也并非天然存在。在汉语词类的划分问题上，朱德熙、吕叔湘等学者已经认识到"印欧语的眼光"给汉语研究带来的负面影响。吕叔湘先生提出词类研究要"大破特破"，那么突破口在哪里？在词类研究中最为棘手的形容词问题又该如何破解？朱德熙（1985）提出，汉语的动词、形容词做主宾语时仍然是动词、形容词；汉语的词组和句子是同一套构造原则等。这些观点虽然简短，但却是对印欧语眼光直接的反驳，也在潜移默化中为维护语言多样性做出的努力。沈家煊（2011a：7）曾经评价说："朱先生自认为在摆脱印欧语眼光为主导的传统观念的道路上只是前进了很小的一步，然而这很小的一步正是朱先生留给我们的最重要的学术遗产。"沈家煊（2009）也正是在朱德熙先生的基础上，从句法、语言类型、认知和哲学等视角全面论证了汉语的动词也是一种名词，并提出了名动包含和大名词理论。生成语言学家的 Larson（2009）也认为，汉语可能和伊朗语一样具有一个大名词类。大名词的词类观也是在摆脱印欧语眼光的道路上目前取得的最新成果。该理论引起了学术界的广泛和激烈讨论，尤其以 2014 年的"汉语词类问题国际学术研讨会（武汉）"以及同年举办的"中国英汉对比与翻译研讨会（北京）"为标志。我们认为大名词理论更加符合汉语的实际情况，学界对其产生的批评和误解也是可以逐一澄清和解释的（详见第五章），而且大名词理论可以很好地说明汉语形容词的词类地位（详见第七章、第八章），并解决一些存有争议的相关语法问题。

从当前的趋势来看，语言学家对词类的普遍性（univeralism）和个异性（particularism）也许还会长期讨论下去，但至少已经形成一个基本的共识：印欧语的词类体系不再被看作人类语言的模板。随着跨语言的调查范围不断扩大，只有一种词类的语言、只有两种词类的语言、只有三种词类的语言等都已不断地被发现和证实，学界对词类的认知也不断被更新。但如何彻底消除汉语词类研究中先入为主的"印欧语的眼光"，似乎仍是一个不小的挑战。我们只要能够确定合理、科学的分析思路和指导原则，并坚持以形式依据为判断标准，就可在最大程度上消除已经先入为主的"印欧语的眼光"。我们将基于汉语自身的词类类型，澄清汉语的名动关系，并重新梳理传统词类研究在原则、思路、方法以及判断标准上的众多误区，全面考察汉语的词类系统和形容词的词类地位。汉语传统的词类研究并不缺少近距离的细致观察，缺少的是远距离的宏观视野和语言多样性的眼光。形容词问题不仅限于形容词本身，更取决于名动关系以及整个词类系统的类型学特征。

最后，在正确认识印欧语眼光给汉语研究带来负面影响的同时，也要防止走到另一极端。沈家煊（2011c）曾提出："我们说汉语语法研究'要摆脱印欧语的眼光'，'印欧语的眼光'好像成了个贬义词儿……'要摆脱印欧语的眼光'是'要摆脱印欧语眼光的束缚'。用印欧语的框框来套汉语当然不对，但是用印欧语的眼光来观察汉语是必要的……由于我们习惯于从汉语看汉语，所以迟迟意识不到汉语的光杆名词可以直接做指称语是一个值得重视的现象，是汉语的一个特点。从这个意思上讲，我们不仅要有印欧语的眼光，也要有非洲语言的眼光，美洲印第安语的眼光，等等。"科姆里（Comrie）在其著作《语言共性和语言类型学》（*Language Universals and Linguistic Typology*）（2010）的中译本《序言》中提到："不同的语言在一些对一般语法理论很重要的方面都有差异，而且任何一种语言，如果不能鉴别它在这些方面跟其他人类语言的异同，就不可能对它的结构有完整的认知，不管它是英语、汉语还是其他什么语言。"科姆里希望中国的语言学研究者能够意识到世界语言的变异范围，并把汉语置于这个变异范围内来考察。以上这些见解清晰地表明，理想的语法研究离不开语言对比，同时也要重视印欧语言、非洲语言、美洲语言等对汉语研究的启示作用。

第二节 词类划分的关键原则

词类在一定程度上是客观现象的主观划分。词类划分的视角是主观选择的，但划分的过程要有理有据，尽量保持科学性。同一类词在句法或形态上呈现相同或相似的特征，这属于客观现象。但在现实中，单个词项经常会有不少的客观特征,哪些特征可被用作划分词类的参考因素,这却是人为的主观选择,而选择又一定要考虑特定的目的。例如在一所大学中,如果选拔运动员,那么学生可以根据运动能力的高低进行分类;如果成立同乡会,那么学生可以根据籍贯进行分类。所以分类要考虑目的,要服务于目的。词的分类也要服务于特定的目的。

颜景常(1954:16)在《对于语法讨论的意见和希望》中提出,"假定把名词、动词、形容词这些名称也取消,一律名之曰实词,那么分析'好学生尊敬老师'这个句子,只好说主语、谓语、宾语、附加语都是实词,那等于不说"。颜景常先生的意思是,如果把词类只分出一个实词类,那么分类的结果对语法分析完全没有帮助,因此这种分类也自然没有意义。吕叔湘(1952:10)曾说,"区分词类,是为的讲语法的方便"。这直接点明了划分词类的目的,也是目前学界的基本共识。但是汉语传统的词类划分似乎没有完全考虑"方便讲语法"这一直接目的。更准确地说,传统的词类只适合局部的语法分析,在宏观上却可能引起理论上的矛盾或不自洽。例如有些观点和教材把"我大叫一声"中的"大"分析为副词做状语,因为这是句位压制使得形容词已经副词化了。那么在"我听见一声大叫"中"大"是副词还是形容词?他们一般给出的答案是形容词,这已经存在"依句辨品"的嫌疑了。若再问,"我突然一声大叫"中"大"又是什么词?副词还是形容词?答案通常又是副词。那么这就和前面"我听见一声大叫"的分析相互矛盾了。同样是"一声大叫","大"竟有两种不同的分析结果。朱德熙(1961)曾举例如下:

(6) a. 去是有道理的。
    b. 不去是有道理的。
    c. 暂时不去是有道理的。
    d. 他暂时不去是有道理的。
    e. 他的去是有道理的。
    f. 他的不去是有道理的。
    g. 他的暂时不去是有道理的。

这里的"去"由于句法环境的变化,会在支持名词化的人眼中来回地变化词性。朱先生评价说，对于同一个词而言，如果句法环境改变，它的词类身份就改变，这是令人难以接受的分析方式。

以上问题的原因是，传统词类的划分方式并没有充分考虑划分的目的。汉语现有的词类划分是套用英语语法体系的舶来品，其本质上是一个方便讲英语语法的词类体系。在英语中，四大类实词在形态和语法功能上呈现较为显著的差别，因此它们被分别称为名词、动词、形容词、副词，与它们直接对应的句法位置是主语、谓语、定语、状语。然而，根据词类类型学的研究，英语这种四分的词类系统从世界范围来看也只是少数情况（Hengeveld et al., 2004）。但早期的汉语文献和理论却基本上照搬了这种方便讲英语语法的词类系统并用于汉语的语法分析，所以各种名词化、副词化、零转类等说法在语法分析时层出不穷，导致了很多自相矛盾的语法分析。这反而走到了"方便讲语法"的反面。

什么才算是方便讲语法？朱德熙（1985）的观点也许可以提供一个间接的解释：一个好的语法体系既要"简洁"又要"严谨"。简洁自然解释面更广，避免不必要的假设；严谨自然更具逻辑性和科学性，避免了理论上的矛盾或不自洽。简洁严谨的语法体系可以说明复杂的语言现象，同时兼顾局部和整体。因此词类的划分就是为了实现简洁严谨的语法体系，这样才能方便讲语法。

简洁是科学研究的重要原则。在各种语言学词典中，语言学几乎都被归为科学研究的分支领域（scientific discipline）。语言是人类主观创造的客观产物，语言研究自然也需要遵循一些科学原则，其中简洁原则或简单性原则最为重要。朱德熙（1985：77）强调，评价一种理论或系统的时候，简明性和严谨性一样，都是重要的标准。沈家煊（2016a：8）也指出："语言学作为一门学科，简洁和自洽同等重要；以自洽和简洁为最高标准，而不是以某种先验的假设为最高准则。简洁准则凌驾于不同的学派之上。"

简洁性和科学界推崇的奥卡姆剃刀（Occam's Razor）定律相一致。后者也被称为吝啬法则（Law of Parsimony），其核心思想是"如无必要，勿增实体"（Entities should not be multiplied unnecessarily）。按照奥卡姆剃刀定律，如果有两个相互竞争的理论都能解释同一个现象，那么假设少的那个理论更可信，除非我们发现更多的证据。

奥地利科学家和哲学家恩斯特·马赫（Ernst Mach）在《能量守恒定律的历史和渊源》（1872）中提出了思维经济性原则，即使用最少的思维对事实作最完善的陈述。马赫从数学的角度判断，任何知识都需要最大限度的思维经济。被公认为美国19世纪最伟大的数学物理学家约西亚·吉布斯（Josiah W. Gibbs）也认为，在任何知识领域，理论研究的主要宗旨就是要找出能够解决问题的最简单的观点。约西亚·吉布斯还指出，简单性涉及两个方面：首先，理论的基础应该由最少数量的、相互独立的原理构成；其次，基本的概念和假设要有效、精准，同时也要具备简洁性（胡妍，2005：30）。

爱因斯坦和其他前人一样，十分看重科学研究中的简洁性。他提出了逻辑简洁性思想。在他看来，"万事万物应该尽量简单，而不是更简单"。爱因斯坦（1983：299、314）认为："我们在寻求一个能把观察到的事实联结在一起的思想体系，它将具有最大可能的简单性"，"一切理论的崇高目标，就在于使这些不能简化的元素尽可能简单，并且在数目上尽可能少，同时不至于放弃对任何经验内容的适当表示"。爱因斯坦同时指出，科学家的目的是要得到关于自然界的一个逻辑上前后一贯的摹写。摹写是主客观的统一，任何理论体系的基本概念、公理和公设都是人的思维创造物（杜焕强，1995：43）。因此，摹写也是个主观过程，那就可能存在不同人的主观摹写出现不统一的情形。也就是说，对待同一个客观现象，可能会有两个或者更多不同的理论解释。对于这种情况，爱因斯坦认为，逻辑简单的理论必定优于逻辑复杂的理论，因为前者更符合自然规律简单性这一客观实在的要求。爱因斯坦同时强调，"简单性"是指基本概念、公理和公设的形式简单，而不是指它们所解释的内容简单。所以说，虽然现实世界缤纷复杂，但并不妨碍我们做出（也应该能够做出）逻辑简洁的科学论断。

在语言研究中，对同一现象常会出现不一致的观察和总结，这是研究者主观性的体现。例如，传统英语语法认为"before"在下面例（7）中分别具有三种句法性质。"before"在（7a）句中是介词，因为它之后的成分是个名词性短语"his father's death"。"before"在（7b）句中是连词，因为其后是个句子性成分"his father died"。而（7c）句中的"before"是副词，因为它在句中独立出现。

(7) a. He left Georgetown before his father's death.
　　b. He left Georgetown before his father died.
　　c. He left Georgetown before.

很明显,虽然"before"在不同的结构中被分析为不同的语法成分,但它本身并未出现任何形式上的变化。由于传统分析只看重局部的表面现象,因此在处理"before"的句法性质时得出了复杂的三种结论。从局部来看,这种复杂的分析也有一定的道理和证据。但如果研究者能转换眼光,那么结论可能就会完全不同。Santorini & Kroch(2007)认为,动词可以分为带宾语的及物动词和不带宾语的不及物动词;那么同理,介词也可以分为及物介词以及不及物介词。实际上,英语中的介词的确可以不带宾语,例如:

(8) a. He is not in today.
　　　他今天不在(办公室)。
　　b. We were friends during and we were friends after. (美国NBA球员巴克利访谈)
　　　我们当时是朋友,后来还是朋友。

在(8a)句中,介词"in"可以单独出现,不必给出表达地点的名词性宾语"the office"。同样,(8b)句中"during"和"after"之后也不必给出时间宾语。所以"in、during、after"完全有理由被看作不及物介词。

此外,众所周知,英语动词的宾语可以是名词也可以是句子,如例(9)的动词"report":

(9) a. He reported the monkey's dislike of camphor.
　　b. He reported that the monkey dislikes camphor.

那么前文(7a)和(7b)中分别带名词和句子的"before"同样可以看作介词带名词宾语和句子宾语。根据 Santorini & Kroch(2007)的分析思路,"before"在例(7)中的三种句法性质完全可以得到统一的定性——把三个句子中的"before"都归为介词,取消其连词和副词的词类地位。这样的话,介词和动词在同类结构中的分析结果就可达成一致,而且不会给语法分析带来其他负面的影响。

将"before"分析为三种句法成分还是一种句法成分,都是基于相同的语言事实,但结论却天差地别。传统英语语法对事实的描述只关注局部的个性,忽略了整体的共性,因此分析的结论显得比较复杂而效率低下。其实更严重的是,传统英语语法的复杂分析还会带来理论上的不自洽。例如:

(10) a. I believe his father's death.
　　 b. I believe his father died.
　　 c. —Did his father die last week?
　　　　—Yes, I believe.

如果将例(10)中的"believe"和例(7)的"before"进行对比,我们可以发现它们在结构上具有平行性,现用以下格式进行统一描述:

格式 a: X + 名词宾语
格式 b: X + 句子宾语
格式 c: X

依照传统分析法,例(10)中的"believe"不管其后的成分是名词短语"his father's death",或是句子宾语"his father died",或是零形式,"believe"都被当作动词(至多区分出及物动词和不及物动词)。相比之下,虽然"before"和"believe"的语法功能具有平行性,但"before"却出现三种不同的处理方式:即在(7a)句中是介词,在(7b)句中是连词,在(7c)句中是副词。这显然导致了英语传统语法中的区别对待,同类现象没有按照统一方式来处理。

可见,语法分析既要考虑局部,也要考虑整体。如果将"before"统一视为介词,只需认定英语中的介词和动词一样,都有及物和不及物的分区即可。这不是假设,而是有直接和间接证据的事实。这么处理可大大减少了理论的复杂性,既尊重了客观的语言事实,又使得分析结果在整体上也显得简洁和一致，并最终消除了语法理论层面的矛盾和不自洽，维护了同类现象同等对待的公平原则。

以上"before"的例子其实也是对英语传统语法转类说的反驳，即介词就是介词，并没有转类为连词或副词。前文已经介绍，在汉语词类研究中，各种转类说一直较为盛行，尤其是动词做主宾语时会转变成名词、形容词修饰动词时会转变为副词等。朱德熙先生主张，动词做主宾语时仍然是动词。但始终有观点认为动词做主宾语时发生了零形式的名词化或指称化（史有为，2014：66）。各种"化"本质上是在没有形式证据的情况下徒增了一个假设，如果从简单性原则出发，朱德熙先生的观点则更为可信。转类说只考虑局部语法而忽视整个理论体系的简洁和统一。这也是后文将要主要聚焦的内容之一。

此外，一种语言需要区分几个词类，或者说，分为几个词类才是简洁的、恰到好处的，这也是个需要考虑目的和全局的问题。传统英语语法大致分出十大词类，其中除了名词、动词、形容词、副词为四个主要词类，还有代词、数词、连词、介词、冠词和感叹词等次要词类。这种分类有利于语法知识的普及，方便人们学语法。但该分类也存在明显的缺陷，并不符合简单性原则，因此导致词类划分中的逻辑问题。如果按照简单性原则，英语的名词和代词、数词并非对立关系，这三者都属于名词性范畴。从另一个角度讲，英语名词和代词、数词的对立完全不同于名词和动词、形容词的对立，所以将它们都等量齐观，是存在明显错误的。目前，之所以英语传统语法教材并没有将它们合为一类，是因为合并后不适合学习者迅速了解它们之间的细微语法差别，可能会给语法学习带来不利。但爱因斯坦（1983：299）指出，所谓的简单性并不是"学生在精通这种体系时产生的困难最小，而是指这体系所包含的彼此独立的假设或公理最少"，所以语言研究中追求的简单和语言学习过程中的简单完全不是一回事儿。可见，英语传统语法中的词类划分是为了教学或学习上的简单，带有一定的"功利性"，却偏离了科学视角下的语言事实。

不同语言的词类划分模式不尽相同，因此简洁也是个相对概念。根据语言共性，大部分语言的句子结构需要首先区分主语和谓语或者话题和说明。在英语中，词项依据分布或聚合规律形成了四个主要的句法槽位,这是英语词类体系中最为简洁、清晰的语法事实。语言学家将这四个句法槽位分别称为主宾语核心、谓语核心、主宾语核心的修饰语以及谓语核心的修饰语(Hengeveld,1992a;1992b)。能进入这四个句法槽位的词项具有相应的形式标志,这些标志也是判定词类的重要依据。例如,英语中出现在主宾语的句法槽位的词,能够带复数标志、可以前加冠词、可以成为领有对象,当它们聚为一类,便被称为名词。同样,人们可以通过复数标志、冠词、领有标志来推断哪些词是名词。英语中动词、形容词、副词的形成也是同样的道理。此外,英语的四个句法槽位和名、动、形、副之间形成一一对应的匹配关系,这便形成了刚性的分化词类系统。同时也构成一种双向蕴涵,也就是说,如果知道一个句法槽位是主宾语核心,那么能进入这个核心的是名词。反过来,如果知道一个词是名词,那么它能进入的句法槽位就是主宾语核心。现代英语词类体系的简单和严格是以其较为丰富的形态为证据和保障的。

相比之下,汉语词项的分布显然不是英语中一一对应的四分模式。名词、动词、形容词、副词的语法功能存在大范围的重合。这样的重合,以往的研究并非不知道,而是没有用来作为划分词类的参考因素,因为先入为主的四分模式已经根深蒂固。在宏观上,汉语的词类肯定无法呈现英语词类的划分模式。如果从简单性原则来看,汉语的词类更需要合并而非分离。这同时意味着,基于英语分化词类系统的主语、谓语、定语、状语的语法分析也无法移植到汉语中。

每种语言的词类划分,犹如风格不同的画作。有的语言像油画,色彩层次分明,看重颜料的叠加与厚薄,立体感强。而有的语言像水墨画,以大片的水墨和模糊简单的线条为特征,看重水墨的浓淡变化,如果近距离观赏,反而无法掌握画作的意境。不管是油画还是水墨画,虽然它们的构图体系和描写手法不同,在形式上也不具有较多的相似点,但都能通过各自手段有效传达画者的意图。所以油画类型的语言(分化词类系统)能够分出也适合分出数量较多、边界清晰的词类;而水墨画类型的语言(柔性词类系统)只适合分出少量、边界看似模糊的词类。所以词类的划分还要取决于词类系统的宏观类型,并非一味地按照某个特定模式来分类。沈家煊(2016a:34)指出,讲语法不是分得越细越好,这个道理十分简单,但是还是有很多人在这个问题上想不通。沈家煊先生主张能不分尽量不分,并反对把"是否精细反映语言事实"(詹卫东,2012)作为判断一个理论好坏的标准。也就是说,语法理论好不好并不直接取决于语法框架是否足够的细致,词类研究好不好也不取决于词类分得细不细。但无论分类标准有何不同,任何语言都需要以体系的简洁和严谨为前提,遵守奥卡姆剃刀定律,减少不必要的理论环节和假设。

正是基于上述的研究思路,我们在研究汉语词类时,应以尊重语言事实为前提,分清主次,在能够合理解释语法现象的前提下以少分为主,以实现分析结果的简洁性和严谨性。简洁性有利于把握更全面的语法事实,在处理复杂的语言现象时,理论或结论能简则简,这是科学研究的重要指导原则。

第三节 词类判断中的相关因素

从黎锦熙的《新著国语文法》开始,学界普遍认为汉语存在名词和动词,它们是两个分立的词类。譬如"桌子、空气"是名词,"吃、走"是动词,这种分类也非常符合直觉或语感。如果将"桌子、空气"和"吃、走"归为一类,看起来会违背常识,因为前者是事物,后者是动作。但是这种思维显然是将语义融入了词类的判断标准,根据意义划分词类是意义派的处理方式。马建忠在《马氏文通》中说,"故字类者,亦类其义焉耳","义不同而其类亦别焉"。显然,马氏的词类判断标准是语义。在其之后,一些学者也曾采用意义派的做法,如黎锦熙、王力等。后来,意义派的词类判定标准受到广泛质疑。有的学者认为词类划分要以语法功能为主,意义为辅。邢福义(1986:300)曾说,"根据词的语法特点,结合词的意义","有时,某个词的词类意义相当模糊,只有依靠语法特点才能有把握地给它归类"。所以意义对词类的判定只能发挥可有可无的边缘作用。朱德熙(1985:10、13、37)对词类的判定标准更为严格,他认为根据意义来划分词类是行不通的;严格来说,词义是没有地位的;在理论上,只有确立了词的同一性之后才能划分词类,而确定词的同一性时才需要考虑语义;在词类问题上,不可将句法和语义混淆。此后,朱先生的观点也被学界普遍认可和采纳。

西方语言学家(Schachter, 1985; Sasse, 1993; Payne, 1997)和朱

德熙的看法一致,在词类划分时排除语义因素。由于汉语没有印欧语中常见的形态,瑞典汉学家高本汉(2010:61)评价道:"汉语语法事实上非常贫乏,它主要是规定词在句中的位置,再加上一批语法助词的作用。"在西方人看来,汉语语法或者词类判断的主要可靠依据只剩下词的句法位置和一些语法助词。但实际上,即使是语法助词在汉语中的地位也并不强势,例如谓语动词的体标记"了、着、过"有时并非具有强制性,例如"他正吃着饭"和"他正吃饭"并无明显语义上的差别。所以我们支持朱德熙(1985:10—11)的主张,判断词类的"主要依据"是语法功能,划分词类就是把"语法性质"相同或相近的词归在一起。朱德熙(1985:13—14)明确表明,如果划分词类需要语义的话,也只限于判断词义是否相同,具体词义是什么不用管。因此词类判断的形态标准也终究取决于词的语法功能。如果在划分词类时过多考虑语义因素,势必导致将人的主观感觉或直觉纳入判断标准,并使词类划分变得复杂而不严谨。朱先生的态度十分显明,语义在词类判断中没有地位。但这里还有一个问题,两个词的"词义是否相同"有时似乎不是那么容易确定的。例如:

(11) 这栋楼真<u>高</u>,但是我怕<u>高</u>。

上例中,第一个"高"描述楼的静态属性,是形容词;第二个"高"从认知角度看,语义可能有变化,可转指"高处"。虽然语义只能用来判断词的同一性,但这种情况似乎很难处理。如果按照"词义是否相同"为标准,那么例(11)中的"高"可以算是两个不同的词义,那么就要相应地分出两个词类。而且以此类推,很多词在话语中出现转喻或隐喻时,都可能因此被赋予多个词类身份。所以说,语义在判断词义是否出现变化时有时并不容易操作。我们认为,在划分词类时词义出现转喻或隐喻,不该影响词类的划分,上例中的"高"也无需分为两个词类。这样才能尽可能地避免语义给词类划分带来过多不可预测的风险。而且,如果因为词义出现转喻或隐喻就将一个词分为多个词类,那么这就和名物化的做法大同小异了。

总的看来,语义在词类划分中的作用应该是微乎其微的。不过语义和词类之间也不是毫无关联，因为语义有助于解释词类的某些特征。例如某个词 X 可以被程度词修饰，那么 X 可能是个形容词。如果要解释为何 X 可以被程度词修饰，这时语义分析通常会更加有效：因为 X 的某个语义特征具有可被度量的潜在可能。所以语义对解释某个结构的形成具有一定的辅助意义，但划分词类时并不依靠语义。

需要说明的是，语言的词类划分完成之后，并不是说词类的内部不可再分。我们完全可以依据某些标准进行有目的、有依据地细分。例如英语的名词性成分可以根据是否有格变化分为代词和一般名词，或者根据是否带复数形态分为可数和不可数名词，或者根据能否受冠词和指示词修饰分为专有名词和普通名词。但这些区分一般具有个性特征，不具有普遍性。并非所有语言的名词都能据此进行分类，如何划分一个范畴的次范畴通常具有"就事论事"的特点，划分方式可能并不适合所有语言。比如汉语的名词就很难根据复数形态或数量名结构分出可数和不可数名词，更无法根据格变化对名词和代词进行区分，但汉语单双音节却对词类的细分具有显著的效果。

另外，朱德熙先生认为语法功能是判断词类的"主要"依据，这是否暗示了还有其他次要依据？我们不得而知。高本汉（2010：61）曾说："比起我们的语言来，汉语几乎不能帮助我们通过一些明确可解的迹象来确切找出词义和词在句中的作用。正是由于缺乏明确的构形法，这就强烈要求人们具有猜测能力。"例如，汉语形容词直接做谓语的结构"今儿冷"虽然符合语法，但却普遍被认为独立性较弱。除非将"冷"变为复杂形式的谓语，如"今儿真冷"。或者对"今儿冷"进行语境补充形成对比义，如"今儿冷，昨儿热"。这种对比的语境义不是"今儿冷"本身固有的，而是我们基于该句的独立性弱而主观推断或构想出来的。我们一方面可以说汉语的形容词可以像动词一样自由做谓语，但同时又会指出"今儿冷"这样的句子具有较弱的独立性。这就说明，"自由做谓语"和"独立性弱"并非属于同一个层面的语言现象。相比之下，英语"It is cold today"并不存在独立性弱的问题。关键的是，汉语的光杆形容词、动词直接做谓语基本都存在独立性弱的问题，那么这就不再是个特殊现象，而是个汉语中具有重要研究价值的个性问题。语法功能是词类研究的主要焦点，但汉语的词类在具体使用中如何实现语法功能也是个不容忽视的重要议题。所以在词类研究中,我们除了要基本把握句法和语义的关系,同时还要考虑语用因素。

　　汉语讲语法很难离开语用(沈家煊,2011c),这一点似乎不用质疑。但是汉语目前的词类划分中也掺杂了很多语用因素,这一点却长久以来被我们严重忽视。不少文献中经常出现一些模糊的表达,如汉语的动词不能"经常"做主语和宾语(黄伯荣、廖旭东,2011),所以动词和名词的语法功能存在对立。该论述中的"不经常"是否意味着"不能"?"经常"是个语用频率的问题,和"能不能"本质上完全不同。语法规则关涉"能"或"不能",是相对严格的标准。如果我们认可汉语的动词能够自由做主宾语(朱德熙,1985),那么名词和动词的关系还存在多少对立呢?同样,一些观点认为"漂亮女孩子"不成立,所以"漂亮"这类形容词不能直接做定语(Li & Thompson, 1981)。的确,如果孤立地看,"漂亮女孩子"的独立性较弱。但我们在语料库中可以轻易地找到数千条"漂亮"直接做定语的例子,如"漂亮女人、漂亮王子、漂亮朋友、漂亮衣服",等等。显然语言实际的使用情况和研究者的语感有时出现严重的不一致,那么相应的研究结果也是令人怀疑的。如果仅仅因为"漂亮女孩子"的独立性弱就认定双音形容词不能直接做定语,那么"今儿冷、他吃"的独立性也弱,我们是不是也要认定形容词、动词也不能直接做谓语呢?这个答案显然是否定的。

　　上述这种情况在各类文献中十分普遍,最直接的负面影响是:在判断词类的语法功能时,由于语用因素的干扰,不同的研究者会得出各种不同的结论。这也是造成当前词类研究较为混乱、迷雾重重的原因之一。以往我们只强调语义的干扰,却忽视了语用因素,常把语用现象当作语法现象。虽然汉语是语用型语言,很多现象的出现和解释需要依靠语用,但不代表汉语没有语法。词类划分是语法行为,既要排除不必要的语义因素,也要仔细识别来自语用的干扰。只有这样才能保证汉语的词类是个相对客观的语法范畴,否则词类可能就会成为一些不好把握、充满争议的语义或语用范畴。汉语的非谓形容词就是一个典型的例子,我们将在第八章详细讨论。

　　最后,汉语的词类研究还涉及一个有趣而重要的因素——韵律。沈家煊(2017a)指出,汉语的大语法还应包含韵律。例如"大"和"重大"都是形容词，但是"大事"成立，"重大事"却不成立。按常理，语法通常只会规定哪类词能和哪类词能够直接组合，例如英语和汉语的语法规则都允许"A + N"的直接组合。但在实际的表达层面，两种语言却有着明显的不同。英语的形容词不论音节的多少，都可直接修饰名词核心语，如"big elephant""funny elephant""intelligent elephant"，其中"big""funny""intelligent"的音节由少到多，但它们在修饰"elephant"时都是合法的自然表达。相比之下，汉语单音节形容词既可以修饰单音节名词又可以修饰双音节名词，但双音节形容词修饰单音节名词却存在相对严格的韵律限制，如"﹡重大事、﹡漂亮车"。可见，韵律对定语和核心语的限制较为严格，因此在判断汉语的词类时韵律有时能提供相对有效的形式证据。汉语的韵律限制明显超出狭义语法的界线，但却具有类似语法的强制性。可见，韵律在汉语中已经触及词类和语法的领地，所以把韵律限制视为语法规则也是合理的。

总之，汉语词类的判断涉及语法、语义、语用和韵律。能否解决汉语的词类问题，很大程度取决于我们能否把握好这些因素之间的相互关系。

第四章

汉语的名词和动词

第一节 汉语的名动关系

在观察一种语言的形容词时,名词和动词是形容词研究的出发点。名动关系在很大程度上决定了整个语言的词类系统。一个词类及其功能与其他词类之间有着密切的逻辑蕴涵关系(Hengeveld et al.,2004),如果孤立地研究某个词类,既不能彻底掌握该词类的词类性质,也无法清楚解释全部的语言事实。名词、动词、形容词、副词是人类语言中四个常见的主要词类,但它们的地位并不平等。因为在分析句子时,首先区分的是主语和谓语,其次才是定语和状语。形容词通常作为一种修饰语,其语法功能要取决于被修饰的核心语的性质。如果一种语言的名词和动词是分立的两个类,那么形容词的功能一般是做名词的定语。可如果一种语言的名词和动词没有明显的边界,例如萨摩亚语(Samoan)和蒙达里语(Mundari)等(Hengeveld et al.,2004;Luuk,2010),那么被形容词修饰的核心语到底是什么?形容词的修饰功能该如何定性?形容词是否还是通常意义上的形容词?所以说,名词和动词的关系直接影响形容词的词类身份和语法功能。

在西方,名动分立曾经也被天然认定为人类语言的共性,因为以英语为代表的印欧语都是如此。例如在 Chomsky(1957)的普遍语法中,重写规则(rewrite rule)的基本结构是"S→NP + VP",也就是说,人类语言的句子结构都是由名词和动词构成。Payne(1997:32)曾提出,每种语言都一定会有名词和动词,但形容词和副词却不是必要的词类。传统的汉语语法研究由于受到印欧语的影响,名词、动词分立的观念根深蒂固。但是英语的词类分立却有着自身特有的形式证据。第二章曾介绍，英语被看作具有刚性、分化的词类系统（Hengeveld，1992a；1992b）。朱德熙（1985：7）曾用下例说明，英语的动词在做主语和谓语时存在形态和句法上的区别，请见例（1）：

（1）a. He flies a plane.
　　　他开飞机。
　　b. To fly a plane is easy.
　　　开飞机容易。
　　c. Flying a plane is easy.
　　　开飞机容易。

朱德熙先生说，英语的谓语必须由一个限定式动词充当主要动词，如（1a）中的"flies a plane"。动词如果出现在主语位置，那么就必须变为不限定形式或动名词形式。这些形式都具有名词性，如（1b）的"to fly a plane"和（1c）的"flying a plane"。因此英语的动词做主宾语时需要名词化，也就是"实现"（realization）的过程（朱德熙，1985；沈家煊，2009）。根据 Hengeveld 等（2004）的观点，英语动词做主宾语属于有标记匹配。这就意味着，英语的动词不能直接或自由做主宾语，真正做主宾语的只是动词的名词性形式。相比之下，在上例（1）中的"flies a plane"、"to fly a plane"、"flying a plane"在汉语中只存在同一个对应形式，即"开飞机"。很明显，汉语的动词性结构"开飞机"做主语时无需借助任何形式手段，所以也就不存在名词化的形态句法操作。汉语"开飞机"直接就可"构成"主语，这也叫"构成"（constitution）的关系（沈家煊，2009）。类似的是，英语的名词在做主宾语时通常也需要一个实现的过程，如添加冠词（a/the plane）或变为复数（planes）。英语名词的这个实现过程可被称为"指称化"（referentialization）。相比之下，汉语的光杆名词"飞机"就可直接做主宾语，无需任何形式变化，所以汉语的名词直接"构成"了主宾语（沈家煊，2009）。

Luuk（2010）认为，英语的名词和动词之间存在一部分柔性成员，这些词既不是名词也不是动词，可直接做主宾语和谓语，如"work、run、 fight"等。Luuk 坚持穷尽性标准（pervasiveness criterion），即如果一种语言中哪怕只有一个形容词，那么这种语言也应该算做具有独立的形容词词类。同样，如果一种语言哪怕只有一个柔性词，那么这种语言也应该看作具有独立的柔性词类。但从总体上看，由于英语中这类柔性词在比例上只占少数，所以它们并不会改变英语属于分化词类系统的判断。

汉语的情况似乎更加复杂。词类和语法功能之间不是一一对应的关系，尤其是名词、动词、形容词在语法功能上的多重性干扰了我们对词类的判断。请见图4—1（引自朱德熙，1985：5），汉语的动词都能直接做主宾语，所以汉语的动词也都是柔性词，可是名词在做谓语时似乎存在一定的限制。也正是这种不对称才导致汉语的词类系统出现了一种扭曲（skewed）对应（赵元任，1968/1979），并形成了与印欧语明显不同的名动关系。

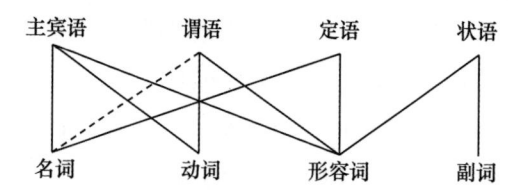

图4—1 汉语中词类和功能的对应关系

如果拆分来看，名词和动词在主谓功能上的扭曲对应如图4—2所示。沈家煊（2016a）又称之为"偏置"关系。

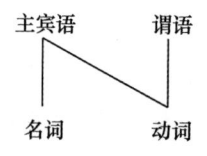

图4—2 名词、动词的扭曲关系

扭曲意味着不对称或不平衡，这是一种既对应又不对应的关系。如果甲对应A、乙对应B，那么这是一一对应。扭曲对应是甲对应A，而乙既对应A又对应B。扭曲关系并不只限于名词和动词，名词和形容词也是这种情况。而动词和形容词在主谓功能上却显得十分一致。如图4—3所示：

```
主宾语   谓语          主宾语   谓语
  |\    /|             \    /
  | \  / |              \  /
  |  \/  |               \/
  |  /\  |               /\
  | /  \ |              /  \
  |/    \|             /    \
 名词   形容词         动词   形容词
     a.                    b.
```

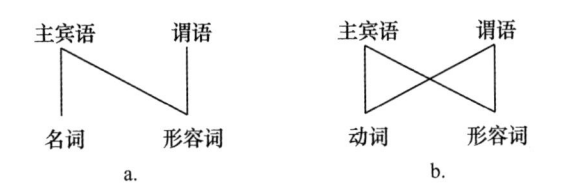

图4—3　名词和形容词、动词和形容词的语法功能对比

根据以上几组对比，我们能够形成一个大致的研究思路：名词和动词是大问题，而动词和形容词是小问题。解决了前一个大问题，也就基本解决了名词和形容词之间的词类关系。因为名词和动词、名词和形容词都具有相同的扭曲关系，而动词和形容词的词类属性差别不大（暂时只考虑主谓功能的情况下）。

对于汉语词类系统的特点，西方学者曾经做出过一些判断。有些学者（Bloomfield，1933；Larson，2009）认为很难区分汉语的名词和动词。但Schachter & Shopen（1985）和Hengeveld等（2004）依据汉语的参考语法（Li & Thompson，1981）判定汉语的名词和动词是已经专门化的词类，即汉语已经实现名动分立，但是汉语尚无独立的形容词。Hengeveld借用下例来说明汉语没有形容词：

（2）a. 那个女孩子<u>漂亮</u>
　　　b. <u>漂亮</u>的女孩子
（3）a. 那个女孩子<u>了解</u>
　　　b. <u>了解</u>的女孩子

（2a）中的"漂亮"可以直接做谓语，而（2b）中的"漂亮"必须带关系化标记"的"做定语。类似的是，（3a）中的"了解"可以直接做谓语，而（3b）中的"了解"做定语也必须带关系化标记"的"。鉴于"漂亮"和"了解"在句法功能上的一致性，Hengeveld等（2004）认为汉语和非洲的克隆高语（Krongo）一样，只有名词和动词，没有形容词和副词。但后来 Hengeveld 依据 Paul（2005）的观点，又把汉语和北美的塔斯卡罗拉语（Tuscarora）归为一类，这类语言存在一个成员较少的、闭合的形容词类。如表4—1所示。

表4—1　　　　　　塔斯卡罗拉语的词类系统

词类类型	述谓短语核心	指称短语核心	指称短语的修饰语	述谓短语的修饰语	语言
刚性	动词	名词	（形容词）	—	塔斯卡罗拉语、汉语

Hengeveld 等对汉语词类的分析显然存在误区。完权、沈家煊（2010：15—16）曾评论道："汉语的事实是，汉语中有一类词（'人、桌子、良心'等）不加形式标记专门做指称短语的核心，不做述谓短语的核心，所以汉语有一个'名词类'。但是汉语并没有一类词不加形式标记专门做述谓短语的核心而不做指称短语的核心，像'打、吃、聪明'这些词既可以直接做述谓短语的核心又可以直接做指称短语的核心。"可能由于资源所限，Hengeveld 等并不太了解汉语词类系统中的多重扭曲关系，名词和动词、名词和形容词都呈现"词类—功能"的非对称关系，动词和形容词在主谓功能上却较为吻合，因此汉语理所当然更加接近柔性词类系统。

第二节　名动功能的不对称

汉语名动在主谓功能上的扭曲对应，既体现在语义上也体现在形式上。先看语义方面。王冬梅（2001：104）发现，汉语中动词用作名词的数量是名词用作动词的57倍。沈家煊（2009：6）指出，名动转换在频率上的差别和认知因素相关，动词做主宾语更符合隐喻的认知规律。根据 Lakoff & Johnson（1980：31）的观点，人们会用本体隐喻（ontological metaphor）来理解事件、动作、活动和状态。通过隐喻，事件和动作被理解为实体。我们只有将事件或动作视为一个实体才可以指称它和计量它。

另外，隐喻还具有单向性（unidirectionality）的特征，即将抽象的事物当作具体的东西来表达或理解，因为人类处理具体的东西会比处理抽象的东西更容易，这是人类的认知特点。动词用做主宾语就是将一个抽象的事件或动作当作一个具体的实体来看待。相反，人类不大会将具体的实体按抽象的事件或动作来看待，所以名词做谓语是特殊现象。而且，名动关系的不对称具有跨语言的普遍性，例如北美的易洛魁语（Iroquoian）、藏缅语系的曼尼普尔语（Manipuri）、新西兰的毛利语（Maori）等。

沈家煊（2009）曾对汉语的名词和动词进行了详细的论证并指出，由于汉语中动词充当主宾语（指称语）是一般现象、常规现象，而名词充当谓语（陈述语）是特殊现象、修辞现象，这种名词和动词之间的不对称是语言的共性，所以汉语里的动词是名词的一个次类。沈家煊（2010b）解释说，判定 B 类是 A 类的一个次类需要符合的条件是：B 类一般具有 A 类的典型特征而又具有 A 类一般不具有的特征。用这个标准来衡量，说汉语里的形容词是动词的一个次类符合汉语的实际，形容词做谓语的时候跟动词没有什么区别，而典型的形容词又有动词一般不具有的直接做定语的功能。同样，动词在做主宾语的时候跟名词一样，而它又有名词一般不具有的做谓语的典型功能。既然汉语里的形容词可以叫"静态动词"，那么汉语里的动词也可以叫"动态名词"。沈家煊（2010c）还论证，不论是先秦汉语还是现代汉语，动词都是名词的一个次类。相比而言，英语的名动是基本分立的两个词类，见图 4—4 和图 4—5：

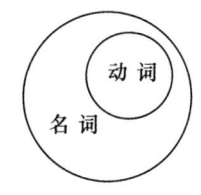

图 4—4　汉语的"名动包含"　　　图 4—5　英语"名动分立"

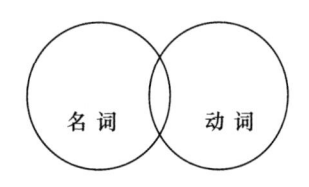

再补充一个证据，名、动在主谓功能上的不对称不仅体现在认知语义上，而且在形式上也有区别。当名词直接做谓语时，语法上也有一定的限制，主要体现在否定句中，因为汉语的名词不能直接被否定（吕叔湘，1982；沈家煊，2010a；张姜知、郑通涛，2015）。例如：

(4) a. 今天周日。/小王三十岁。
　　 b. *今天不周日。/*小王不三十岁。
　　 c. 今天不是周日。/小王不是三十岁。

上例表明，和动词性谓语不一样的是，名词充当谓语时不能直接被否定，除非在（4c）句中补上个动词，否则不合法，如（4b）句。如果认为名词做谓语仅仅受到语义上的限制，那么从严格意义上讲，名动之间的不对称只能看作语义不对称，而非语法不对称，但是语义不能用作判断词类的标准。所以"名词做谓语时不能直接被否定"属于名动包含的一个形式证据。但需要注意的是，名词性谓语不能被否定，只是限制了名词做谓语的个别形式，并没有否定名词做谓语的能力（详见第五章第四节）。

从名词和动词的关系来看，汉语和英语的差别是明显的。汉语形容词语法功能的多样性更是英语形容词无法同日而语的。汉语的词类和功能之间并非英语中一一对应的简单关系，当然汉语也就不具备英语那样的刚性词类系统，汉语是典型的柔性词类系统。沈家煊（2009；2016a）根据以上汉语的事实提出，汉语的名词和动词（包括形容词）共同构成大名词（super-noun）。

第三节　汉语谓语的指称性

如果将名动包含理论继续延伸，那么我们就会对汉语的主语和谓语产生新认识。主语、谓语、定语、状语等是结构层面的概念（朱德熙，1985），它们代表结构中的各种语法位置。当这些位置和词类相联系，可用来描述词的语法功能（grammatical function）。在 Trask 的《语言学语法术语词典》（1993）中，语法功能也被称为语法关系（grammatical relation）。我们还有一套语用术语来描述语法关系，如指称、陈述、修饰等。通常主语成分是对事物的指称。谓语陈述主语涉及的事件、过程、属性等，是对主语指称对象的进一步说明。定语和状语都是修饰语，前者修饰名词指称的事物，后者修饰动词表达的动作。所以指称、陈述、修饰这些语用概念可以进一步解释主语、谓语、定语、状语这些语法位置之间的功用关系。

在英语目前的语法体系中，名词和主语、动词和谓语、形容词和定语、副词和状语分别"捆绑"起来。捆绑的手段主要是形态标志，名词、动词、形容词、副词也都具有各自的词类形态。类似的是，在语用层面，英语的名词具有指称性，动词和形容词如果没有名词化一般无法直接指称动作和属性。所以英语的词类、语法位置、语用功能存在一一对应的关系。如图4—6所示：

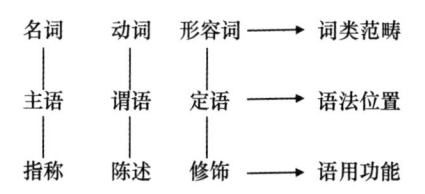

```
名词    动词    形容词 ——→ 词类范畴
 |       |       |
主语    谓语    定语  ——→ 语法位置
 |       |       |
指称    陈述    修饰  ——→ 语用功能
```

图4—6 英语中词类、语法位置、语用功能的对应关系

由于英语的词类和语法位置相对固定，那么指称、陈述、修饰这些语用关系也自然清晰。英语词类的形态差异可以说明语用关系，如"destruct"是陈述，"destruction"是指称，"destructive"是修饰。陈述语"destruct"如无形态变化就不能做指称语或修饰语。然而，根据语言类型学的调查（Hengeveld et al., 2004；Hengeveld & Rijkhoff, 2005），在很多具有柔性词类系统的语言中，词类、语法位置、语用功能之间没有图4—6中的对应关系。像英语这样的语言，从世界范围来看，还只是少数。

在语言的发展过程中，语法形式不会自发地产生变化，变化取决于语言使用者，因此用法决定了语法。英语的指称语、陈述语、修饰语这些语用范畴在长期的使用过程中已经逐渐语法化了。相比之下，在汉语中陈述语也可以直接做指称语，在语法层面体现为汉语的动词无需名词化就可直接做主宾语。同样，指称语在一定的语境下也可以做陈述语，汉语中大量的名词谓语句就是证据。所以指称语和陈述语在汉语中是尚未语法化的语用范畴。朱德熙（1982：101—102）在《语法讲义》中说，陈述并不一定是指谓词性成分的语用功能。朱先生用指称和陈述来分析汉语中谓词性的主语和宾语，他提出可以用"什么"和"怎么样"来区分指称性和陈述性的成分。例如：

(5)　　　A　　　　　　　　　　B
　　　干净最重要　　　　　　干干净净的舒服
　　　教书不容易　　　　　　大一点儿好看
　　　游泳是最好的运动　　　天天练才学得会
　　　他母亲病了是真的　　　先别告诉他比较好

在 A 组中，充当主语的成分可以用"什么"来指代；而 B 组中充当主语的成分可以用"怎么样"来指代。因此 A 组中的"干净""教书""游泳""他母亲病了"都是指称性的，B 组中的"干干净净的""大一点儿""天天练""先别告诉他"是陈述性的。不管是形容词还是动词都可以充当指称性主语或陈述性主语。

从本质上看，朱先生对陈述的观点和传统语法的差别并不在于"陈述"这个术语的定义。传统语法认为"主语—指称""谓语—陈述"是两组对应的关系。而朱先生认为汉语的动词做主宾语时仍然是动词，并没有发生名词化。那么在主宾语位置的动词也可能具有陈述性。朱德熙（1982：102）还说，有时指称性主语和陈述性主语的界限不容易划分，但是这两种主语的区别是很重要的，不能混为一谈。朱先生没有具体说明两种主语的区别有何重要性，但明显的是，指称性主语和陈述性主语的确"不容易划分"。这一点可以体现在下面例（6）中。我们保持例（6）中的主语和例（5）基本一致，但只要对谓语进行改动，那么就可以反过来用"怎么样"来指代以下 A 组中的主语，用"什么"来指代 B 组中的主语。

(6)　　　A　　　　　　　　　　　　　B
　　　干净（他）就会满意　　　　　干干净净的比邋里邋遢的好
　　　教书才能有出息　　　　　　　（利润）大一点儿更重要
　　　游泳才能提高肺活量　　　　　天天练导致肌肉疲劳
　　　他母亲病了才能迫使他回家一趟　先不告诉他反而会害了他

在例（6）A 组中，当谓语带有"就""才"等副词时，主语就能用"怎么样"来指代。所以一方面我们可以看出，主语是指称性还是陈述性和谓语的语义有关联,或者说和语境有关。另一方面说明,谓词性成分(动词、形容词)既可以用"什么"指代,也可以用"怎么样"指代。所以说谓词性成分和体词性成分一样,都具有指称性。

朱德熙(2010:97)曾给出下面例(7)做进一步说明,如果我们仅依靠指称性代词"什么",可能无法区分名词性成分和谓词性成分(动词、形容词)。从另一个角度看,汉语的名词性成分无法从正面进行判断,因为名词性成分具有的特点(做主宾语),谓词性成分也具有。我们只能从反面判定名词性成分,即不能用"怎么样"来指代的是名词性成分。

(7) 替代名词性成分　　　　　　替代谓词性成分
　　 看什么?看电影。　　　　　看什么?看下棋。
　　 怕什么?怕鲨鱼。　　　　　怕什么?怕冷。
　　 考虑什么?考虑问题。　　　考虑什么?考虑怎么样把工作做好。
　　 葡萄、苹果、梨,什么都有。唱歌、跳舞、演戏,什么都会。

所以,名词性成分和谓词性成分在指称和陈述上存在着扭曲对应。这种情况类似于汉语的名动关系。如图4—7:

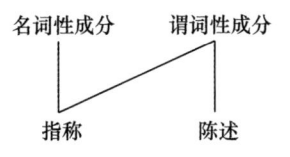

图4—7　词类和语用功能的扭曲对应

沈家煊(2013;2016a)曾论证,汉语的谓语也具有指称性,陈述语也是一种指称语,即"指陈包含"。首先,汉语中有大量的名词谓语句,且数量和种类十分丰富。名词充当谓语时,不仅仅是表判断,还可以是描写、说明、叙事等(陈满华,2008),如例(8)。可见,名词做谓语和动词做谓语一样,都有陈述功能。通俗地说,在汉语中,只要说话人能把事情说清楚,听话人能够听明白,谓语中有没有动词显得并不那么重要。

(8) 判断：鲁迅绍兴人。/他大笨蛋。
描写：鲁豫小小的个子。/秋天的西湖五颜六色。
说明：这张油画三个色调。/二楼餐馆，三楼网吧。
叙事：方明去年一等奖，今年特等奖，我们的偶像啊！

沈家煊（2016a：195）强调，汉语的名词可以做谓语，这个特点的重要性不亚于汉语的动词可以直接做主宾语。只要存在合适的语境，即使"这本书的出版"都可以做谓语，如"今天这本书的出版，明天那本书的出版"。

另一方面，汉语由动词充当的谓语也具有潜在的指称性。传统语法认为，"是"出现在例（9）的 b 句中，就不再是判断动词，而是起强调作用的副词。

(9) a. 张三去当兵。
b. 张三是去当兵。

然而，根据朱德熙先生主张的结构平行性原则，"张三去当兵"和"张三是去当兵"并无本质上的区别。请看例（10）句中的对比：

(10) a. 张三去当兵。/张三不去当兵。/张三去不去当兵？/张三去当兵不去？（不）去。
b. 张三是去当兵。/张三不是去当兵。/张三是不是去当兵？/张三是去当兵不是？（不）是。
c. 张三是军人。/张三不是军人。/张三是不是军人？/张三是军人不是？（不）是。

结构的平行性可以证明，在"张三是去当兵"中，"是"就是动词，"去当兵"充当"是"的宾语，因此"去当兵"具有指称性。汉语缺乏表示语法关系的形态标记，结构平行性原则也是判断结构性质的最好办法。

沈家煊（2013；2017b）还论证了汉语、汤加语、他加禄语的动词都没有从名词中分化出来，因此这些语言的谓语都具有指称性。这也就可以解释为什么汉语的名词也能做谓语。在汉语和英语的区别中，除了汉语的动词可以做主宾语，更重要的是汉语的名词也可以做谓语。如果按照印欧语的眼光，名词性成分只能用来指称但不能用来陈述，这是一种西方"动词中心论"的偏见。"名动包含"是赵元任"零句说"的延伸（沈家煊，2012d），汉语的流水句具有并置性和指称性。汉语也没有印欧语中的主谓结构，汉语以指称语的并置为本，按自然的信息排列顺序推导"话题—说明"关系。

基于以上分析，汉语的名动包含、谓语的指称性，都完全不同于汉语传统的词类观。这些新观点在吕叔湘先生提出的"大破特破"的道路上迈出了十分重要的一步。我们支持名动包含的基本理念，因为这是目前为止在汉语事实的基础上提出的最为简洁、有效的分析模式，同时呈现了汉语的类型学特征。名动包含的确解决了汉语语法研究中的诸多争议和顽疾，例如"离句无品、依句辨品"的问题、简约原则和中心扩展规约的冲突问题、主语和谓语的问题、名动词的问题、宾语和补语的问题等（详见沈家煊，2016a）。

在名动包含的基础之上，我们将进一步探究词类划分的具体过程，并以形容词为焦点，尝试描绘符合汉语特点的词类体系。不过，由于近期学界对名动包含提出了不少的质疑和反对意见，因此我们将在下一章对此做出相应的解释和澄清。

第五章

关于大名词的疑问和讨论

第一节 名动包含之"包含"

名动包含以及大名词理论在汉语界引起不少的争议，我们将回应和讨论一些常见的疑问和误解，以便为后续的形容词研究奠定必要的理论基础。

名动包含是指动词是名词的一个次类。有些误解会从语义层面来理解"次类"的含义，比如"桌子、空气"这些具有静态义的词怎么会包含"打、吃"这些具有动态义的词呢？按照朴素的语义推论，质疑似乎有些道理。但是词类不是语义范畴，名动包含当然不是根据语义来划分词类。

沈家煊（2009）曾用图5—1对名动关系进行了描述，X代表名词，Y代表动词。我们在图中添补了外围范畴名称Z。有的学者提出疑问，如果将图中的Y除去，剩下的阴影部分就是X，那么这就意味着X和Y仍然是可以区分的两个类，而且两者是并列关系，不是包含关系；X与Y之和就是传统上的实词（陆俭明，2014）。

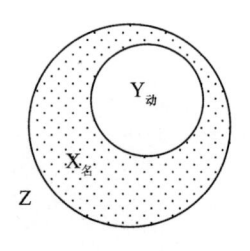

图5—1 汉语的名动包含模式

这种质疑对大名词存在误解。大名词并没有否认名动存在区别，名动包含是名动既分又不分的格局。大名词（Z）和动词（$Y_动$，即动态名词）是包含关系；小名词（$X_名$，即静态名词）可以说是跟动词并列的。关键在于，这个包含格局里，动词也是一种名词，这跟原来名动分立的关系不同。

国内有位科普数学知识的"清华学霸"老师李永乐（2017）在计算公元 1 年到公元 1 万年之间有多少个闰年时，提供了图 5—2 的模式（图中附加了必要的注释）：

- 大圆：是4的倍数
- 大环：是4的倍数，但非100的倍数、400的倍数（如4等）
- 中环：是4的倍数、100的倍数，但非400的倍数（如200等）
- 小圆：是4的倍数、100的倍数、400的倍数（如800等）

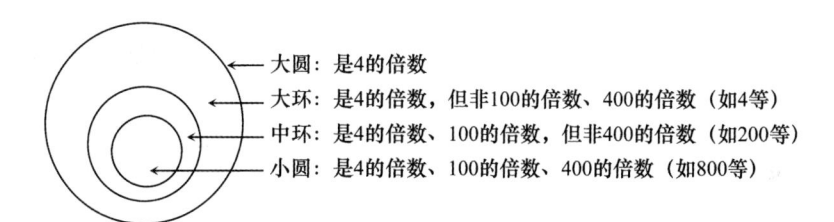

图5—2　闰年的计算方式

根据数学规则，闰年数量的计算方法是：年号是 4 的倍数但不是 100 的倍数，且年号还需是 400 的倍数。因此，公元 1 年到公元 1 万年之间闰年的数量应该是上图除去中环面积后，大环面积和小圆面积之和，即"$S_{大环} - S_{中环} + S_{小圆}$"，答案为 2425 个闰年。闰年计算的具体过程和名动包含的关联不大，但数学中的这种包含关系和汉语的名动关系是一致的。

现以图 5—2 的大环和中环为例。大环成员只是 4 的倍数，但不是 100 和 400 的倍数；中环成员是 100 的倍数，但不是 400 的倍数。在数学上，这里存在一种蕴涵，即 100 的倍数蕴涵了 4 的倍数。因此大环、中环之间形成了赵元任先生所说的扭曲对应，这和汉语名动的关系一致。请见如下对比：

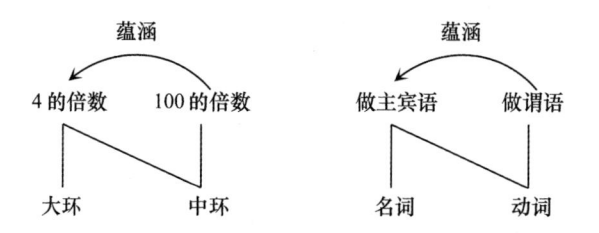

图5—3　倍数关系和名动关系的对比

根据图5—3，如果一个数字具有中环成员的特征（即100倍数）那么它也具有大环成员的特征（即4的倍数），100的倍数蕴涵了4的倍数。但如果一个数字具有大环成员的特征，却不一定具有中环成员的特征。同样，汉语中一个词如果能自由做谓语（如动词），那它也就能做主宾语；但是一个词能做主宾语（即名词），却不一定能自由做谓语。所以做谓语就蕴涵了做主宾语。这就是汉语词类之间的数学关系。

再看"包含"到底是指什么。非常关键的是，闰年计算中呈现的"包含"绝不是指"大环成员"包含"中环成员"（图5—1和图5—2都是二维平面图，容易造成误解），因为大环中的成员虽然是4的倍数，但已经排除了是100、400的倍数。真正存在包含关系的是"整个大圆（非大环）包含了中环"，大圆是"大环+中环+小圆"的总和。也就是说，所有具有4的倍数特征的成员中包含了一些也是100的倍数的成员。可见，在闰年的计算过程中，包含关系是基于倍数的"特征包含"，并不是说大环中的数字"4、8"等包含了中环中的数字"100、200"等。或者说，在整体上"4的倍数"这一大范畴包含了"100的倍数"这一小范畴，即后一个范畴是前一个范畴的次类。从范畴成员来看，"4、8"和"100、200"这些具体的数字之间是并列关系；这些具体数字背后的倍数特征存在包含关系。

汉语的名动包含不是指"桌子、空气"这些具体的名词包含了"打、吃"这些具体的动词。名动包含中的"名"不是传统意义上的名词，而是指"大名词"（相当于图5—2中的大圆，即4的倍数）。前文图5—1中的范畴Z（大名词）是范畴X（名词）和范畴Y（动词）的功能集合。之所以它们可以形成一个集合，是因为它们都有共同的特征——能做主宾语。

如前文强调，名动包含是指功能层面的范畴包含，并非指具体成员之间存在包含关系。如果总是考虑"桌子、空气"如何能包含"打、吃"，就会陷入成员包含的思维误区，并会得出另一个结论：名词和动词是并列关系。这样的理解方式就如同认为"4的倍数的数字4、8"和"100的倍数的数字100、200"之间是并列关系，而名动包含理论会认为这两组数字是一类，因为都是"4的倍数"，只不过内部成员存在差异而已。本书在第三章曾介绍，恩斯特·马赫、约西亚·吉布斯、爱因斯坦等科学界学者都有一个共识：在任何知识领域，研究者的首要任务就是要找到能够解决问题的最简单的观点，实现最大可能的简单性。在面对汉语词类系统中复杂的"词类—功能"对应关系时，大名词理论并未改变任何语言事实，只是通过新的观察方法和思路，实现了观点上的简单化。

学界还有一个常见的疑问是：名词范畴 X 和动词范畴 Y 的集合为什么是名词性的，而不是动词性的？前文图 5—3 是回答这个疑问的关键。在计算闰年的数学原理中，一个数字如果是 100 的倍数也就蕴涵了它也是 4 的倍数，反之则不然；所以 100 的倍数和 4 的倍数的共同特征——都是 4 的倍数（而非都是 100 的倍数），外部体现为大环包含中环。同样的道理，一个成分能做谓语就蕴涵了它也能做主宾语，反之则不然。所以能做谓语的成分和能做主宾语的成分的共同特征是——都能做主宾语（而非都能做谓语），体现为名词包含动词，即为大名词。可见，大名词的道理符合科学、简单的数学逻辑。

最后需要强调的是，名动包含的一个重要前提是：汉语所有动词都能做主宾语（沈家煊，2011a）。如果只是一部分动词能做主宾语，那可能涉及兼类的问题。同样，正因为所有 100 的倍数的成员都是 4 的倍数，所以才能形成 4 的倍数包含 100 的倍数。此外，前文曾介绍，沈家煊（2012a）论证了汉语的谓语具有指称性，陈述语也是一种指称语。那么同时也能说明，汉语的主语和谓语都有名词性（指称性）。

学界下一个自然产生的疑问是，名动包含形成的大名词不就是传统中的实词吗？首先，实词本身只是意义层面的名称，并不适合用来描述语法范畴。名词、动词是依靠语法功能划分的词类，而实词的语法功能是什么？似乎很难说得清。如果说"有实在意义"的词就是实词，那么形容词、区别词、部分副词及大量重叠式等都是实词。所以传统语法中的实词其实是个成员类型十分复杂的大杂烩。为了方便讨论，我们姑且认为实词是个只含有名词、动词的语法范畴。如果说名动包含就是传统中的实词，其实就是认为名动不分。但名动包含并不意味着"不分"，否则就无法看出"谁包含谁"。名动包含的背后动因是名动语法功能的扭曲对应。扭曲对应表明功能上有差别，所以才会不平衡、不对称。我们使用下图来说明"名动包含"和"实词"之间的区别：

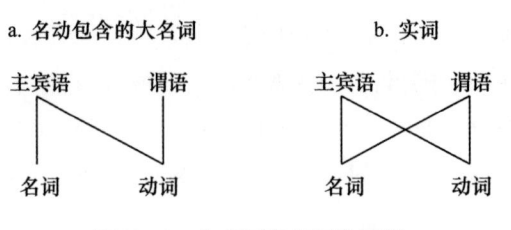

```
        a. 名动包含的大名词              b. 实词
   主宾语        谓语              主宾语        谓语


   名词          动词              名词          动词
```

图 5—4　大名词和实词的区别

图 5—4 清楚显示了"名动包含"和"实词"之间的不同。"实词"显然无法说清名动的区别，也无法说清名动合并之后具有什么样的语法性质（名词性还是动词性？）。词类范畴之间可以是对立关系（如英语），也可以是"词类—功能"的扭曲对应而造成的包含关系。两种情况都很常见。皮尔斯（1996/2014：216）在分析关系逻辑时指出，包含关系（relation of inclusion）是最为基础的逻辑关系。他甚至认为，即使"等同"（equality）这样的原始关系也可依照包含关系来进行定义，所以包含关系是个更为普通的概念。

　　词类包含模式就是从宏观上抓住词类的主要共同点，同时也承认次要差异的客观存在。正如沈家煊（2017b：1）所强调，语法分析要"能简则简"，避免过度生成，同时还要"分清主次"，避免以偏概全。基于功能重合而将名词、动词归为同一个范畴，反映了能简则简的原则，降低了语法分析中自相矛盾的风险，并在重新观察客观事实的基础上解决了"这本书的出版"带来的学术难题。同时，承认大名词中名词、动词也存在有限、次要的区分，这是体现了分清主次。就如同前文讨论的倍数关系一样，如果非要把 4 的倍数和 100 的倍数看作两类范畴，也未必不可。但会出现令人奇怪的地方，因为 100 的倍数本来也就是 4 的倍数，那么分出两个范畴的意义有多大呢？如果依据"4 的倍数"而将它们归为一类，那么分类上就实现了简单化，符合"如无必要，勿增实体"的奥卡姆定律。这也是数学界在图 5—1 中使用层层包含的主要原因。总之，包含关系符合"能简则简，分清主次"的科学原则。

　　在汉语学界，之所以名动包含的大名词理论会引起极大的争议，主要的潜在原因之一就是受到语义的干扰。"动词是名词"在潜意识中常会被误读为"动态的动作也是静态的事物"，这种理解当然让人难以接受，并成为一些学者以"名动包含不符合直觉"为反驳理由的主要原因。然而词类是排除词义的语法范畴,当我们使用数学知识来阐释包含关系时,就很容易被人理解和接受,这是因为数学关系不会受到语义的干扰。如果我们相信语言学是对语言现象客观、科学的研究,那么在词类划分时,应当遵守科学原则也就是自然而然的事情了。

总之,汉语的大名词理论体现了能简则简的原则,名动包含是语法功能层面的范畴包含。词类划分也要分清主次,否则容易陷入旁枝末节而导致我们最终遗忘分类的目的并失去判断的方向。

第二节 观点之辩:汉名观、汉动观和汉形观

目前关于汉语的词类类型存在三种观点:沈家煊(2016a)提出汉语是名词型语言,刘丹青(2010)提出汉语是动词型语言,以及胡建华(2013)提出汉语是形容词型语言。为了方便讨论,这些观点分别被简称为"汉名观""汉动观"和"汉形观"。表面上看,这些观点似乎完全相左,并且几乎涵盖了汉语最主要的几种可能性。前文已对沈家煊的汉名观做了充分的解释和论述,以下将详细说明另外两种观点以及它们和汉名观的异同,最后提出我们的看法。

2.1 汉动观

汉动观认为汉语是一种动词型(verby)或者动词优先的语言,而英语是名词型(nouny)或者名词优先的语言。刘丹青(2010)基于丰富的语料对比了英汉在话语、小句、从属句、词汇等层面的结构差异,并得出结论:"英需名,汉可动";"英可名,汉需动"。部分语例引用如下:

(1) a. Death to invaders! /Higher wage! /No problem.
    b. 打倒侵略者!/提高工资!/没问题。

(2) a. I ate noodles, and he rice.
    b. 我吃了面条,他*(吃了)米饭。

(3) a. (to buy) one more book
    b. 再买一本书。

在例（1）和例（2）中，英语的表达无需动词，而汉语则要使用动词或补上动词。例（3）中英语的修饰语附加在名词上，而汉语的修饰语需要附加在动词上。这些证据说明，汉语是动词型语言，英语是名词型语言。刘丹青的观察的确说明了英汉在词类使用上的不同特点。不过，这些不同点主要显示了英汉在词类使用的倾向或频率上存在差异，并没有表明汉语的名词和动词之间是什么关系。也就是说，虽然汉语倾向使用动词，但和汉名观（名动包含）并不矛盾。如前文所述，汉名观是指汉语的动词和名词是一类，动词其实是一种名词，即动态名词。汉名观并不涉及动态名词和传统名词在表达中的使用倾向问题。所以汉动观和汉名观是依据不同的分析视角而得出的不同结论，实质上并不存在矛盾之处。此外，在上面汉动观的例子中，只要把其中汉语的表达稍加改动，就能看出动词的名词性，如下所示：

(4) a. 为了<u>打倒侵略者</u>，我们要浴血奋战。
　　b. 没有人会不喜欢<u>提高工资</u>。
　　c. 关于他的计划，我想<u>没问题</u>。
　　d. 我只记得<u>吃了面条</u>，其他什么都没吃。
　　e. 我正考虑<u>再买一本书</u>。

划线的动词结构都可以直接做宾语，有些动词还带有体标记"了"或者副词修饰语"再"。刘丹青（2010：15）曾说，汉语作为动词型语言，由于缺乏形态，"者、的、所"等只能做动词的转指手段，所以动词无法通过形态实现自指。这就"迫使"动词具有直接充当指称成分的能力。动词具有指称能力和汉名观的看法是一致的。

总的来说，汉动观和汉名观并不存在本质上的冲突，前者是讨论词类的使用倾向或频率，后者是说明名词、动词之间的词类关系。如果用汉名观的理论术语来表述汉动观，那么汉语是"动态名词型"语言；或者说，汉语是优先使用动态名词的语言。

2.2 汉形观

汉形观是另一种不同的观点。胡建华（2013：1）提出，句法讲究结构上的对称性，一个结构成分的存在要以另一个成分为前提，两者相互依存，并且可在一定条件下相互转换。汉语的动词和名词具有结构上的对称性，并且相互对立。名词的语义密度高，因为名词指称有明显边界的有形事物，语义密度低的名词是非典型名词，所以这类名词指称非固化的事物或抽象概念。动词的语义密度要低于名词。形容词的语义密度居于名动之间，是名动对立中和的词类，所以形容词同时具有名词性和动词性。如表5—1所示：

表 5—1　　　　　　　　不同词类的语义密度比较

语义密度	高	中	低
词类	名词	形容词	动词

首先汉形观认为，动词含有论元结构信息，因此具有传染性，容易扩展成句子，而名词没有传染性。从传染性的角度看，汉语的实词趋于中和，动词性不强，名词性也不强，但是形容词性突出。汉形观提供了以下几个证据：一、汉语的名词和动词都可以作修饰语，而这正是形容词的功能；二、汉语的名词能够做谓语，而且名词谓语是表特性（property）而不是表个体，这也是形容词做谓语时的特征；三、能不能带宾语也很难用来区分汉语的形容词和动词。汉形观也同意汉名观的看法，认为名词包含动词。不过，汉形观认为汉语词类的包含关系是"形容词＞名词＞动词"（符号"＞"指包含关系），汉语的实词是大形容词。总的来说，由于汉语没有形态，所以名词和动词的对立就很难凸显，它们容易进入形容词的地盘，所以汉语的实词具有形容词性（胡建华，2013：3—4）。

汉形观旨在根据语义密度来说明名词、动词、形容词之间的差别，这也许符合词类和概念之间的基本对应关系，但这种对应只是模糊的、倾向性的。我们认为，汉语的名词和动词都可以做修饰语，可能无法作为名词和动词具有形容词性的有力证据。从词类和句法位置的原型匹配来看（Dik，1989），虽然形容词的原型功能是做定语，但这只适用于具有分化词类系统的语言。当一种语言的名词、动词、形容词尚未实现分化，那么只要能够表达属性义的词就有可能直接做定语。所以在具有柔性词类系统的语言中,做定语是实词的普遍现象(Hengeveld,1992a),例如萨摩亚语(Hengeveld & Lier,2010)的实词几乎无所不能。可见,如果仅仅因为一些实词能够做定语就确定一种语言具有形容词性,这是值得商榷的。如果按照汉形观的这种逻辑,汉语的动词、形容词也都可以无标记做主宾语,那是不是说汉语是名词型语言呢?况且,相对于名词、形容词来说,汉语动词做定语的能力不算强,而且动词内部也有一些差异,即双音动词做定语的能力要强于单音动词(王光全,1993;郭锐,2002;李晋霞,2008),因此动词具有形容词性的说法并不那么可靠。而且一个相反的证据是,汉语形容词可以像动词一样直接做谓语,这更加证明形容词具有动词性。

其次,汉形观认为汉语的名词做谓语和形容词做谓语一样,都是表特性而不是表个体。这种说法是语义特征描述。但语义不能用来判断词类,而且汉语中很多名词谓语句并非都是表特性。Payne(1997:111—112)列举了名词谓语句的6种情况,分别是类属(proper inclusion)、等同(equation)、属性(attribution)、方位(location)、存在(existence)和领有(possession)。这些类型在汉语的名词谓语句中都存在对应的表达。例如:

(5) a. 鲁迅绍兴人。(类属)
　　 b. 十月一号国庆节。(等同)
　　 c. 他的上衣天蓝色。(属性)
　　 d. 网吧三楼,饭店四楼。(方位)
　　 e. 树上两只鸟。(存在)
　　 f. 这双拖鞋我的。(领有)

很明显,汉语中名词谓语句的语义类型要多于形容词谓语句,所以仅仅依靠名词谓语句可以表特性,无法说明名词具有形容词性。

另外,汉形观认为能不能带宾语不能区分形容词和动词,所以动词具有形容词性。但是谓语所对应的原型词类是动词(Dik,1989;Hengeveld,1992a),那么合理的逻辑是:由于形容词和动词在谓语位置上不易区分,这更倾向于说明形容词具有动词性,而非相反。

最后，汉形观虽然同意沈家煊提出的名动包含，但却不同意沈家煊（2009）的论证方式。例如：

(6) 女人与花钱/吃与营养/上海人与吃

沈家煊在分析名动包含时认为例（6）中名词和动词可以直接并列，并且没有违反句法上的并列条件。但是胡建华（2013：11）举例论证，如果将例（6）中的并列结构放在宾语位置就会出现问题，如下所示：

(7) a. *张三想女人与花钱。
　　b. *张三想吃与营养。
　　c. *张三想上海人与吃。

由于例（7）中动词"想"无法带划线的宾语，因此胡建华判断，例（6）中的并列连词"与"并不是真的并列连词，那么名词和动词也没有真的形成并列结构。我们认为，这种判断存在明显问题。在例（7）的 a 句中，不可接受的"想女人与花钱"可以分解为"想女人"和"想花钱"，但这两个组合中的"想"并非表达相同的意义。根据《现代汉语八百词》，"想女人"的"想"是指"想念或盼望见到"，而"想花钱"中的"想"是能愿动词表"希望，打算"。因此在"*张三想女人与花钱"中，动词"想"在语义上"分身乏术"——同一个动词形式无法同时表达两种语义。这就能说明为什么例（7）的 a 句在语义上不可接受。但如果我们将动词"想"替换成"怕"，如"张三怕女人和花钱"，那么不论在语法还是语义上都可以成立。所以例（6）中的"与"仍然是并列连词，名动并列结构"女人与花钱"自然也是真的并列结构。例（7）中的 b 句和 c 句也是同样的道理，不再赘述。

综上，汉形观尚不足以证明其合理性。而汉动观和汉名观也不存在本质上的冲突，前者关注词类的使用倾向，是基于语法的语用分析；而后者关注词类的划分，是个单纯的语法问题。在探讨名、动的词类关系时，汉名观符合汉语的实际情况，满足了简单性原则，那么自然就能解决一些困扰学界已久的词类问题。

第三节 "名动包含"产生了新问题?

陆丙甫(2014:79—81)曾提出,名动包含作为一个新理论在消解一些旧问题时,也会产生一些新问题。陆先生说,如果把"大名词"称为"指词",那么就会出现以下几个问题。

问题一:定语不再仅仅是名词的修饰语,也可以是动词的修饰语。那么如何区分定语和状语?

陆先生的这个疑问具有普遍性,也触及了一些汉语词类和语法分析的深层问题。首先,对于定语和状语的定义最常见的说法是:定语是名词性成分的修饰语,状语是动词性成分的修饰语(朱德熙,1985)。这种定义符合英语中"词类—功能"的分工模式。需要注意且常被忽视的是,英语模式里的"状语"是指描述动作属性的副词,如"quickly、slowly"等。Hengeveld(1992a;1992b)曾特别说明,这些副词属于"方式副词"(manner adverbs),因为它们通常只修饰动词,所以被纳入他所考察的状语范畴。然而,Hengeveld 排除了英语中其他一些类型较复杂的副词,因为它们的语义五花八门,主要表示范围、频率、程度、逻辑等,例如"only、still、always、too、totally、however"等。这些副词中有的在汉语中也有类似的对应,如"仅仅、还、总是、就、也"等。更关键的是,这些副词做状语时修饰的对象十分多样化,包括名词、动词、副词或介词短语等。另外,英语中还有一些句式副词(sentential adverbs)可以修饰整个句子,如"generally、historically、linguistically"等。汉语没有类似英语的句式副词。

如果汉语的名词和动词构成大名词,那么,"快车"和"快走"都是名词性成分,因为它们可以做宾语,例如"我乘坐下一班快车"和"我不跑步,选择快走"。所以两个"快"在语法上是性质相同的修饰语,无需区分定语和状语。语言类型学的调查也发现了类似汉语的语言。在一些具有柔性词类系统的语言中,由于名动尚未分化,所以也就没有定状之分(Hengeveld et al., 2004)。而相较于英语,"quick learner"和"walk quickly"在形态上有"-ly"的区分;在句法上,"quick learner"只能做主宾语,而"walk quickly"只能做谓语。所以英语具有区分定语和状语的形态句法条件。定语和状语的区分主要出现在具有分化词类系统（即名、动、形、副各自独立）的语言中。需要说明的是，不区分定状对语义表达没有任何影响。一个语言不会因为名动未分化、定状不区分而导致语言交际上的困难。因为语法分析和语义表达是两回事。

沈家煊（2016a）提出，汉语的整个"动词"类是"动态名词"，相当于英语的动名词"v-ing"。汉语动态名词的定语（如"快走"的"快"）是动态定语。沈家煊先生还把"也、早就"之类的副词也称为动态定语，意在解释"他也去"这样的情况。沈先生的考虑是，按照大名词的观点，"去"是动态名词，那么名词怎么能受副词"也"修饰呢？因此他为了保持分析的统一，把"快走"和"也去"中的修饰语"快""也"都称为动态定语。另外，在分析"他也黄头发"时，沈家煊（2016a：276）同样将"也"归为动态定语。沈先生的这些观点共同遵循的一个标准是：名词性成分的修饰语不是状语。我们认为，由非方式副词（如"也、就"等）充当的状语既可以修饰动词性成分，也可以修饰名词性成分。副词只能修饰动词，这可能是源于印欧语的一种误解。即使像英语这样具有分化词类系统的语言，副词也不是像我们想象的那样只能修饰动词。例如例（8）与例（9）中 a 句和 b 句的对比：

(8) a. <u>Only</u> five people were hurt in the accident. （副词 only 修饰名词）

  b. He <u>only</u> owns one car. （副词 only 修饰动词）

(9) a ...lovers came before, and which after, but I think we're all <u>still</u> friends. （副词 still 修饰名词）

  b. I <u>still</u> believe he may have gotten away with it. （副词 still 修饰动词）

上例中，"only five people、still friends"都是副词做状语修饰名词，同时没有改变整个结构的名词性。虽然名词性成分被形容词修饰是常态，但是被副词修饰也很正常。所以在汉语类似的句子中，如"他<u>也</u>黄头发、我<u>已经</u>大三了、明天<u>就</u>周日"等，我们可以承认"也、已经、就"的状语地位。

现在需要说明的是，该怎么区分"快车、快走"中的"快"是定语，而"也黄头发、已经大三了、就周日"中的"也、已经、就"是状语？首先，"快"可以被"很"修饰，而"也、已经、就"却不行。例如可以说"很快的车、很快的走"，它们是平行结构（带"的"是其他因素导致的，我们会在后续章节分析），但是不能说"＊很也的黄头发、＊很已经的大三、＊很就的周日"。英语和汉语的情况一样。我们怎么知道"only five people、still friends"中的"only、still"是状语，而"pretty child、old friends"中的"pretty、old"是定语？这里同样可以用"very"来测试，"＊very only five people、＊very still friends"不成立，而"very pretty child、very old friends"成立。另外，在汉语中和表示动作属性的方式副词不同，表示范围、时间、程度等的副词是个成员较少的闭合词类，承认它们的状语功能并不会给语法分析的大局带来影响。

在汉语大名词的词类框架中，由于汉语名动尚未分化，原先由方式副词充当的状语（如"快走"中的"快"）可被称为"动态定语"；而由"也、就"等一类副词充当的状语仍然还是状语。以往的观点可能存在的一个误区是：状中结构通常是动词性的。根据 Crystal（2008：14）在《现代语言学词典》中的解释，副词修饰动词只是多种状语结构中较为重要的一种而已。也就是说，状中结构并非一定就是动词性的。在朱德熙（1985）的定义中，定语是名词性成分的修饰语，状语是动词性成分的修饰语。这个定义缩小了状中结构的范围认定。将动词性成分当作判断状语的参照点可能是基于"名动分立"以及"名词不能做谓语"这样的理论前提。而且，以动词性成分来判断状语还会导致"形容词副词化"（如"轻拿"）和"名词副词化"（如"我们电话联系"）等观点，这本质上接近依句辨品的做法。

问题二：陆丙甫先生提出，如果一个动词可以被状语修饰，又可以被定语修饰，那么动词短语和名词短语的界限就模糊了。"指词短语"（即"大名词短语"）到底是名词性的还是动词性的？英语中带有指称性的"v-ing"动名词，通常被认为是动词的一种形式（不定形式），虽然带有指称性或名词性，但并不看作是名词的次范畴。那么两者如何统一起来？

我们认为，正因为汉语的动词本质是一种名词，所以动词短语和名词短语的界限在一定程度上是模糊的，这也是具有柔性词类系统的语言的特点和共性。但是，汉语的名词和动词并非完全没有差别，它们之间依然存在一些形式上的区分，例如动词可以用"不"否定，可以带宾语，而名词并不具备这些语法特性。

我们可以换个角度，根据陆丙甫先生提出的英语名词和"v-ing"动名词的关系再次进行解释和说明。虽然英语的"v-ing"形式和名词一样都能做主宾语，但是"v-ing"形式可以带宾语，而且还可被副词修饰。这表面看起来似乎有一些冲突的地方，因为做主宾语是名词性的特点，带宾语是动词性的特点，那么"v-ing"为何要被归为名词性成分？关键是"v-ing"即使是带了宾语，甚至同时也被副词修饰，但它还是可以做主宾语。请见 Quirk 等（1985：1291）提供的以下例句，"painting"既被副词"deftly"修饰，又带了宾语"his daughter"，但"painting"仍然能够充当句子的主语：

(10) Brown's <u>deftly painting his daughter</u> is a delight to watch.

可见，"painting"在句子中的那些动词性特征无法否定"v-ing"结构在整体上具有名词性的事实。"v-ing"形式在英语中被称为动名词，既承认它的动词性，又承认它的名词性，但名词性是根本。如例（10）所示，在名词性的束缚下，"v-ing"的动词性特点不过是"戴着镣铐的舞蹈"。

汉语动词和英语动名词的区别就是：英语动名词带有显性的"-ing"形态。在其他方面汉语动词和英语动名词并无太大差异。请看朱德熙先生（1985）曾经给出的例子：

(11) 他的<u>去</u>是有道理的/他的<u>不去</u>是有道理的/他的<u>暂时不去</u>是都道理的

动词"去"做主语的时候，可被领有定语"他的"修饰，这是名词的特点。同时"去"还可被副词"不"否定，这又是动词的特点。沈家煊（2016a：43）还进一步给出类似的例句以说明不但动词性成分可以直接做主宾语，连汉语的句子也有名词性。如例（12）：

(12) a. 不去茅庐是有道理的。
　　 b. 去过茅庐三次是有道理的。
　　 c. 他暂时不去茅庐是有道理的。
　　 d. 他如果去茅庐，是有道理的。

上面 b 句中，"过"是体标记。一般认为能带时体标记是动词的典型特点（Comrie, 1976）。汉语动词即使带了体标记，依然具有名词性可以直接做主宾语。我们补充几个"V+了/着/过"直接做主宾语的例子：

(13) a. 去过又怎样？去了能吓唬谁？
　　 b. 把狗放家里吧，带着挺费事儿。

鉴于此，我们可以解释为什么汉语名动合一的范畴是名词性的而不是动词性的。这背后其实涉及词类划分的主次要标准问题。词的语法分布是多样的，但什么是主要的什么是次要的，我们应该有所把握，不能把词的所有语法特性都等量齐观，这也是一些词类研究的主要缺陷之一。我们在第六章将进行详细分析。

陆丙甫先生还提出，英语中"v-ing"动名词通常被认为是动词的一种形式（不定形式），虽然带有名词性，但并不看作是名词的次范畴，那么汉语是如何把名词和动词统一起来的？我们认为，在现代英语中动名词已经十分接近名词了。英语的动名词（gerund）在一些英语词典中，如《科林斯词典》（Collins Dictionary）、《韦氏词典》（Merriam-Webster Dictionary），已经直接被定义为由动词派生而来的"noun"（名词）。当然这也许不能代表语言学界的判断，但至少在西方人眼里，动名词除了形态稍显特殊，它的用法和名词已经基本一致了。而"汉语将名动统一起来"是基于简单性原则以及名、动在语法功能上的扭曲对应。扭曲对应是关键，使得我们可以根据简单性原则而将动词归为名词的一个次类，更精准的说法是动词是"大名词"的一个次类。

问题三：陆丙甫先生说名词短语和动词短语各有各的结构模式，前者由核心名词加上若干不同类型的直属成分定语（包括指别词定语、数量定语等）构成，后者由动词核心加上若干"直属成分"（包括论元和非论元）构成。大名词短语如何确定结构模式的构成成分，是否把原来的动词从属语和定语都看作"指词短语"（大名词短语）的"直属成分"？如后面以"发表"为核心词的短语：这次/对这个突发事件的/出人意料的/迟迟/不发表/公开声明。

通过对问题一和问题二的解释，问题三自然就有了答案。汉语的动词是一种动态名词。所以各种动态名词的直属成分和传统名词的直属成分没有本质的区别。由于状中结构可以是名词性的（"迟迟"和"不"是修饰动态名词的），动态名词可以带宾语（和英语动名词一样），那么上句中各种直属成分并不会产生语法上的矛盾，它们都是"发表"的直属成分。

陆丙甫先生最后提出一个大名词理论尚未解决的问题。根据并列项测试，英语的"v-ing"动名词比"to + v"不定式的动词性要强（详见陆丙甫，2014：80—81）。那么在汉语大名词的范畴中，哪些在指称性上接近英语的动名词，哪些接近动词不定式，这也需要区分一下。

我们认为，汉语动态名词（即动词）也的确存在这样的区分，只不过汉语和英语的测试方式不同。汉语的动词都能做主宾语，但是在做定语的能力上会有一些区别。双音节动词做定语的能力相对更强，而单音节动词做定语的能力较弱。如表5—2所示：

表5—2　　　　　单音节、双音节动词做定语能力之对比

双音节动词做定语	单音节动词做定语	双音节动词做定语	单音节动词做定语
音节：2＋1	音节：1＋1	音节：2＋2	音节：1＋2
购物车	*购车	飞行路线	*飞路线
传送带	*传带	逃跑计划	*逃计划
杀人犯	*杀犯	建造风格	*建风格
爆炸物	*炸物	留守儿童	*留儿童
试衣镜	*试镜	抗震水泥	*抗水泥
推土机	*推机	考试人员	*考人员
瞭望塔	*望塔	改革成果	*改成果
录音棚	*录棚	使用人群	*用人群
拆迁户	*拆户	颁奖嘉宾	*颁嘉宾
制作人	*制人	倒塌面积	*倒面积

表 5—2 列举了双音节动词和单音节动词做定语的情形，它们分别修饰双音节名词和单音节名词，我们可以看出明显的差别。王光全（1993）、李晋霞（2008）等发现，双音动词做定语的能力要强于单音动词。这是因为单音动词的动性强，而双音动词的动性弱（沈家煊，2011b）。汉语单音动词和双音动词在动性强弱上的差别类似于英语"v-ing"动名词和"to + v"不定式之间的差别。汉语和英语类似的是，这些成分总体上都是名词性的。

第四节 关于大名词理论的思考

虽然说名词和动词在语法功能上的扭曲对应造就了汉语的大名词，但是还有一个语言现象值得进一步思考，即汉语的名词在一定情况下也能做谓语。朱德熙（1985：5）曾用虚线连接了名词和谓语功能，而汉语名词和谓语的这种关系似乎已经超越本章第一节中闰年计算的解释范围。如以下对比（引自前文图 5—3），图中 b 补上了朱德熙先生给出的名词和谓语之间的虚线。

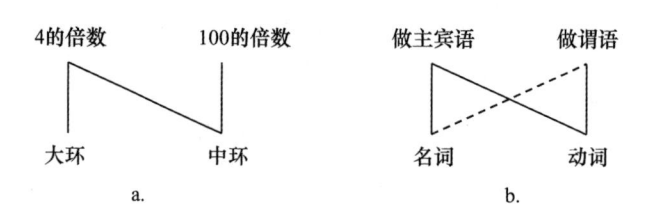

图 5—5 倍数关系和名动关系的对比

我们虽然用闰年的计算方式论证了名动包含的科学根据，但是在数学分析中无法出现图 5—5b 显示的这种虚线关系。在数学中，是就是，不是就不是，不存在这种似连非连的情形。这就是界限分明的数学规则。需要再次强调的是，上图 a 中标明的是倍数之间的关系，而不是具体数字成员之间的关系，所以"大环"和"100 的倍数之间"不可能存在虚线关系。相比之下，汉语的名词通常不做谓语，这里的"通常"是指什么？沈家煊（2016a：271）指出，只要有合适的语境汉语的名词都能做谓语。

汉语名词做谓语不是语法问题，而是语用问题。所以这也是图 5—5b 中虚线的含义之一。然而我们在第四章第二节曾分析，名词做谓语后仍然会受到一些次要的句法限制，主要出现在否定形式中，如"＊鲁迅不绍兴人、＊今天不周日"等。名词谓语不能受"不"否定，除非加上个动词性成分如系词"是"。之所以说这是个"次要的"句法限制是因为一个成分只有先能做谓语才能谈得上它做谓语后的否定形式。或者说，一个成分"能无标记进入谓语的句法位置"是判断其词类范畴的关键一步，至于入位后的其他句法限制是相对次要的。名词谓语不能直接受"不"否定并不能否认名词不能直接做谓语。当然，次要的句法限制可以用作范畴内部成员区分的标准，这也是汉语动态名词（动词）和传统名词在谓语中的主要区别之一。

有一些语言的名词和动词在"词类—功能"上的扭曲对应和汉语正相反。在北美洲的卢绍锡德语（Lushootseed）中，名词既能做主宾语也能做谓语，但动词只能做谓语。类型学家将其称为单向柔性（unidirectional flexibility）的词类关系（Beck, 2013：185—220）。譬如在下面例（14）中，卢绍锡德语是谓语前置型语言，名词"sbiaw"（郊狼）可无需系词直接做谓语；由于动词不能以光杆形式出现在主宾语的位置，所以在动词"ʔuxʷ"（走）之前出现了指示词充当的定语"ti"（这/那）。

(14) sbiawt   iʔ   uxʷ
　　 郊狼　 限定　走
　　 '那个走动（的东西）是郊狼'

此外，卢绍锡德语的动词还会以其他有标记方式做主宾语，如例（15）和（16）：

(15) p'q'adᶻ xʷ   tiʔə ʔ   ʔə dxʷxˇqabac
　　 'q'adᶻ = ə xʷ   tiʔə ʔ   ʔə – dxʷ – xˇq. abac
　　 腐朽. 圆木＝现在　近指　静态-容纳-包裹. 东西
　　 '里面包裹着的东西是根朽木'

(16) xˇʷul'   buusaɬ   kʷi   sp'ic'ids
     xˇʷul'   buus. aɬ   kʷi   s = p'ic'i – d = s
     仅仅   四. 量词 远指 名词化＝拧. 出－内因＝第三人称领有
     '她的把它拧下来是仅仅四次'（即'她仅仅拧了四次就把它拧了下来'）

例（15）中名词 "p'q'adᶻ"（朽木）直接做谓语，但是动词 "xˇq"（包裹）做主语时后附了类似汉语 "……的东西"的转指成分 "abac"。例（16）中，名词 "buus"也直接作谓语，但是做主语的动词 "p'ic'i"（拧动）需要加上名词化前缀 "s"才能自指。卢绍锡德语的名词做谓语要比动词做主语更自由，因此 Beck（2013：193、212）认为该语言的谓语已经中性化（neutralize）了。如表 5—3 所示：

表 5—3   卢绍锡德语的名词、动词的单向柔性

	谓语	论元
名词	无标记	无标记
动词	无标记	**有标记**

根据跨语言的调查，谓语位置中性化的语言不算少见（Beck，2013：199），除了卢绍锡德语，还有阿拉伯语（Arabic）、布里亚特语（Buriat）、那内语（Nanay）、贝加语（Beja）等。在这些语言中，名词、动词通常都能以光杆形式做谓语，但在其他句法环境中还是能够看出名、动之间的少量区分，如名、动的否定结构尚存差异等。

很显然，汉语的情形正相反。汉语的主宾语位置更加中性化，因为光杆名词和动词都可以自由做主宾语，无需句法标记。这也是汉语和卢绍锡德语的主要不同。但汉语的名词直接做谓语存在一定的语用限制。因此汉语的名词、动词之间是另一种单向柔性，如表 5—4 所示：

表 5—4　　　　　　　汉语的名词、动词的单向柔性

名词	谓语论元	
	有标记	无标记
动词	无标记	无标记

词类的单向柔性和赵元任（1968/1979）提出的词类的"扭曲关系"在道理上基本一致。不过单向柔性更加看重词类划分时的共同点，强调"大同"也兼顾"小异"。如果以"大同"为重的话，那么汉语是主语中性化语言（subject-neutralized language），而卢绍锡德语是谓语中性化语言（predicate-neutralized language）。另外，由于汉语的名词不能直接做谓语是个语用问题，而卢绍锡德语的动词不能做主语却是严格的语法问题，因此汉语的词类系统是"语用型单向柔性"，而卢绍锡德语的词类系统是"语法型单向柔性"。那在一定程度上意味着，汉语词类系统的柔性程度相对更高。

最后，词类的分化也可以分为双向分化和单向分化。在双向分化中，A 范畴具有 B 范畴不具有的特征；同样，B 范畴也具有 A 范畴不具有的特征。在单向分化中，A 范畴具有 B 范畴不具有的特征，但 B 范畴却不具有 A 范畴不具有的特征。从这个角度看名词和动词，英语等印欧语是双向分化，汉语和卢绍锡德语是单向分化。单向分化的语言是名动分化程度低的柔性语言。

第 六 章

词类划分的主次要标准

第一节 主要标准和次要标准

20世纪80年代以来，学界曾有一个共识，词类划分的标准要根据词的语法特点，即此类所有、他类所无的特点（邢公畹，1992；马庆株，2002）。很明显，该思路更加看重词在功能上的差异，那么词类划分趋向细化就会成为一种自然的结果。但是从语言研究的角度看，"此类所有、他类所无"的语法特点能否足以让一些词独立成类，则是需要遵循一定科学原则的。

词类的界限并非一刀切，目前除了人造语言 Ido 和 Esperanto，尚未发现哪种自然语言的词类之间完全界限分明（Luuk，2010）。如果一个词的词类性质尚不明了，在词类的判断过程中该服从哪个标准，有时需要取舍。例如，动词可以做谓语、带宾语、带时体标记，这是较为典型的动词判断标准。然而，不是所有动词都能带体标记或者带宾语，但这并不妨碍我们对它们动词身份的判断。这是因为做谓语是主要标准，而带时体标记或带宾语是相对次要的标准。从认知角度讲，在动词范畴的内部，也会有原型成员和边缘成员之分，因为一个动词成员可能无法具有它所属词类的全部语法性质。正是由于动词的判断标准有主次之分，我们才会对词类划分有着总体把握。所以在现实中，我们不会因为汉语的能愿动词不能带名词性宾语、不能带体标记而否认它们的动词地位。总之，词类划分不是只看"异"，还要看"主"和"次"。

词的分类标准要区分主次，这个做法目前在一些已知词类的内部划分方面会有一些基本的共识。例如在英语形容词的内部成员中，能否直接做定语、能否被"very"修饰是两个主要标准。因为前一个标准可以将形容词和动词做区分,后一个标准可以将形容词和名词做区分。而是否依靠系词做谓语则无法用作判断形容词的主要标准,因为在谓语系词"be"之后能够出现的成分较为复杂,可以是名词、形容词、分词或副词(如"He is away")。而且英语中有些形容词也不能直接出现在系词"be"之后做谓语,例如"certain、utter、total、same"等(详见 Quirk *et al.*,1985)。因此,在对英语的词类进行判断时,系词"be"之后的句法位置具有较弱的区分性。

在以往的汉语词类研究中,词类范畴的内部成员划分通常较为受人关注,划分的主次要标准也较为明确。例如,在区分性质和状态形容词时,能否被"很"修饰是主要标准,而词的音节数似乎是次要标准。虽然形容词的音节数越多,就越难被"很"修饰,但是由于"很大、很寒冷、很了不起"都成立,所以"大、寒冷、了不起"在一些文献中都被归为性质形容词。可见形容词的音节数只是起到次要的参考作用。

和词类的内部划分相比,词类的外部判断(如何区分名词、动词、形容词等)似乎并未重视主要和次要标准。朱德熙(1985:5)曾给出图6—1以说明汉语词类和语法功能的对应关系。如图所示:

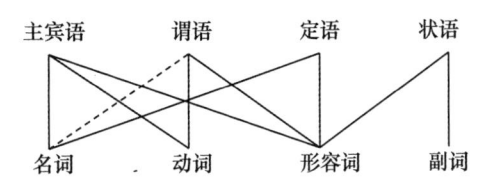

图 6—1　汉语词类和功能的对应关系

图 6—1 详细说明了汉语词类的多功能性,但是图中的四个语法功能似乎处于同一层次,缺少主次之分。这为判断词类的主要差别和次要差别带来了不便。而且图 6—1 更适合具有分化词类系统的语言(如英语),如果去除图中的连线,词类和功能的数量暗示了词类划分的底层模式。该模式也淡化了主次之分。

语言结构的首要区分是主语和谓语,然后才是依附于主语和谓语的修饰语,即定语和状语(Hengeveld, 1992a; 1992b),所以主语和谓语是位于主要层次的核心功能,而定语和状语是位于次要层次的附加功能。吕叔湘(1982:123—124)从说话人的角度提出,"作者先把他心中认为最重要的一个词提出来做句子的主语,然后把其余的部分照原来的次序说出来做句子的谓语"。这就是说,主语和谓语是话语构建过程中倾向于首先需要确定的两个成分,也是词类需要实现的核心语法功能。在先后逻辑上,由于修饰语附加于主谓语,所以前者取决于后者。说话时,主语和谓语通常是不可或缺的(至少有其一),而修饰语则是选择性的。

根据核心功能和附加功能,我们可以确定词类划分的主要和次要判断标准。例如,英语的名词和形容词是两个分立的词类,但并不是说名词和形容词之间没有共同点,因为它们都能自由做定语。根据统计,英语名词做定语的能力并不弱于形容词(陈刚,2012)。虽然形容词和名词在定语能力上高度重合,但它们并没有因此而被归为一类,因为形容词和名词在主语和谓语的核心功能上没有相同点。由此可知英语的划分逻辑,修饰功能属于次要的附加功能,而核心功能才是更重要的词类划分依据。如图6—2所示:

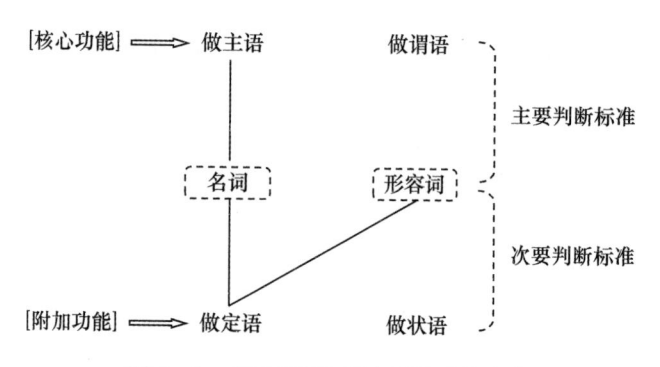

图6—2 英语名词和形容词的功能分布

西方语言学家没有把英语名词和形容词归为一类是因为它们在核心功能上没有共同点。当然,附加功能也具有判断价值。也正因为英语的名词和形容词都能自由做定语,以及它们也都需要借助系词有标记地做谓语,所以语言学家得出结论:英语的形容词是一种近名形容词(Dixon,2004)。

英语中还有一种相反的情况,例如名词和代词之间的关系。从做主语和做谓语的能力来看，它们在核心功能上表现一致，所以代词和名词被归为同一个词类范畴。但从能否做定语的角度来看，代词和名词有着明显的区别，例如"＊I/he/we book"和"chemistry/science/paper book"。很明显，代词无法直接做定语，除非变为领有格形式"my、his、our"；而"chemistry、science、paper"作为普通名词都可以直接做定语。我们用图6—3进行说明：

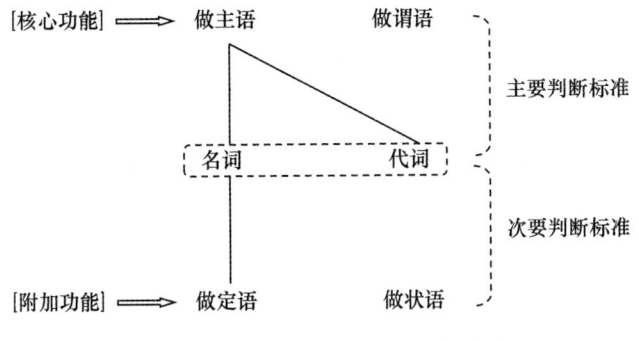

图6—3 英语名词和代词的功能分布

除了定语功能上的差异，英语代词和名词在其他格变化方面也有一些区别，即部分代词尚存主宾格形式，而名词没有主宾格变化。在古英语中，名词也有主宾格变化，只不过格变化现在已经基本消失。况且代词中部分成员如"you"和"it"已经和名词一样，不再有宾格形式，因此格变化只是代词和名词之间的次要差别。总之，尽管英语的代词和名词在做定语和格变化上有所不同，但是由于它们具有相同的核心功能——都能做主宾语，所以西方语言学家仍将代词和名词当作同一类范畴。我们也可从"代词"的英文名称"pronoun"看出西方人的观点。前缀"pro-"是"作为、充当"（act as）的意思，"pronoun"的本义就是"充当名词"，所以"pronoun"也是一种"noun"（名词）。

从英语中形容词和名词、名词和代词的处理方式可见，词类的分类逻辑是一致的：次要标准需要服从主要标准。

第二节　主次要标准的区分理据

在判断名词、动词、形容词这些相对常见的词类范畴时，要以主语和谓语功能为主要标准，而定语和状语功能为次要标准。这样区分对于具有柔性词类系统的语言既有意义更有必要。主要有以下两个理由。

第一，词类及其语法功能是随着历史发展逐渐演化的。通过非洲语言的调查，Heine & Kuteva（2002）、Heine（2011）在语言词类的演化层面论证了名词是人类语言词类系统的起始点，而动词出现得相对较晚。动词出现的途径有两个：源于名词或者独立出现。而形容词和副词通常是从名词（或动词）中逐渐脱离分化出来的。这种脱离分化的过程就是词类的语法化过程（Vogel，2000）。也就是说，形容词或副词通过语法化成为独立的词类。所谓"独立"就是指在形态或句法功能上有其特有形式标志。但另一方面，并不是所有语言都需要经历词类的分化过程。世界上的各种语言可能会分别出现在词类分化过程的任一阶段，这就是当今世界各种语言呈现词类系统多样性的主要原因。

汉语符合 Heine 等论证的词类分化的规律。根据考察，汉语的名词是最早出现的词类。周生亚（2018：8—11）认为，人们认知的首要对象就是周围的事物，所以语言中首先出现名词是很自然的。从上古汉语前期来看，甲骨文、西周金文和《尚书》中涌现出大量的名词，其中只有少量是抽象名词，大部分是具体名词、专用名词、方位名词和时间名词。在后来的上古汉语里，名词用作动词的情况逐渐增多。到了上古汉语的中期和后期，名词动用的情况更为普遍，例如名词"雨"在动用后可表示"下雨"。因此在一个时期里，汉语中出现了很多名动同形的词。周生亚（2018：11—16）指出，古代名词分化为动词主要有四个途径：语音手段、字形手段、词汇手段、语法手段。从认知的角度来看，名词衍生出动词是一个从具体到抽象、简单概念到复杂概念的认知过程，符合认知的一般规律。

周生亚（2018：143）提出，汉语的形容词也是从名词中分离出来的产物。周先生认为，形容词表示人或事物的性质、属性或状态，而事物都有一定的性质和属性，人们在感性认知的基础上借助比较、分析、综合或抽象的办法，使事物属性抽象化，便形成了各种各样的概念。汉语形容词的形成实际就是人们对事物性质或属性的一种认知过程，最后用词语形式固定下来。在甲骨文中，形容词仅有 11 个，即"幽、黑、黄、白、赤、大、小、多、少、新、旧"。根据周生亚先生的观点，这些形容词都源于名词，例如"小、少"本指"散落的细微之物"，"微小"是其属性，后经认知抽象化，"小、少"具备了"微小"之义。再例如，"多"本指两块并列的胙肉，是名词，后来具备了现在的"多"义。"高"原本也是名词，指"高地穴居"，后期演变出现在的"高"义。同样，古代汉语中的颜色词本来也都是名词（周生亚，2018：143—146）。不过，周生亚先生多次所说的"分离"主要指语义上的分离，但是从词类划分的角度看，形容词在形态和语法功能上仍然没有从名词中分离出来。

在古代汉语中，副词出现得最晚，其衍生的源头稍显复杂，主要有名词、动词和形容词（黄珊，1996；杨荣祥，1998）。例如否定副词"不"就是源于假借的名词。

周生亚（2018：143）将汉语词类的演化过程分为三个历史层次：第一层次是名词、动词；第二层次是形容词、数词、量词、代词；第三层次是副词。我们认为，第一层次是人类语言从独词句发展到主谓句的常见情况。但是区分主谓，不代表一定要区分名动（名词谓语句也可以区分主谓），因为主谓是表达层面的需求，而名动是语法范畴的划分。即使不区分名动，也可以有主谓。

以上三个层次中的词类只代表它们在语义上出现的先后历史顺序，并不代表它们在语法范畴上就是对立的类。也就是说，周生亚先生所区分的词类其实是指语义上的类。在古汉语中，动词、形容词都具有名词性（沈家煊、完权，2009；沈家煊，2012a；沈家煊、许立群，2016；沈家煊，2016b）。我们认为现代汉语的动词、形容词虽然已经形成较为独立的语义范畴，但在语法层面它们尚未从名词中完全分化或独立出来。所谓的"名词""动词""形容词"在语法功能上仍然存在大范围的重合，而且在形态上也没有发展出区别性特征。用个比喻的说法，汉语的大名词（包含名、动、形）坚守自己的本职功能，可以直接做主宾语；大名词内部初步发展出一些具有动词特点的动态名词（如可带宾语、带体标记等），但整体上仍是名词性的，即动态名词在形式上尚未真正从大名词中分化出来。形容词也类似，尚未在形式上从大名词中分化出来，所以汉语中尚无一个只能做定语的独立词类。汉语词类的以上特点可以解释：①为什么汉语的动词、形容词可以自由做主宾语，因为它们本来是名词性成分，做主宾语是它们的本职功能；②为什么名词可以自由做定语，因为汉语没有分化出独立的形容词类，形容词和名词做定语的能力一致；③为什么汉语的名词可以做谓语以及为什么谓语具有指称性，因为动词、形容词本身就是名词；④为什么汉语的形容词可以修饰动词，因为动词也是一种名词。

从主次标准的角度看，名动形的"同"明显大于"异"。如果仅依据一些次要的差异性特征就将汉语强行分出三个对立的词类，那么必然在后期语法分析中出现动词名词化、形容词副词化、零形式转类等论断，也必然会导致类似"这本书的出版"这样的语法"难题"。总的来看，汉语呈现出高度柔性语言的典型特征。正是基于词类的演变规律和汉语的实际情况，汉语的名动形仍然还是一类名词性范畴。

Hengeveld 根据阿姆斯特丹模型提出了词类的蕴涵等级序列，即：动词＞名词＞形容词＞副词。该等级序列代表了动词中心主义的观点（详见第二章第二节）。Heine 等提出反对意见，认为名词才是人类语言的起源。从历时角度看，汉语的大名词印证了 Heine 等发现的词类演化路径。而且到目前为止，语言学家也并没有找到只有动词的语言。

我们针对柔性语言而设定的主次要标准还基于以下第二个理由：主语、谓语是位于主要层次的核心功能，而定语、状语是位于次要层次的附加功能。没有主谓也就没有定状。反过来说，有定状就一定有主谓。这是一种单向蕴涵，类型学的调查研究已经证明了这一点（详见 Hengeveld, 2010：137）。主谓是主，定状是次。这种主次之分符合自然表达中的需求和规律，也符合词类演化以及功能延伸的语言规律。

在其他语言中也可发现类似汉语的情况。Hengeveld 曾用"实词"（content words）来标注那些不存在形态句法区分的词。他更重要的发现是：柔性语言存在柔性强弱的区分。"词类—功能"出现"一对多"的情况看似复杂却有规律可循。例如萨摩亚语中的实词"兼任"了一些附加功能，即定语和状语，请见表 6—1（引自 Hengeveld *et al.*, 2004）。所以有些柔性语言的词类系统并不需要专门的形容词或副词。这一点非常关键，从词类演变和语法化的角度来看，萨摩亚语的形容词或副词尚未从 Hengeveld 所说的实词中脱离出来。

表 6—1　　　　　　　　　柔性及分化词类系统之比较

词类系统	词类类型	语言	谓语	主语	定语	状语
柔性	1	萨摩亚语	实词			
	2	瓦劳语	动词	非动词		
	3	苗语	动词	名词	修饰词	
分化	4	英语	动词	名词	形容词	方式副词

英语作为一种分化型语言，形容词、副词从名词中对立出来的证据十分明显。英语大量形容词是在名词性词根或词干的基础上通过附加形态"-ful、-ish、-al、-ive、-ous"等而形成；副词又可以通过在形容词或名词上添加"-ly、-words、-wise"等形成。在古英语中，英语的形容词和名词十分近似，需要依据使用环境进行"性"和"数"的形态变化（陈刚，2012），而这些形态都是名词具有的典型特点。所以现代英语的形容词、副词已经基本完成了词类语法化的过程，并成为独立的词类。英语最终呈现当今四分的词类面貌。

基于我们对核心和附加功能的区分以及词类演变的观点，如果一种语言中的名词或动词除了具有主语或谓语的核心功能外，还兼有定语或状语的修饰功能，那就说明：（1）这种语言具有柔性词类系统；（2）该语言词类系统的语法化程度不高，形容词或副词没有从名词（或动词）中分化脱离。但并不代表这种语言无法表达属性或状态义，只不过表达属性或状态义的词项仍以名词形式呈现。汉语就是这情况。如果我们按照主次标准将朱德熙（1985）给出的汉语"词类—功能"匹配关系进行重新描述，可以得到图 6—4（暂不考虑副词）。

从主语和谓语这两个核心功能可以看出，名词、形容词、动词高度重合。这是主要的判断标准，意味着汉语的名词、形容词、动词总体上仍是一个大类，尚未发生本质性的词类分化，符合柔性词类系统的主要特征。但大名词成员之间在次要的附加功能上还是有所差别。然而，传统研究也正是基于这些附加功能上的差异，才做出了目前的词类划分。

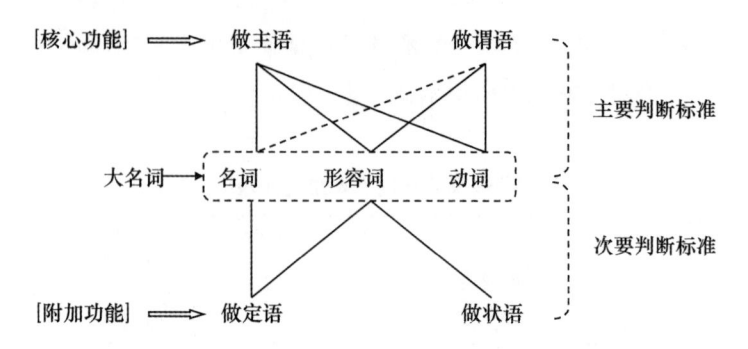

```
[核心功能] ⟹ 做主语          做谓语
                  ╲╳╱              ⎫
                  ╱╳╲              ⎬ 主要判断标准
大名词 → 名词  形容词  动词       ⎭
                  ╲╳╱              ⎫
                  ╱╳╲              ⎬ 次要判断标准
[附加功能] ⟹ 做定语          做状语   ⎭
```

图6—4　汉语名词、动词、形容词的功能分布

名词、动词、形容词的差异被放大，成为对立的词类，进而导致了词类划分和语法分析的诸多困境。我们并不否认名动形在次要功能上某些差异，但根据分清主次以及简单性原则，次要的差异尚不足以成为将名动形对立起来的理由。前文中，英语的名词和形容词、名词和代词的词类关系也是基于分清主次的分类逻辑。区分词类划分的主次要标准对柔性语言的词类系统是十分必要的，因为词类分化是个模糊的程度问题。如果不分主次，那就无法确定什么样的情况才算是词类分化已经基本出现。

根据以上分析，我们再来看兼类说。不少语法文献中都会列举一些兼类词，例如动形兼类"烫、忙、坦白"等，名形兼类"平常、错误、规矩"等。动形兼类词既可以带宾语又可以被"很"修饰，而名形兼类词既能做主宾语又能被"很"修饰。兼类说隐含的参照背景是英语这样具有分化词类系统的语言，因为兼类是以两个或更多的、对立的词类为前提。按照词类划分的主要判断标准，动形兼类词并不存在。请见例句，"烫、忙、坦白"既能做主宾语，又能做带宾谓语。

> 做主宾语　　　　　　带宾做谓语
> 我怕<u>烫</u>。　　　　　开水<u>烫</u>了我。
> <u>忙</u>更好，有钱赚。　我在<u>忙</u>生意。
> <u>坦白</u>是必要的。　　他正在<u>坦白</u>事情的经过。

"烫、忙、坦白"能做主宾语，说明它们具有名词性。带宾做谓语只能说明"烫、忙、坦白"是动性强的名词，因为即使是带了宾语的述宾结构，仍然具有名词性，如"开水是<u>烫了我</u>"，"我放弃了<u>忙生意</u>，回家照顾孩子"，"他拒绝<u>坦白事情的经过</u>"。这些划线的述宾结构本身又分别做动词"是、放弃、拒绝"的宾语。因此"烫、忙、坦白"不论是做主宾语还是做谓语，不论它们是否带宾语，都不会改变它们的名词性。另外，动形兼类说提出"烫、忙、坦白"可以被"很"修饰，因此也是形容词，然而"很"对词义的可度量性更敏感，对词类相对不敏感，程度词测试不论在汉语还是英语中都不太可靠（详见第八章第二节）。同样的道理，汉语中所谓的名形兼类词"平常、错误、规矩"本质也都是名词。动形兼类说和名形兼类说只看重"兼类词"能被"很"修饰，却忽视了它们和名词之间更多的功能重合。兼类说将词类对立视为天然的理论前提，在词类的功能判断中并没有分清主次，夸大了次要差异，使得词类划分变得复杂而不严谨。

主语、谓语是词类的核心功能，这是柔性词类系统的主要判断标准。汉语中所谓的"形容词"仍然还是名词，只不过在汉语的名词中有一部分表示属性的成员可以行使印欧语形容词的功能。这类现象在具有柔性词类系统的语言中十分普遍。在瓦劳语中（见前表6—1），有一类词只能做谓语，可以看作是动词，但还有一大类词既可以直接做主宾语，也可以直接做定语和状语。根据主次要判断标准，瓦劳语中的这一大类词是名词性的。按照词类演化的历史进程（Heine & Kuteva，2002；Heine，2011），瓦劳语的形容词和副词尚未从名词中分化出来，因此出现了一个具有多功能的名词性范畴。这就导致了瓦劳语的名词除了可以直接做主宾语，还可直接做定语修饰名词、直接做状语修饰动词。Hengeveld把瓦劳语的这类名词范畴称为"非动词"（non-verbs），这种叫法不算错，但不够明确。而且Hengeveld忽视了自己提出的语法功能的层次性，即主谓是主要的核心功能，定状是次要的附加修饰功能。由于饰词是名词或动词分化的产物，那么如果一种语言的名词没有分化出独立的形容词或副词，那么修饰功能只能由名词自己来承担，即名词出现了功能的延伸。所以，上文讨论的兼类说在具有柔性词类系统的语言中是行不通的，因为是整个词类具有多个功能，不是"兼"而是"专"。在瓦劳语中，我们更不能因为名词能做定语和状语就采用形容词化或副词化的说法，因为各种"化"的本质就是一种印欧语的眼光。

汉语传统的词类划分存在较为严重的先后逻辑问题。传统做法是根据英语分化的词类模式预先设定汉语具有哪些分立的词类，然后根据预设的词类再来确定词类的成员，并讨论它们在功能上有何异同。这明显和"根据功能划分词类"的正确逻辑背道而驰。过去的做法是"先定词类，再看功能"，所以才会出现本章图6—1中"词类—功能"的复杂对应。合理的做法应该是"先看主次功能，再分词类"。分清主次功能和主次标准，才能有所为，有所不为。过去的研究即使知道名词、形容词在主要功能上的高度重合，但仍然紧紧抓住它们之间的次要差异不放手，所以才有意识或无意识地制造了词类间的对立。总之，在众多判断词类的因素中，我们需要分清主次，不能将所有的语法特征等量齐观，也不能天然地带有词类对立的印欧语眼光，否则必然导致类似"这本书的出版"的语法困境。

第七章

汉语形容词的词类地位

第一节 西方的形容词研究

根据《在线词源词典》(Online Etymology Dictionary),英语的"noun"原本是盎格鲁法语(Anglo-French),意为"name"(名字)。动词"verb"来自拉丁语,意为"word"(单词),所以"verb"本无"动"义。而形容词"adjective"是 14 世纪后期对短语"noun adjective"的简称。"adjective"一词先后分别源于拉丁语"adjectīvum"和法语"adjectif"。在拉丁语中,"ad-"是个词根,表示"附加"的意思,所以"adjectīvum"本义是"added word to the noun"(附加在名词上的词)。英语"adverb"(副词)具有同样的词根,意为"附加在动词上的词"。由英语的词类名称可见,形容词、副词是以语法功能命名的。根据 Joseph Priestley 的《英语语法基础》(The Rudiments of English Grammar)(1761),"adjective"才真正作为词类术语出现。Joseph Priestley 可能是第一个将形容词看作独立词类的英语语法学家。

一些西方语言学家基于早期的印欧语框架提出,形容词应该和名词一样,带有相同的后缀。形容词和名词主要在性范畴(gender)上存在形式差别。所以 Jesperson(1924/1992:72)曾判断,性范畴是区别形容词和名词的唯一标准。由于芬兰语没有性范畴,所以 Jesperson 推断芬兰语的形容词和名词是同一类词。不过芬兰语的形容词和名词仍然存在其他一些区别:名词可以带领有后缀,形容词可以带比较级和最高级的后缀。不过 Dixon(2004:12)认为,仅用某一种标准来看待形容词的做法是行不通的。

是不是所有语言都有形容词？这个问题引起了不少研究者的兴趣。在语言类型学领域，Dixon是西方最早专注形容词研究的学者之一。他在《形容词都去哪儿了？》（Where Have All the Adjectives Gone?）（1982）一文中主张，有些语言和英语一样，存在独立的形容词，例如澳大利亚的迪尔巴尔语（Dyirbal）；有些语言只有少量的、闭合类的形容词，例如非洲的伊博语（Igbo）只有8个形容词；不少语言没有形容词，形容词的语义概念可以通过名词和动词表达，如汉语和豪萨语（Hausa）。西方不少学者也都认可形容词不是人类语言必有的词类（Pustet, 1989; Bhat, 1994; Wetzer, 1996; Stassen, 1997）。Dixon（1982：8）还提出，语义可以预测一个词的句法属性，但由于语义因素比较复杂，预测的途径尚无定论。

Dixon后来转而主张世界上每种语言都有形容词。Dixon（2004）认为，形容词和其他词类总会存在一些形态句法上的差别，那些所谓没有形容词的语言也并非真的没有形容词，只不过我们尚未找到测试形容词的合适手段而已。在一定程度上，Dixon的观点也算是可行的，因为从微观层面看，也许我们真的可以在任何一种语言中找到一些具有形容词特征的词。但问题是，这些词能否成为独立的词类，或者说，有没有必要成为独立的词类，则是需要考虑全局的。有形式差别不一定就需要单独成为一类，而且划分词类的目的是方便语法分析，如果服务不了这个目的，那么分类就成了没有意义的事情了。所以我们不能为了分类而分类。Croft（2000）曾反对在词类划分中不断分类的做法。如果根据句法分布的差异，研究者可以分出大量隐性的语法和（或）语义范畴。这就涉及我们在第六章强调的观点，词类划分要区分主次要标准，否则词类划分就会容易走入"抓小放大"的误区。

除了形容词的词类研究，有的学者十分关注形容词和其他语法成分和语法结构的相互关系。根据跨语言的调查，Greenberg（1963）发现语言的语序类型和形容词句法位置存在一些倾向共性，例如在SVO型语言中，形容词倾向后置于名词论元等。随着语言调查范围的不断扩大，和形容词相关的共性研究也极大地拓展了我们对词类研究的认识和思考空间（详见Dryer, 1992）。还有的学者利用蕴涵共性来预测形容词的独立性。Rijkhoff（2000：227）依据Hengeveld（1992a）的研究，提出了判断一种语言是否存在形容词的方法。Rijkhoff 发现，所有没有形容词的语言都有量词，而有形容词的语言都无量词，因此他提出了一个蕴涵共性：如果一个语言有形容词，那么这个语言的数词就倾向于直接修饰名词（或者说，有形容词的语言不需要量词），而不是反过来。缅甸语、汉语、越南语符合这个蕴涵共性，这些语言都有量词且没有形容词。英语正相反，没有量词但有形容词，因此也符合这个蕴涵共性。Rijkhoff 认为该共性的背后原因可能和形容词与名词的语义特征有关，但他没能给出明确的解释。

总体来说，在大多数西方早期的语言共性研究中，汉语常被当作具有独立形容词的语言，这和汉语的实际情况并不相符。因此西方针对汉语形容词的相关判断仍需我们谨慎对待。

第二节　国内早期形容词研究的特点和问题

在汉语语法界，"形容词"这一术语始见于黎锦熙的《新著国语文法》（1924/2000）。黎锦熙（1924/2000：130）仿照英语广义形容词的分类，并结合汉语的特点将形容词分为四大类，即性状形容词、数量形容词、指示形容词和疑问形容词。这四类形容词还可分别细分为若干个小类。按照目前主流的汉语词类划分标准，在黎锦熙的分类中只有性状形容词才算是形容词。不可否认的是，《新著国语文法》根据英语所定义的汉语形容词在做定语以及被程度副词修饰方面，的确和英语的形容词存在相似之处。但汉语和英语形容词的差异也十分明显，甚至可以说，差异要比相似之处更为突出。

根据 Quirk 等（1985：402—403）的定义，英语形容词具备四个形态句法特征：①可直接做定语；②能自由做谓语（借助系词）；③可被程度副词修饰；④在形态上，具有比较级和最高级形式。很明显，Quirk 等提出的形容词的判断标准是相对于英语名词和动词而言的，因此这些标准只在英语的词类体系内有效。在《新著国语文法》中，黎锦熙描述汉语词类的时候似乎默认英语形容词的定义可以套用在汉语中。或者说，他认可英语和汉语的形容词是相似的词类。在汉语语法研究的最初阶段，黎锦熙对汉语词类的划分虽有问题但也无可厚非。不过这的确对后来的词类研究产生了不小的影响。因为《新著国语文法》之后的文献几乎都将汉语形容词作为和名词、动词对立的词类加以讨论,并常把一些英语形容词的句法特点当作汉语形容词的判断标准。例如有的研究认为区别词或非谓形容词才是"真正的"形容词,可能就是受到英语词类体系的影响。另外,不少汉语语法教科书也都将形容词当作独立的词类进行介绍和分析,但却又不可避免地谈及形容词可以做主宾语、做谓语等通常只有名词、动词才具有的语法功能。形容词和动词、名词在众多语法功能上的重合到底意味着什么?似乎都没有解释清楚。

到目前为止,关于汉语中有没有形容词,学界依旧看法不一,主要有三种观点:一、汉语有形容词;二、汉语中的形容词是动词的一个次类;三、汉语中没有形容词。

第一种观点主要见于一些传统语法著作或语法教材中,通常形容词都被当作和名词、动词对立的词类加以介绍和说明。例如朱德熙的《语法讲义》(1982)和张斌的《现代汉语描写语法》(2010)都将形容词和动词作为大致对立的词类,不过他们总体上也看到形容词和动词的相似之处,因此将形容词和动词归为谓词。谓词和以名词为代表的体词相对立。由于不少形容词可以带时体标记、可以带宾语等(张斌,2010),因此形容词和动词的词类边界显得比较模糊。

第二种观点认为形容词就是动词的一个次类。赵元任(1968/1979)提出汉语的形容词是一种动词,他在《汉语口语语法》中直接将形容词和动词置于同一章节讨论,并将形容词称为不及物的性质动词。Li & Thompson(1988:826—827)曾对汉语形容词做出以下定性:"严格来讲,汉语没有我们所谓的形容词。或者说,汉语中有一些表达事物性质或属性的词,但从语法角度来看,很难区分形容词和动词。第一,汉语中表达性质和属性的词并不像印欧语那样依靠系词做谓语。第二,汉语中表达性质和属性的词和动词一样,都受'不'否定。第三,汉语形容词修饰名词时,需要带名词化标记'的',这一点和动词做定语一样。基于这些理由,把汉语中表达属性和性质的词归为动词的一个次类也是合理的,我们也许可以称之为'形容词性动词'(adjectival verbs)。"对于形容词的第三个特点,Li & Thompson(1989:119)说,虽然汉语形容词可以不带"的"直接做定语,但是这种不带"的"的结构或多或少已经词汇化了。这个解释基本就否定了汉语具有形容词的主要证据。

第三种观点认为汉语完全没有形容词。这种看法比第二个观点更为彻底。McCawley（1992：236）认为汉语根本没有形容词，即使是 Li & Thompson 所说的"形容词性动词"也不存在，那些被认定为形容词的词本质上就是动词，它们并没有特殊的词类地位。和 McCawley 不同的是，Li & Thompson 认为汉语形容词和动词虽是同一类，但还是存在一定的区分，至少可以分出一个次类。而 McCawley 则认为形容词和动词几乎没区别，也没必要分出一个次类。

之所以 McCawley 彻底否定汉语形容词的词类地位，是因为他认为汉语形容词直接做定语的结构就是复合词（compound）。Li & Thompson 也持有类似的观点，但 McCawley 将该观点作为判断形容词的关键。McCawley（1992：19）认为，"好人"是个复合词，而不是句法结构。他的理由是，当"好"被程度副词和否定副词修饰时，就无法再修饰名词了。如下所示：

(1) a. ＊一个<u>很好</u>人
    b. ＊一个<u>不好</u>人

由于"很好人"和"不好人"在汉语中不可接受，因此"好"不是形容词。在 McCawley 看来，一个真正的形容词应该能够做定语，而且能被程度副词或否定副词修饰，否则就不是形容词。事实上，这种测试存在明显的问题，也带有印欧语的眼光。能够做定语的确是个可以用来测试汉语形容词的主要手段，能否被程度副词"很"或否定副词"不"修饰也可以当作另一个辅助性测试手段。但如果在同一个结构中同时使用两种测试手段，可能就会出现冲突。陆俭明（2003）曾指出，一个词的词类特性是一回事，而词类特性在具体语句中的实现是另一回事，没有理由要求一个词的词类特性在具体的句法位置上全部实现。陆先生还举例说明，在"吃快了、吃得很饱、吃不完"中，进入动补结构的"吃"无法再带宾语，不能带体成分，也不能受副词"不"修饰，但是没人否定"吃"是个动词，更不会说"吃"已经名词化了。同样，McCawley 认为"好"做定语的同时不能受副词修饰，进而判断"好"不是形容词而是动词,这其实也是在强求一个词类成分必须在同一个结构中实现该词类的多个语法功能。如果我们拿 McCawley 的测试方法来判断英语的形容词,那么也会得出类似的结论:英语没有形容词。例如(2a)中的形容词"nice"可以直接做定语修饰"man";(2b)中"nice"可直接受"not"否定。但是如果把这两个特征放在同一个结构中,就会出现冲突,请见例(3):

(2) a. nice man
　　 b. He is not nice.
(3) ＊He is a not nice man.

因为英语的否定词"not"只能否定光杆形容词,所以一旦形容词和名词组合后,例(3)就不合格了。除非"not"移到整个名词短语"a nice man"之外,即"He is not a nice man"。如果按照 MaCawley 的逻辑,例(3)因为不合法,所以"nice"不是形容词。这显然不符合英语的语法常识。

McCawley 用能否做定语以及能否被"很、不"修饰这两条标准同时测试"好"是否是形容词,这样的做法显然值得商榷。有的学者提出,形容词的原型功能是做定语(Hengeveld,1992a;沈家煊,1997),如果"好人"这个结构成立,那么"好"这个成分就已经具有成为形容词的潜在可能,然后可以用"很"单独测试"好"(例如"很好"),这样也可以确定"好"应该是个形容词。用副词"很"可以将形容词和绝大部分动词区别开来(朱德熙,1982;贺阳,1996)。至于汉语中"一个很好人、一个不好人"为何不成立,并不能归咎于"好"的词类身份(详见第十章第二节)。

以上三种学术观点都是依靠词类比较来解决汉语形容词的词类问题。比较就是拿汉语形容词和"其他词类"做比较,主要涉及以下两种途径。

第一种途径:拿汉语形容词和其他语言的形容词相比较。

第二种途径:拿汉语形容词和汉语的其他词类(尤其名词、动词)相比较。

第一种途径是汉语研究初期的做法,与其说是比较,不如说是"比附"。因此早期研究并没有充分意识到语言词类系统的多样性以及汉语形容词的自身特点。第二种途径是赵元任和 Li & Thompson 等学者的做法，这是形容词研究的一大进步，但也存在一点不足。因为词类系统是个整体，要拿形容词和动词、名词做比较，那么首先需要确定动词、名词的词类性质及相互关系。如果比较的对象本身就不清晰，那么比较的结果自然也不可靠。当然第一种途径的比较（而非比附）也有意义。王力先生曾在《中国文法学初探》（1936）中说，对于某一族语的文法研究，不难在把另一族语相比较以证明其相同之点，而难在就本族语里寻求其与世界之族语相异之点。的确，在语言比较中发现相异点要难于发现相同点，相异点才是语言特点之所在。但发现相异点的前提是：我们已经了解本族语言的基本事实，才有可能和其他语言做进一步的比较，比较之前要尽量做到知己知彼。因此在研究的顺序上，应该先在汉语内部解决形容词的词类问题，然后再和其他语言做比较，以发现汉语在世界语言地图中的准确位置。这也是我们进行形容词研究的目的之一。

第三节 什么是独立词类？

什么算是"独立的"词类？似乎很少有人单独讨论过。然而，这也是为汉语形容词定性而绕不开的问题。词类独立不独立，肯定是个语法层面的问题。但目前有的文献一方面认可形容词也是动词，另一方面又将形容词看作和名词、动词对立的词类，即形容词是独立的词类（王跟国，2006）。这些矛盾的做法可能是为了沿袭传统，也可能是为了行文方便，但不管出于什么目的，都不是科学合理的处理方式。

什么样的情况才算是"独立的"词类，这是需要预先设定标准的。如果 A 范畴和 B 范畴存在不少的功能重合，但也存在一些明显的功能差异，那么 A 和 B 算不算是两个独立的范畴？重合和差异该看重其中哪一个？重合到什么程度才可看作是同一类？差异到什么程度才可以独立成类？这些话题在我们回答一些针对汉语大名词的质疑时已经提供了部分答案（详见第五章）。毋庸置疑，汉语的形容词和动词、名词在语法功能上既有重合也有差异。传统语法认为汉语的名词和动词是分立的两个词类，这是因为只看重它们功能上的"不同点"：名词不能像动词那样自由做谓语;却又忽视了它们之间重要的相同点:所有动词都能像名词一样做主宾语。要知道,英语的名动分立和汉语所谓的名动分立不大相同,因为英语的名词不能做谓语,动词也不能做主宾语,名词、动词的主要核心功能没有交集,所以英语的名动分立是真正的分立。

在另一方面,学界有的观点认为汉语的形容词、动词都是谓词,有的认为形容词是动词的一个次类,这是因为看重它们的"相同点":形容词能像动词一样做谓语;但又或多或少地忽视它们的不同点:动词不能像形容词一样自由做定语。我们现在用表 7—1 说明传统观点在处理名动关系和动形关系时的矛盾做法。

表 7—1　传统语法对名动、动形归类的不同逻辑

功能不同点	功能相同点	结论
做谓语	做主语	名动分立
做定语	做谓语	动形同类

这里比较矛盾的逻辑是:(1)在处理汉语名动关系时,传统语法基于名动功能上的不同点,所以名动分立;但在处理动形关系时,却又只看到动形功能上的相同点,因而动形同类。那么词类划分时到底是该以不同点为标准还是以相同点为标准?(2)在判断名动关系时,主语和谓语是句子的两大核心语法功能。传统语法为什么只看到名、动做谓语上的差异就对名动关系做出判断?为什么要忽略名、动做主宾语上的相同点?是什么导致判断的天平偏向了谓语功能?可见,过去的归类逻辑比较混乱,传统语法对待名动、动形的关系采用了矛盾的两套做法,却又没有给出合理的解释和说明。

根据 Hengeveld 的阿姆斯特丹模型,在分化的词类系统中词类是独立的。按照 Hengeveld(1992a;1992b)强调的形式标准,当一类词可以"不采用其他手段"直接进入且只能进入一个句法槽位时,那么这类词就是独立的词类。英语具有分化的词类系统,名、动、形、副分别可以直接进入各自的句法槽位,因此它们都是独立的词类。这也是语言学界对"什么是独立词类"的一般性认识。相比较而言,在汉语研究中的很多传

统做法将形容词也当作独立词类，这显然和英语中的独立词类完全不是同一个标准。汉语的词类具有多功能性，动词、形容词等可以不采用其他手段直接进入多个句法槽位，所以词类独立对汉语来说必定是个潜在的争议性话题。

那么在面对汉语这样的语言时到底该如何处理？我们认为，汉语具有较为典型的柔性词类系统，词类没有完全分化。由于词类的柔性存在程度和范围的问题，汉语并非像萨摩亚语那样具有彻底柔性的词类系统。也就是说，汉语也有少量词类是分化独立的。那么独立词类在汉语中就存在两种可能：①存在一种柔性的词类，在"词类—功能"上是一对多的关系；②还存在个别分化的词类，在"词类—功能"上是一一对应的关系（如单纯副词，详见本章第4.3和4.4节）。而①和②之间并没有交集，所以①中的柔性词类相对于②是独立的。简而言之，独立词类可以是常见的分化词类，也可以是一种柔性词类。和汉语相比，英语中的独立词类都是分化的词类，因此"独立词类"的内涵和类型在汉语和英语中有着明显的区别。

第四节　从形容词看汉语的词类系统

我们曾说明，名词、动词、形容词、副词这些在分化词类系统中才会使用的词类标签不能原封不动地套用在汉语中，否则容易造成误解，而且目前已经造成了误解，即汉语具有名、动、形、副四分的词类系统。然而，在重新定性之前，"形容词"等这些术语可以暂时借用。但应该清楚的是，汉语的术语"形容词"并不是英语中那种狭义的"独立词类"的标签。另外，汉语词类的划分要以语法功能为主要依据，根据简单性原则以及分清主次原则（沈家煊，2017c），我们在满足语法分析的前提下优先考虑词类范畴的合而不是分。

4.1　形容词和动词

在处理动词和形容词的关系时，目前存在两种倾向：一种是相对看重它们的差异；一种是看重它们的相似处。朱德熙（1982）的观点总体属于第一种倾向。虽然朱先生将动词和形容词都看作谓词，但是在各种文献中他基本把动词、形容词当作对立的词类来描述。朱先生曾提出形容词有别于动词的两个特点，分别是：(1) 可以被"很"修饰；(2) 不能带宾语。例如表7—2（引自朱德熙，1982：55）：

表7—2　　　　　　　　　形容词和动词的区别

	加"很"	带宾语	例词
1	+	+	想，怕，爱，喜欢，关心，害怕，赞成……
2	-	+	唱，念，看，切，杀，买，讨论，发展……
3	-	-	醒，瘫，歇，谢，肿，锈，咳嗽，游行……
4	+	-	大，红，远，好，胖，累，结实，干净……

朱先生将表中第1、2、3类看作动词，第4类看作形容词。他列出的形容词既有单音节（如"大、红"）也有双音节（如"结实、干净"）。但是朱德熙（1982：120）随后又使用"大他两岁"为例以说明形容词的双宾构造。此外，他还将"长了三尺"中的名量结构"三尺"看作是准宾语。因此，朱先生对形容词是否能够带宾语这个问题上似乎没有提供前后完全一致的看法。而且，如果按照朱先生的例句，那么他在上表中给出的形容词几乎都可以带宾语。例如：

(4) a. 陈三红着脸，为他辩解说。"这个嘎小子！"（魏巍《东方》）

　　b. "情理"也有大小之分，近了个人的情理，就远了党和人民的情理。（《人民日报》1989年12月29日）

　　c. 反映到交通部以后，情况好了几天。（《人民日报》1984年6月16日）

　　d. 施侃乐半年内一下子胖了20多斤。（《人民日报海外版》2016年7月14日）

　　e. 1分半钟4分1板，FMVP（总决赛最有价值球员）身材又结实一圈，周琦输给他不冤。（东方体育网）

　　f. 乌云来袭，不过数秒钟，雨滴儿啪啪啪的落，干净了大地。（微博）

张国宪（2006）认为，汉语形容词带宾语的情况并不算特殊，而且形容词还可以带体标记。以上例子中的形容词几乎都带了体标记，即"红着脸、近了个人、远了党和人民、好了几天、胖了20多斤、干净了大地"。在我们看来，能否被"很"修饰以及能否带宾语只是词类判断的次要方面，而真正重要的核心判断标准是主谓功能。这一点朱德熙先生应当也考虑到了，但他只是把形容词和动词都称为谓词。如果"谓词"是词类标签的话，那么顾名思义，谓词就是能做谓语的词，它和体词相对立。显然，在朱先生的观点中，以名词为代表的体词通常是不能做谓语的，否则无法和谓词相对立。但是事实上，名词能否做谓语是个语用问题，而不是语法问题（沈家煊，2016a）。那就意味着，体词和谓词的对立只是语用层面的对立。

我们姑且认为体词不能做谓语，那么"谓词"是上位范畴，"形容词"和"动词"是两个下位范畴。从简单性原则来看，这样的分类从术语上还可以再简化，因为动词和形容词的核心功能完全一致。所以赵元任（1968/1979）的归类更为简洁，即形容词就是一种动词。这样说可以减少形容词和动词的对立面，更加明确形容词和动词的关系。这和我们曾经分析过的数学现象一样（详见第五章第一节），虽然我们也可以把4的倍数和100的倍数看作两个对立的范畴，但不如说100倍数就是4的倍数。这样做符合科学界推崇的能简则简的奥卡姆定律。根据我们第六章提出的主次要标准，图7—1可以说明形容词和动词的词类关系：

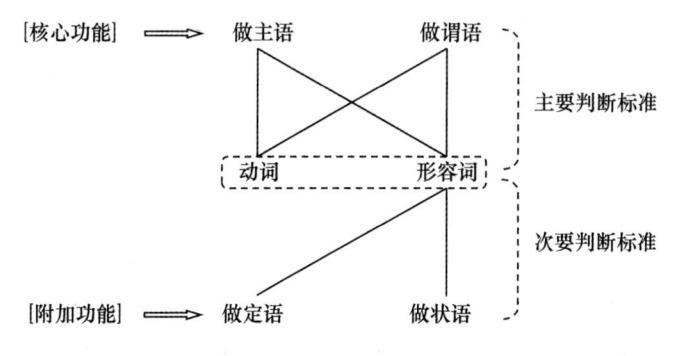

图7—1 汉语动词、形容词的词类关系和功能分布

在词类的核心功能方面，动词和形容词完全可以合为一类，因此我们支持赵元任（1968/1979：300—307）提出的观点。形容词是动词的一个次类，但不是谓词的一个次类。同时我们还要清楚一个术语上的逻辑问题：说形容词是"动词"的一个次类，这里的"动词"已经不是我们通常理解的传统动词，而是"传统动词"与"形容词"之和。假如可以把传统动词看作是动态动词，形容词看作性质动词，那么它们两者是并列关系。赵元任先生更看重动词和形容词在核心语法功能上的相同点，他的词类划分也更加简洁。

虽然形容词是一种动词，但还兼有一些附加功能。首先，形容词做定语十分自由。由于形容词通常表示静态的属性义，因此从潜在的论元结构上看，形容词只需一个承载属性的主事（theme）论元，而不太可能需要一个受事（patient）论元。形容词的语义特征导致形容词的及物性相对较弱，所以形容词虽然是动词，但"形容词＋名词"的组合也不易被看作是述宾结构。众所周知，动词涉及动态语义，潜在的论元结构复杂，因此及物性强，所以"动词＋名词"的组合容易被理解为述宾结构。例如"红$_形$苹果"和"吃$_动$苹果"的对比，两者是同样的并置结构，但前一个会被理解为定中，而后一个会被理解为述宾。可见，形容词具有弱及物性，因此普遍可以直接做定语。而动词具有强及物性，更关键的是动词直接做定语时无需像英语动词那样必须出现形态的变化（变成动名词），所以汉语动词做定语的结构容易在语义上被理解为述宾。这就导致动词一般不能直接做定语，除非在动词后添加定语标记"的"，如"吃的苹果"。相比之下在英语中，不论是弱及物性的动词（如"sleep、fly"），还是强及物性的动词（如"kill、teach"），它们做定语的能力一致（如"sleeping baby、flying object"和"killing machine、teaching method"）。因为这些动词做定语时都必须附加形态"-ing"，所以在语法上就显示了动词的定语身份。由于汉语动词（含形容词）做定语没有形态变化，所以及物性的强弱对结构的性质起到了直接的影响，这就是为什么汉语及物性强的传统动词做定语的能力比较低。由于及物性是个语义概念，从这个角度看，汉语动词做定语受到的限制是语义上的，而非语法上的；而英语动词做定语受到的限制则是语法上的，即必须带形态"-ing"。

从语法功能来看，能否做定语似乎是形容词和动词的主要差别。但事实上，这种差别也不是本质性的。前文已有介绍，汉语的双音动词做定语的能力要强过单音动词。王光全（1993）曾统计，36%的双音节动词可以直接做定语，但是单音节动词做定语的能力较弱。邵敬敏（1997）的统计结果略有上升，有47%双音动词中可以直接做定语。李晋霞（2008）提出，现代汉语中动词做定语的常态结构是"双音节动词+双音节名词"，如"怀疑态度、汇报材料、辅导老师、教育对象"等。"双音节动词+单音节名词"具有定中关系的倾向性，典型的例子是"出租车"，它更倾向于被理解为定中结构，而不是述宾结构。相比之下，"单音节动词+单音节名词""单音节动词+双音节名词"的数量很有限。明显的是，现代汉语的定中结构受到一定的韵律限制，那就意味着韵律结构已经语法化为一种定中结构的限制规则，因此沈家煊（2017a：3）称其为韵律语法。然而，古代汉语的情况却有不同，不论是单音节动词还是多音节动词，甚至较长的动词性短语，都能比较自由地直接做定语（董秀芳，2007：62）。到了近现代，动词做定语的能力才逐渐受到限制。

还有一个问题是，为什么双音动词做定语的能力要比单音动词强？因为双音动词具有更强的名词性。朱德熙（1956；1980）曾指出，和形容词相比，汉语中最适合做定语的是名词，这也可以间接说明双音动词比单音动词具有更强的名词性。例如在以下两组定中结构的最小对立对中，双音动词比单音动词更适合充当定中结构的中心语。根据语言类型学的调查，领有结构的中心语通常是名词性成分（Heine 1997），所以定中结构的对比可以证明双音动词的名词性更强。

(5) 大家的质问/＊大家的问　　老师的警告/＊老师的告
　　 互相的协助/＊互相的助　　材料的运输/＊材料的运
　　 广告的宣传/＊广告的宣　　文件的抄写/＊文件的抄
　　 问题的解决/＊问题的解　　试卷的抽查/＊试卷的查
　　 中国的改革/＊中国的改　　友情的珍惜/＊友情的惜
　　 报刊的发行/＊报刊的发　　违章的处罚/＊违章的罚
　　 永久的告别/＊永久的别　　孩子的培训/＊孩子的训

虽然一些观点认为单音动词不能做定语，但是很少有研究会具体说明哪些单音动词不能做定语以及为何不能做定语。常见的单音动词做定语的例子如"摇椅、飞机、看台、炒菜、订单"等，这些组合通常被认为都已经词汇化了。似乎大部分单音动词做定语通常要带"的"，如"唱的歌、偷的车"等，这是因为单音动词的动性强或者及物性强，如果没有"的"，就成了述宾结构。我们在上文已经初步分析，汉语动词做定语所受的限制是基于及物性强弱的语义限制，完全不同于英语动词做定语时所受到的语法限制。从另一个角度看，如果汉语的单音动词做定语时，只要不会被理解为述宾结构，在语义允许的情况下就可以做定语。因此，"唱歌"虽然不能被理解为定中，但是可以说"唱将、唱词"。"偷车"虽然不能理解为定中，但是可以说"偷贼、偷袭"。这样的例子很多，不论是什么语义类型的单音动词，大多有机会做定语。如下所示：

(6) 走道/杀气/笑柄/吃相/跑鞋/跳板/看客/摔炮/敲棒/恨声/来话/去路/回音/进价/出口/买方/倒墙/掉发/收条/闪电/捆绳/绑腿/叫声/提包/剪刀/扶手/喊声/睡意/插头/提手/缝针/站台/坐姿/躺椅/游速/爬虫/拍品/排量/派饭/追肥/判词/撞针/抬称/冻疮/烤炉/算盘/挡板/流水

而且，只要是主观意愿型（volitional）的动词，几乎都可以修饰"法"，如"（数学的）教法、（债的）还法、（车的）开法、（纸的）撕法、（牲口的）赶法、（足球的）踢法"等。所以当汉语的单音动词做定语时，语义搭配是首要的，我们无需考虑动词是否需要形式变化。所以说，英语动词做定语时必须变为"-ing"动名词，才是真正的语法限制。英语中语义搭配的合格并不能决定语法结构的合格。

很多文献认为单音动词几乎不能做定语。黎锦熙在《新著国语文法》（1924/2000）原序中提出"例不十，不立法"[①]。王力先生在《汉语史

[①] 唐钰明（1995）从对仗和押韵方面考虑，将"例不十，不立法"改为"例不十，法不立"。

稿》(1980/2004: 23) 中说:"所谓区别一般和特殊,那是辩证法的原理之一。我们还要补充一句,就是'例外不十,法不破'。我们寻觅汉语发展的内部规律,不免要遭遇一些例外。但如果只有个别例外,绝对不能破坏一般的规律。古人之所以不相信'孤证',就是这个道理。例外或孤证当然也有它的原因,但是那往往是一种偶然的外因。区别一般和特殊,这个原理非常重要,假使同时代一切史料都没有这种语言现象(语法结构形式等),只有一部书中有这种现象,这部书就有被证明为伪书的可能。"鲁国尧(2000)、陆俭明(2008)等先生也同意黎锦熙和王力的上述观点。从语料的调查来看,不管是双音动词还是单音动词做定语,它们并非受到语法限制。如果根据黎锦熙"例不十,不立法"的主张,汉语的动词能够做定语可以看作是汉语中的一条语法规则。从王力先生的角度来看,如果说"汉语的单音动词不能做定语",这也是一条可以推翻的结论。我们并不是说动词做定语完全不受限,韵律结构就是我们需要考虑的因素之一。可是韵律只是限制动词如何做定语,而不是限制动词能否做定语,这两者的性质完全不同。"能不能做"比"怎么做"更重要(沈家煊,2016a)。况且,汉语的形名定中结构不同样也受到韵律的限制吗?

再看做状语的比较,形容词和动词的差别似乎相对明显。状语是指谓词性成分的修饰语(朱德熙,1982)。汉语的动词修饰谓词性成分很受限,通常要带"地""着"等标记(孙德金,1997;沈家煊,1999),例如"尊敬地鞠躬、试探地询问、笑着出门"等。由于汉语的连动式就是两个动词性成分的直接并置,如"下楼开门、坐下吃饭"等,因此动词做状语时附加"地""着"等标记可以实现和连动式的区分。从标记性的角度看,动词做状语的能力较弱。状语功能是区分动词和形容词的主要因素。

需要说明的是,根据大名词理论,由于汉语的动词是动态名词,所以一些所谓的状语成分,本质上是定语。例如"尊敬地鞠躬、试探地询问、笑着出门"这些"状中"结构都可以做主宾语,如"小孙子总算学会了<u>尊敬 de 鞠躬</u>、他那种<u>试探 de 询问</u>让人很反感、每一次<u>笑着出门</u>都意味着一种胜利"。动词后附的"地"作为一种汉语模仿印欧语而生造的状语标记可用"的"来代替。以上做主宾语的"状中"结构具有名词性,也就意味着这些所谓的状语其实是定语。这样分析才能避免简约原则和中心扩展规约的理论冲突。

总之，在暂不考虑名词的情况下，动词和形容词在主要核心功能上是一致的，因此形容词也是一种动词。但形容词在附加功能上有别于传统动词，因此它们是动词中两个存有一定区别的次范畴。

4.2 形容词和名词

不少观点认为汉语中形容词和名词之间的差别要大于形容词和动词之间的差别。朱德熙（1982）将形容词看作谓词，将名词归为体词。朱先生的观点明显突出了两者的对立。一种可能的逻辑是：形容词和动词都能自由做谓语，因而是谓词；而名词一般不能做谓语，所以名词和形容词、动词相对立。但是，形容词和名词的相似处并不少：形容词可以像名词一样做主宾语，名词也可以像形容词一样自由做定语。形、名之间这些错综复杂的功能关系似乎让人一时难以找到词类判断的突破口。但至少有一点可以肯定：传统的形、名之分存在一些严重的问题，因为分类的目的是为了呈现清晰的逻辑关系，而不是起到反作用。以下将逐一对比和说明形容词、名词的语法功能。

形容词可以像名词一样直接做主宾语，这一点毋庸置疑，如"我怕冷、高一点好、我看清了他的丑陋"，等等。而且无论是单音节还是多音节形容词，都可以自由做主宾语。同样，名词做主宾语时也不受自身的音节限制。但在做谓语时，名词会受到一定的语用限制，而非语法限制（沈家煊，2016a）。所以形容词和名词在主宾语和谓语的核心功能上存在高度的重合性。

在修饰功能上，虽然形容词做定语比较自由，但朱德熙（1956）曾提出，名词似乎比形容词更适合做定语。在世界范围来看，不少语言的名词做定语却十分受限（Dixon，2004），例如西班牙语，名词充当定语时需要改变形态。如下所示：

(7) a. 学校：escuela
　　　汽车：autobús
　 b. 校车：autobús escolar

西班牙语是定语后置型语言,当"escuela"(学校)在修饰"autobús"(汽车)时,词尾必须出现变化,即增加"-r"。名词做定语要变格是西班牙语的语法规则。而汉语的名词做定语时,只要不产生歧义,几乎不受限制。不过,这里的"不受限制"是指名词做定语的能力很强,但定语名词和被修饰的中心语在韵律结构上会受到一些制约,而且具有强制性。例如:

(8) | 1+1 | 2+1 | 1+2 | 2+2 |
|---|---|---|---|
| 校车 | 学校车 | *校汽车 | 学校汽车 |
| 房门 | 房间门 | *房门窗 | 房间门窗 |
| 书价 | 图书价 | *书价格 | 图书价格 |
| 客源 | 客户源 | *客来源 | 客户来源 |

当被修饰的中心语为单音节时,名词修饰语可单可双;而当中心语是双音节时,名词修饰语可双不可单。但是,汉语的韵律限制和西班牙语的变格限制存在本质上的不同,汉语的韵律只是限制名词如何直接做定语,而西班牙语的变格则是限制名词能不能做定语。换句话说,汉语的韵律限制了名词做定语的方式,西班牙语的变格则限制了名词做定语的可能性。

类似的是,汉语形容词做定语时也会受到韵律的限制。例如:

(9) | 1+1 | 2+1 | 1+2 | 2+2 |
|---|---|---|---|
| 大树 | *高大树 | 大松树 | 高大松树 |
| 冷气 | *寒冷气 | 冷空气 | 寒冷空气 |
| 红车 | *粉红车 | 红汽车 | 粉红汽车 |
| 美景 | *美丽景? | 美风景 | 美丽风景 |

可以看出,当中心语是单音节时,定语形容词可单不可双;当中心语是双音节时,定语形容词可单也可双。同样的道理,汉语的韵律没有限制形容词做定语的可能性,只是限制了做定语的方式。由于韵律规则具有较明显的强制性(在不受更大语境干扰的情况下),所以我们可以把

韵律当作汉语语法规则的一部分。如果以韵律为标准，名词、形容词做定语并非完全自由。相比之下，英语的形容词除了少量唯谓形容词，绝大部分成员做定语时几乎不受任何语法限制，而且做定语也是英语形容词唯一无标记的语法功能。可见，汉语形容词做定语并不具有英语形容词那样的自由度。综合来看，汉语和英语的形容词在语法性质上也不具有等同性。

我们据此可以总结汉语词类的一些特点：（1）名词、形容词在做主宾语时在语法层面不受限制；（2）名词、形容词充当定语时会受到一些韵律限制，定语是附加层的修饰语，需要根据中心语的音节数而做出音节上的匹配；（3）从标记性角度看，形容词可无标记做主宾语，因此形容词也具有名词性。

再看做状语的情况。形容词做状语的能力一直存有争议，学界存在三种差别明显的观点：①形容词通常不能做状语（胡明扬，1987）；②形容词的主要功能之一就是做状语（张志公，1979；赵元任，1968/1979；朱德熙，1985）；③形容词可以做状语，但不够自由（黄伯荣、廖旭东，1991）。

朱德熙（1956；1980）早期曾说，单音形容词做状语很受限，除非变为状态形容词，尤其是重叠式，就可以做状语了。当性质形容词修饰动词时如果出现语义变化，朱先生认为这时候的形容词已经是副词了。例如"直线"中的"直"具有和"曲"相对的意思，经常修饰名词；而"直哭"中的"直"表示"始终"，只做状语修饰动词。朱先生认为前一个"直"是形容词，后一个"直"是副词。从认知视角看，"直"的两个意义具有关联性，是一种隐喻关系。然而，对于这种隐喻的情形朱先生后来在《语法答问》（1985）中提供了更加宽容的选择余地。他说如果认为两个意义不同，那么可以分为两个词类；如果认为两种意义之间有关联，那么也可以把两个词看成同一个词（朱德熙，1985：13—14）。我们支持后一种做法。因为隐喻、转喻是语言表达层面非常普遍的修辞现象，如果仅根据语义出现关联性的变化就分出两个词类，那么汉语词类的划分将会变得极为琐碎和复杂。以经常讨论的名词活用为例，如"这个女人真的很女人"，如果按照语义出现变化就需分类的做法，那么前一个"女人"是名词，第二个"女人"是形容词。但词典通常不会收录

"女人"的第二种词性。如果说这是修辞用法可以特殊分析,那么"直哭"也是修辞,也该特殊分析。如果说"很女人"是临时用法,但实际上这种用法似乎已经十分普遍,况且"临时"怎么定义?所以"语义出现变化就需分类"的做法最终会陷入无休止的争议。我们认为,如果语义存在明显关联,就应该尽量遵照朱德熙先生提出的第二个做法。这样也符合朱先生坚持的简单性原则,并在语法分析中尽量减少语义的干扰。所以只要没有充足的形式证据,形容词修饰动词时并没有转变为副词。

朱德熙(1956/1980)认为形容词做状语受限的另一个原因是有些说法不能成立。请看朱先生提供的以下两组对比:

(10) a. *轻搁/*慢游/*重揍/*紧拿
　　 b. 轻轻地搁/慢慢的游/重重的揍/紧紧地拿着

首先,以上两组的对立只能说明使用语境的问题(如语体等),不能得出"形容词做状语受限"这种抽象的、语法规则上的判断。单音形容词做状语之所以有时不成立并不是个语法问题,而是语义选择限制上的问题。在(10a)中,只要我们换一个动词,单音形容词就可以做状语,例如"轻放、慢跑、重罚、紧握"。我们认为,从语法规则层面看,"形+动"的直接并置是汉语中允许出现的语法结构,因为语法规则不会只严格限制一部分形容词,却又宽容对待另一部分形容词。而且这两部分形容词很可能并没有明显的语义维度上的区别。不能因为有"高唱"但找不到"矮唱"这样的说法,就说形容词一般不能修饰动词或者说形容词做状语很受限。"一般不能""很受限"之类的表述其实多是语义层面的。找不到"矮唱"是语义的搭配问题,不能直接用来反对汉语允许"形+动"的语法规则。再换句话说,汉语的语法不会反对"形+动"的无标记并置,语义上说不说得通并不属于语法的管辖范围(宁春岩,2013)。但语法禁止的,即使语义上说得通也不可接受。例如"张三洗衣服干净了",这句话中国人应该都能听得明白,但汉语语法并不允许"主语+述语+宾语+补语"这个结构,我们也找不到或很难自拟出可被接受的语例。在现实中,汉语的"形+动"已经能够找到相当多的语料以证明其合法性。我们在判断一个形容词能否修饰动词时，实际上经常纠结的是如何给这个形容词找到一个语义上适配的动词，而不会在语法上纠结这个形容词要不要进行形态或句法上的变化。这一点和英语完全不同，英语的形容词如果需要修饰动词，则必须副词化，这是英语必须顾及的语法因素，和语义无关。

不少观点在反驳形容词不能修饰动词时，首先思考的是语义上能否说得通，说不通就认为形容词不能做状语。这种做法完全用语义来判断语法，是一种意义派的思路，也是朱德熙先生一贯反对的。句子的合格性分为语法合格、语义合格和语用合格，语义或语用不合格不是语法不合格。朱德熙（1985）一再强调，语义在语法分析中没有地位。我们支持该观点，因为语义会对抽象的语法分析带来严重的负面干扰。学界在划分词类和分析词类的语法功能时常会出现各种差别显著的观点和判断（如形容词能否做状语的三种观点），很大程度上和语义的干扰因素有关。乔姆斯基（1957：15）曾经用"Colorless green ideas sleep furiously"为例，旨在说明该句在语义上是否可以接受和英语的语法规则并没有关系。这句话在语义上完全不成立，也不能否认英语的形容词可以修饰名词、副词可以修饰动词、主语和谓语需要保持一致关系等。以英语为母语的人即使很难理解这句话的语义，也没人会怀疑它的语法合格性。关键的一个原因是，英语句子结构中的形态特征确保了语法的合格性，抽象的语法规则并不依赖语义。

相比之下，汉语的语法结构缺少形态上的标志，所以我们在进行语法分析时似乎也就缺少了一些形式上的支持。假设汉语所有的形容词可以像曲折语言一样带有一个后缀如"-x"，而且我们事先已经知道汉语中可以说"大-x 叫、高-x 唱、直-x 哭、小-x 看、难-x 写、轻-x 推、横-x 躺、惨-x 叫、快-x 跑、久-x 坐"等，那么当我们看到"矮-x 唱"时，虽然会觉得它在语义上很难理解，但我们是怀疑它的语法合格性有问题还是语义合格性有问题呢？很显然是后者。因为我们的语言经验已经显示，汉语"形-x+动"是个规则允许的语法结构。所以我们不能仅仅因为在语料中或在语感自省时无法为某些形容词找到合适的语义组合就否认"形容词可以修饰动词"的语法规则。况且，汉语中已经存在很多"形+动"的表达结构，也绝不是一两个特例。至于在具体话语中哪些形容词可以和哪些动词在语义上实现搭配，这取决于语法规则之外的多种因素，如语境、认知、心理、文化、经验等。总之，语义搭配受限不能用来反驳抽象的语法规则，因此我们支持张志公（1979）、赵元任（1968/1979）、朱德熙（1985）的观点，形容词可以做状语。我们只有厘清了这些理论上的问题，才能基本确保词类的划分结果是语法范畴，而不是复杂、灵活而充满争议的语义范畴。

再看名词修饰动词的问题。学界也有三种差别迥异的观点：①名词不能做状语（朱德熙，1982）；②名词可以做状语（俞敏，1984）；③名词一般不做状语，只有一小部分名词可以做状语（黄伯荣、廖旭东1991）。

在语义上，充当状语的名词可以表达以下几种隐含的意思：（1）表示比喻"像……一样"，例如"蛇行、牛饮、葛优躺、火箭提拔、直线下降"等；（2）表示动作发生的处所，如"家访、食堂见、窝里斗、市区住、原地等待、背后捅刀、屋里屋外来回溜达"等；（3）表示动作的趋向目标，如"西行、南飞、外调、下探、学校去"等；（4）表示动作的工具或方式。这种情况最普遍，例如"面谈、火烤、水洗、刀切、电驱动、物理降温、绿色出行、微信办公、短信通知、低价买入、邮件举报、徒手搬运、协议离婚、淡水养殖"等；（5）表示动作发生的时间，例如"晨读、夜跑、明天约、来年见、半夜联系、午间闲聊"等；（6）表示动作发生的频率、速度等，例如"月供、秒杀、时刻想念、瞬间倒塌"等；（7）名词性成分修饰形容词时充当空间、尺寸、颜色等属性参照物，如"巴掌大、桌子高、樱桃红、筷子细、三斤重"等。

在古代汉语中，名词修饰动词的语法现象十分普遍，因此以上这些语义结构类型大多早已存在（曾一书，1985）。有的学者提出，随着汉语的发展，名词修饰动词的能力正逐渐转弱，这和介词短语前移、词汇双音化以及谓语趋向复杂都有一定的关系（苏颖，2011）。即使这个趋势为真，我们在现代汉语中，仍然可以很容易地找到能够满足上述 7 种语义类型的状中结构。

虽然存在以上的语言事实，但仍有一些学者认为汉语的绝大部分名词不能做状语。孙德金（1995）根据《HSK 词类等级大纲》发现有 60 个名词可以做状语；张倩（2013）根据《现代汉语词典》进行了统计，能够做状语的名词有 675 个。然而，从这些研究的具体分析过程来看，研究者带有很强的主观性。例如张倩（2013：56）认为，《现代汉语词典》中以字母 A 开头的名词中只有 11 个可以做状语，即"暗中、暗号、暗语、暗箭、暗器、暗下、案板、傲气、凹面镜、安全性、暗地里"。但是我们还可以在《现代汉语词典》中轻易地再找出很多以 A 字母开头的名词可以直接做状语，如"<u>安眠药治疗</u>、<u>安全玻璃制成</u>、<u>安全岛集合</u>、<u>安息日再见</u>、<u>氨水清洗</u>、<u>氨纶造</u>"，等等。而且在以 A 字母开头的名词中，还有很多具有三围空间、重量、颜色等语义概念的名词都能直接修饰形容词，如"<u>暗礁大</u>、<u>鹌鹑大</u>"；还有很多表示地点的名词也都可以直接修饰动作，如"<u>敖包相见</u>、<u>安全线拦停</u>"；很多具有工具、方式属性的名词可以做状语，如"<u>按扣连接</u>、<u>安培计测量</u>、<u>哀乐送行</u>"等。所以说，名词做状语的能产性要远远高于上述研究的分析。由于名词具有丰富的内涵义，因此在语义上只要搭配了合适的动词中心语，便可以凸显出名词的某方面属性义。

鉴于以上事实，汉语在语法规则上并不排斥"名 + 动"无标记并置的修饰结构，名词修饰动词时无需形态或句法上的变化。我们同意俞敏（1984）的观点，名词可以做状语。所谓的"名词不能做状语"或"名词做状语受限"本质也是语义问题，这和上文中形容词修饰动词的情况几乎一样。相比之下，英语的名词就无法直接修饰动词，这才是真正的语法限制。除非英语名词借助句法手段才可修饰动词，例如通过介词以显示名词与动词的语义关系，如"move like a snake（蛇行）""cut with a knife（刀切）""meet at the canteen（食堂见）"等。

有的观点提出，这些能做状语的名词可以算是名副兼类或者副词化了，如"原则同意"中的"原则"是名副兼类（孙德金，1995：95）；而"暗中支持"中的"暗中"虽然在词典中是名词，但由于其语义抽象，因此已经语法化为副词了，即副词化（张倩，2013：46）。我们认为这些分析只看重局部而忽视了整体，因为名副兼类和副词化的理论前提是名动分立。如果认为"原则同意、暗中支持"是"副词 + 动词"的状中结构，那么以下语例该如何分析？

(11) a. 中国足球协会提出在亚洲足联内成立女子足球委员会的提案得到各会员协会的支持和大会的<u>原则同意</u>。(《人民日报》1984 年 4 月 11 日)

b. 在由台胞吴昌明先生独资经营的北京圆山大酒店内,"开设大陆首座合法赌场",并"已获北京市的<u>原则同意</u>"。(《人民日报》1993 年 1 月 30 日)

(12) a. 在党内斗争中,贝林得到佩雷斯的<u>暗中支持</u>。(《人民日报》1997 年 6 月 9 日)

b. 没有我们 QS 公司的<u>暗中支持</u>,就没有今天的可喜成果!(梁晓声《尾巴》)

例句中的"原则同意"和"暗中支持"都是宾语,而且都受到名词性领有成分的修饰,如"大会的原则同意"。由于领有结构的中心语都是名词性成分(Heine,1997),如果承认做宾语的"原则同意、暗中支持"是名词性的,那么"原则、暗中"又回到了名词身份。可一旦"原则同意、暗中支持"在句子中独立做谓语,如"我们原则同意、他们暗中支持",那么"原则、暗中"又变成了副词。"原则、暗中"副词化的说法类似于把"这本书的出版"中的"出版"说成零形式名词化,既缺乏形式上的证据,又凭空增添了假设,最终导致结构分析中的结论不统一。

另外,"名词语法化为副词"的观点也仅仅依靠语义分析,没有任何形式上的证明,而且即使语义分析也显得不够充分。因为"暗中"做名词时的语义和"暗中"修饰动词时的语义似乎很难察觉是否存在语义虚化,例如"暗中保护"中的"暗中"和其本义相比,有多大程度的虚化?我们总不能说,当"暗中保护"的"暗中"是本义(即"<u>在黑暗中保护</u>")时,它是名词,而当"暗中"是隐喻义(即"<u>偷偷地保护</u>")时,那它又成了副词。这就意味着同一个"暗中保护"可以存在两种不同的词类分析,这本质上是用语义在判断词类。而且,隐喻义也不一定都是语义虚化。按照上述方式,词类划分就陷入了很难把握的语义分析了,分类的结果也必然都是语义范畴,而不是语法范畴。如果推而广之,那么无数的词项都可分为好几类。还有重要的一点是,"暗中"不管是本义还是隐喻义,都具有很强的名词性。例如:

(13) a. 周乐身边有一个蒙面少女，一个老者，同站在凝重的暗中。（陈毅聪《新游侠列传》）
b. 看来李世民的定力倒是很好，想必他已感觉到我在暗中。（刘铮《凤凰琴》）

（13a）中的"暗中"显然是名词性的，而（13b）中的"暗中"可以是本义也可以是隐喻义，但不影响它的名词性。此外，"暗中"和真正的副词（如"马上支持"）也有明显的差别，因为"马上"不具有名词性，也不能做主宾语。

总之，当修饰谓词性成分时名词并不是兼类，也没有副词化。由于汉语的动词是动态名词，那么"名词+动词"的修饰结构是名词性的定中结构，因此可以做主宾语。同样的道理，汉语的"形容词+动词"也不是状中而是定中，形容词不是形副兼类或者副词化了。兼类说和词性转变说只会导致依句辨品和理论上的不自洽。正是由于以往的研究中过多地牵涉了语义分析，才导致在判断形容词、名词能否做状语时出现了三种完全不同的观点。

以上讨论涉及了词类划分的重要本质问题，所以需要逐一澄清。汉语的名词和动词是大名词，是个没有分化的柔性词类。所以在逻辑上，名词、形容词既然都可以修饰名词，那么也就能修饰动词，因为动词也是一种名词。只不过名词、形容词修饰动词时，在语义上会存在更加挑剔的选择关系。现在根据词类判断的主次要标准，我们重新描述名词和形容词的词类关系，如图7—2所示。

形容词和名词都能做主宾语，但在谓语功能上呈现一定的差别，因此这种扭曲对应形成了包含关系。我们第五章第四节曾说明，汉语的名词、动词之间是语用型单向柔性，或者是语用型包含模式，因为名词做谓语受到的是语用限制（即图中的虚线关系），而非严格的句法限制。汉语名词、动词的关系和名词、形容词的关系一致，因此形成了"名形包含"。另外，在附加功能上，名词和形容词没有语法上的区别。从词类的演化过程来看，汉语能进入定语、状语句法位置的成分尚未成为独立的、分化的词类。也就是说，汉语的大名词尚未语法化出真正独立的形容词和方式副词（manner adverbs）（有关方式副词的分析详见本章第4.3和

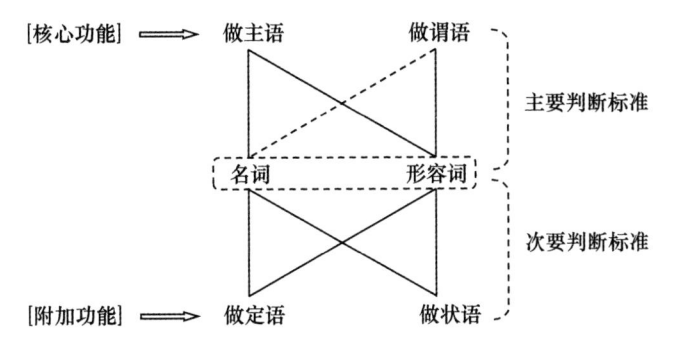

```
[核心功能] ⟹  做主语      做谓语  ⎫
                 ╲╱              ⎪ 主要判断标准
                 ╱╲              ⎪
              名词 ─── 形容词    ⎬
                 ╲╱              ⎪ 次要判断标准
                 ╱╲              ⎪
[附加功能] ⟹  做定语      做状语  ⎭
```

图 7—2　汉语名词、形容词的词类关系和功能分布

4.4节）。传统上所谓的"形容词"和"方式副词"其实仍然是名词。总之，汉语并没有英语中的形容词，"形容词"这个带有印欧语眼光的词类标签并不符合汉语的实际情况。这种现象也并非汉语所特有，同类型语言如瓦劳语等也是如此。

4.3　形容词和副词

就目前的词类划分来看，副词在汉语中是个比较特殊的词类。之所以特殊是因为副词的成员比较复杂。吕叔湘（1979：36）曾说，汉语的副词是个大杂烩，需要内部分类。英语的副词在语义上也同样复杂，副词所修饰的对象也十分多样。Quirk 等（1985：438）曾指出，英语副词的内部具有异质性；副词是个模糊的、令人困惑的词类。所以在做跨语言的词类调查时，Hengeveld（1992a；1992b）只关注那些专门修饰动词的方式副词。而有些副词诸如"firstly、personally、only、also、too、however、very、generally"等都被 Hengeveld 排除在外，因为它们之中有的起到语篇的衔接和连贯作用，有的表达说话人的主观情态，有的表达程度等。而且这些副词修饰的成分和谓语动词的关系并不大。

汉语和英语类似，副词的种类较多。朱德熙（1982）将汉语中的副词分为五类：重叠式副词、范围副词、程度副词、时间副词和否定副词。这个分类的特殊之处是，只有重叠副词是从构词方式上讲的，而其他副词都是从功能上讲的。如例（14）所示：

(14) a. 重叠式副词：好好、快快、细细、紧紧
　　 b. 范围副词：都、也、就、只
　　 c. 程度副词：很、挺、非常
　　 d. 时间副词：马上、刚、已经
　　 e. 否定副词：不

如果按照 Hengeveld 的标准，只有 a 类重叠式副词最接近方式副词，因为它们都可以描述动作，例如"快快走、慢慢嚼、紧紧抓住"，而其他四类副词则不太一样。朱德熙（1982：194—200）说，范围副词"都"等是表示它前边词语的范围；程度副词"很""稍微"等主要表示程度上的差别；时间副词"马上""已经"等主要表示与时间相关的概念；否定副词"不"是对某种意愿的否定。更重要的是，朱德熙先生还指出重叠式副词的语法功能也很丰富。相比较而言，其他四类副词的语法功能却显得十分单一，只能充当状语。所以从词类划分来看，它们是最纯粹的副词，或者叫"单纯副词"。由于我们关注的对象是词类，而非词的语义，所以根据语法功能可将汉语的副词总体上只分为两类：重叠式副词和单纯副词。我们将把形容词和这两类副词分别做对比和分析。

重叠式副词中，"好好""快快"等都是形容词通过重叠而形成的。当然，动词也可以重叠并修饰动作，如"蹦蹦跳跳地上楼"。从形式上看，朱德熙先生所说的重叠式副词和汉语的状态形容词一致。只不过当这些重叠式修饰动词时，朱先生将它们重新命名为状态副词。重叠式修饰动词在其他语言中也很常见。在印度的加罗语（Garo）中大量的动词重叠式可以充当副词。例如（引自 Burling，2004：101，267）：

(15) a. jrip-jiang
　　　　'无声地，安静地'
　　 b. ka'sine-ka'sine
　　　　'缓慢地'

Hengeveld & Lier（2010：136）将加罗语的这类动词重叠式归为方式副词，因为它们的主要功能就是修饰动词，因此可看作独立的副词。而

汉语的重叠式明显不够独立，朱德熙（1982：194—195）曾对重叠式副词做了特殊说明，"好好""快快"等加上"的"以后除了做状语之外，还能做定语、谓语或补语。例如：

(16) a. 好好的书
　　 b. 这件毛衣好好的，拆它干嘛？
　　 c. 睡得好好的

重叠式副词和状态形容词的结构是一样的，可通过形容词词根进行各种类型的重叠派生，如"AA"式、"ABB"式、"AABB"式以及"A里AB"式等（朱德熙，1956；1980）。在语义上，不管形容词如何重叠，都可以描述静态的事物或动态的动作，如以下各例中 a 句和 b 句的对比。所以说，区分状态形容词和重叠式副词似乎没有必要，否则就成了依句辨品。

(17) a. 桂英当走出大门的时候，故意高声问秋云道："我要找个<u>快快的车</u>坐了回去，到家以后，我还要写两封信呢。"（张恨水《欢喜冤家》）
　　 b. 她回答。"哼！开了炮，还不<u>快快的回来</u>！瑞丰和他的那个疯娘们呢？"（老舍《四世同堂》）
(18) a. 朦胧的泪眼中，只有金色的阳光照耀着这个永恒的、<u>静悄悄的小山湾</u>。（路遥《平凡的世界》）
　　 b. <u>静悄悄的坐了</u>半晌，坐得不耐烦起来的时候，他又想跑出外面去……（郁达夫《沉沦》）
(19) a. 烦人的等待终于结束了，<u>热热闹闹的时刻</u>终于来到了。（莫言《檀香刑》）
　　 b. 刘四爷，因为庆九，要<u>热热闹闹的办回事</u>，所以第一要搭个体面的棚。（老舍《骆驼祥子》）
(20) a. 和这里的人有来往，这就相熟了。一个<u>糊里糊涂的滥好人</u>，喜欢凑一下热闹。（茅盾《腐蚀》）
　　 b. <u>糊里糊涂的喝了</u>几口酒，吃了两三筷菜，伙计又把一盘生翅汤送了上来。（郁达夫《过去》）

汉语中存在大量的重叠式，这也是汉藏语系的一个特点。英语中鲜有重叠式结构，但有其他方式可以实现类似重叠式的语义表达。Lakoff & Johnson（1980：127）指出，英语可以通过延长单词元音的方式来表达程度义。如例（21）：

(21) a. He is very tall.
　　 b. He is bi-i-i-i-ig!

在（21b）句中，"bi-i-i-i-ig"的元音被刻意延长。Lakoff & Johnson 认为"bi-i-i-i-ig"在语义上和（21a）句中的"very tall"基本相当。但是英语中的这种现象并不具备高产性，而汉语重叠式的来源和数量显然更为丰富。根据已有的研究（张谊生，2000；蔡淑美、施春宏，2007；华玉明，2008；石锓，2010；沈家煊，2011b），汉语的名、动、形、副都可以重叠并修饰名词或动词，而且重叠式还具有其他语法功能。鉴于此，汉语的重叠式副词不能算是真正的副词，应该和重叠式状态形容词归为一类。重叠式副词和状态形容词都已经超出它们的名称所赋予的内涵，我们会在形容词的内部划分中再进行详细分析（详见第八章）。

此节需要和形容词做比较的是单纯副词。单纯副词就是朱德熙先生提到的范围副词、程度副词、时间副词和否定副词。单纯副词和形容词在语法功能上差别十分明显，我们很难发现单纯副词可以直接充当主宾语或谓语。因此单纯副词的语法功能就是做状语，因此也可被名正言顺地称为副词。在汉语这样的柔性词类系统中，主谓功能是判断词类的主要标准。根据词类的演化规律（Heine & Kuteva，2002；Heine，2011）以及汉语的历时研究（黄珊，1996；杨荣祥，1998；周生亚，2018），副词起源于名词或动词。如果现代汉语的单纯副词不具备主谓语的功能，说明它们已经从大名词中分化独立出来了。不过，汉语单纯副词的独立和英语副词的独立存在性质上的不同。英语副词的独立是相对于名词、动词、形容词而言的，所以英语是四分模式。而汉语单纯副词的独立是相对于大名词而言的。如果暂不考虑大量重叠式的话，汉语词类是二分模式，即大名词和单纯副词。

朱德熙（1982：192）在《语法讲义》中将副词定性为只能充当状语

的成分，副词是粘着的，不能单独成句。朱先生在解释如何区分定语和状语时说，体词性成分前边的修饰语是定语，谓词性成分前边的修饰语是状语。定语和状语的界限似乎十分清楚，但实际上它们的区分并不这么简单。这是因为：第一、体词性成分有时受状语修饰，如"刚星期三、就五个人"；第二、谓词性成分有时受定语修饰，如"群众的支持、温度的下降"。可见我们不能光凭中心语的性质来区分定语和状语。除了中心语的性质，我们还要考虑修饰语的性质以及整个偏正结构所处的语法位置（朱德熙，1982：140—141）。不过，朱先生在《语法讲义》中没有继续进行解释和说明。

根据朱先生的分析，中心语的词类对区别定语和状语的作用并不大。同样，定语和状语的词类对区分中心语的作用也不大。那么还有一个判断方法，即整个偏正结构的语法位置。但朱先生认为动词做主宾语时还是动词。那么按照这个观点，我们无法根据偏正结构的语法位置来判断偏正结构到底是定中还是状中，因为动词不管做主宾语还是谓语，都是动词。语法位置对偏正结构中心语的性质完全不起约束作用。所以说如何区分定语和状语，需要改变现有的词类划分的思路。

为了解决以上问题，我们支持朱先生曾经提出的两个观点：一、副词只能做状语，是粘着性的成分，不能单独成句；二、状语既可以修饰体词也可以修饰谓词。我们再补充一个解决问题的切入点：汉语的动词是动态名词。第一个观点中，"副词'只能'做状语"意味着汉语中有一类词已经分化出来，即副词。第二个观点说明，偏正结构的中心语不决定修饰语的语法性质（即定语还是状语）。我们补充的观点说明：汉语的定中和状中都是名词性的。那么，汉语定语和状语的区分就变得简单了。在汉语的偏正结构中，如果修饰语是粘着性的，那么是状语，而其他修饰语则是定语。我们用表7—3进行对比说明：

表 7—3　　　　　　　汉语定中和状中的区分

修饰语的词类	体词性中心语	谓词性中心语	结构性质
名词	本周的星期三	本周的出发	定中
动词	期盼的星期三	期盼的出发	
形容词	快乐的星期三	快乐的出发	
副词	刚星期三	刚出发	状中

从表中对比可以看出，不管是体词性还是谓词性中心语，它们之前的修饰语都是平行的，所以依据中心语无法区分定语和状语。同样，依据修饰语也判断不了中心语是体词性的还是谓词性的。如果换个角度观察，在所有的修饰语中，只有副词是粘着性的。除了修饰功能，副词再没有其他的语法功能。相比之下，充当修饰语的名词、动词、形容词仍然具有其他语法功能。这就体现了状语和定语的区别。因此，汉语中的副词是只能做状语的词；副词是一类粘着的、只有修饰功能的词。

副词可以修饰名词，这并不是汉语的特点。根据 Quirk 等（1985：439—452）的观点，在形态上英语的副词分为三类：简单副词（如"only、also"）、复合副词（如"afterwards、however"）和派生副词（如"possibly、kindly"）。前两类是闭合类副词，成员有限；而最后一类成员数量巨大。在语法功能上，英语的副词也十分强大，修饰的对象包括小句、动词、名词、形容词、副词、小品词、介词性副词、介词、代词、限定词、数词。鉴于英语副词的高度复杂的语法功能，有的英语语言学家将副词定义为"不属于其他词类定义的词"（Quirk et al., 1985：438）。这种做法显然实属无奈之举。英语副词所修饰的对象太多，以至于语言学家无法为副词下定义。但是学界对汉语的副词可以修饰名词的现象却不够重视，因而有的观点认为，在名词谓语句中副词表面上是修饰名词性谓语，但其实是在修饰被省略的谓语动词（陈刚，2012）。也就是说，在例（22）中副词之后被认为是省略了动词。

（22）他也黄头发/这双鞋就三十块/书架上才两本书

如"他也黄头发"是"他也是黄头发"的省略形式。其实这是在以印欧语的眼光在看汉语：因为英语的谓语有动词，所以汉语的谓语也应该有动词；如果动词没有出现，那就是被省略了。赵元任（1979：56）就曾批评说，在语法分析时要尽量少说"省了字"，因为有的表达如"今天下午体操"到底是省略了"有"还是"上"还是"教"，这是说不清的问题。吕叔湘（1979：67—68）也反对滥用"省略"说，他提出省略的前提是填补的词语只有一种可能。上例中的"他也黄头发"到底省略了"是"还是"有"，可能并不好确定。同样，"这双鞋就三十块"是省略了"值"还是"花"？"书架上才两本书"是省略了"有"还是"放"？这些问题也都不好回答。所以，如果认为副词是修饰被省略的动词，也就间接认为汉语的名词不能被副词修饰。这并不符合汉语的实际情况。汉语名词谓语句的类型十分丰富（陈满华2008），我们几乎可以在所有充当谓语的名词性成分之前加上一个副词性状语。例如：

(23) 今天（也）晴天。/昨天（刚）春节。/你（才）笨蛋。/你（究竟）谁啊？/芳龄（也就）二十三。/你家（到底）几口人？/院子里（已经）一片漆黑。/我们（也）跟他一条心。/他儿子（都）大老板了。/现在（才）什么季节？

而且，只要语义合格，"副词+动词性成分"和"副词+名词性成分"具有结构上的平行性。如下面两组对比：

(24) 动词谓语句　　　　　名词谓语句
他也去。　　　　　　他也三年级了。
他马上去。　　　　　他马上三年级了。
他还去。　　　　　　他还三年级呢，因为留了一级。
他才去。　　　　　　他才三年级，当兵还早。
他都去了，你不去？　他都三年级了，还不会系鞋带？
他总去。　　　　　　他总三年级，怎么回事？
他就去。　　　　　　他就三年级啊，我没骗你。
他不去。　　　　　　*他不三年级了。

以上对比中有一个不同之处，即名词不能像动词一样受副词"不"否定。但这并不能否认名词、动词在被副词修饰时是基本平行一致的。按照分清主次原则，修饰名词也是副词的语法功能之一。那就自然意味着状中结构具有名词性。

根据以上关于定语和状语的论述，由于形容词修饰动词本来就是定中而不是状中，为了避免描述不便，我们在图 7—3 中继续使用"修饰名词"和"修饰动词"来代替"做定语"和"做状语"。

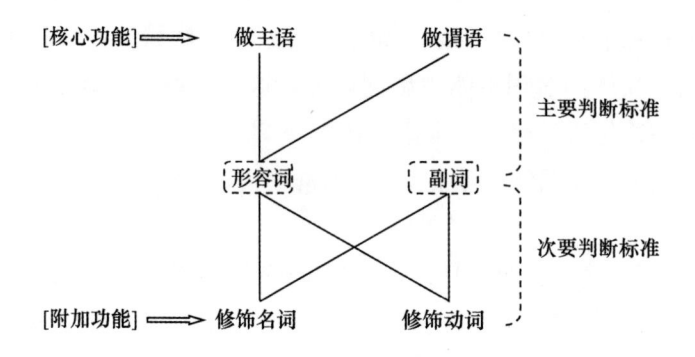

图 7—3　汉语形容词、副词的词类关系和功能分布

注：形容词修饰名词、动词时构成定中结构；副词修饰名词、动词时构成状中结构。

汉语的形容词和副词在主要核心功能上没有重合，说明形容词仍未从大名词中分化出来，而副词是已经独立的、分化的词类。前文曾说明，汉语副词演化的源头主要是名词、动词和形容词（黄珊，1996；杨荣祥，1998；周生亚，2018）。我们判断，由于副词的语义通常十分抽象，因此容易和名词、动词、形容词（既大名词）实现语法上的脱离。在图 7—3 的附加功能中，形容词和副词都能修饰名词和动词，但整个偏正结构的性质并不一样，即定中或状中的区别。英语也有类似情形，形容词和副词都能修饰名词，例如"good man"和"only man"，前者是定中，后者是状中。只不过汉语的名词还包含了动态名词而已。

第五节　汉语词类系统的两种关系

以上分别分析了形容词和名词、动词、副词之间的词类关系，我们可以得到以下结论：汉语的大名词包含传统动词，而传统动词和形容词并列。陈刚（2013）曾将汉语名、动、形的关系用图7—4来说明，即汉语的词类是双重包含：名动包含和动形包含。

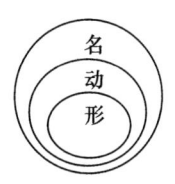

图7—4　汉语词类的双重包含模式

然而，图7—4这个模式存在一些问题：一、表述有误导之处。名动包含的"名"并非图中的"名"，而是指大名词，是"名+动+形"之和。同样，动形包含中的"动"也不是图中的"动"，而是指"动+形"之和。二、词类关系在逻辑上有问题。因为上图中名动包含和动形包含的"包含"并非同一个含义。名动包含是通过主谓功能的扭曲对应而得到的结论，是一种功能包含。而动词和形容词在主谓功能上完全重合，并不存在扭曲对应，因此无法得出图7—4中的动形包含模式。根据主谓功能，形容词和动词应属于并列关系，只不过它们在次要功能上有一定的区别（如动词不做状语）。

汉语的形容词是弱及物性的动词，可直接做定语和做谓语。而动词又属于一种名词，所以形容词的最终属性是一种名词。在大名词的框架中，传统动词被称为"动态名词"。为了保持传统动词和形容词的并列关系，我们将"传统动词"和"形容词"分别重新命名为"动态动名词"和"属性动名词"，它们共同构成汉语的"动性名词"。那么汉语名、动、形的词类关系应该如图7—5所示。

新的词类模式遵循统一的功能分类标准。具体来说：①动态动名词（传统动词）和属性动名词（传统形容词）的核心功能一致，都具有动性，但及物性有强弱之分，它们并列构成动性名词；②传统名词和动性名词在主谓功能上呈现扭曲对应的关系，因而具有包含关系，并共同构成大名词；③大名词和副词相比，前者是汉语中独立的柔性词类，其内部成员没有分化出足以独立的名词、动词和形容词，不过它们之间仍然

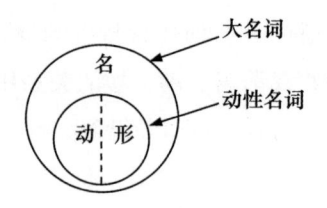

图 7—5　汉语词类的新包含模式

表现出有限的次要区别。图 7—5 的词类模式在整体上遵循了分清主次和简单性原则，以重要的核心功能为依据勾勒汉语词类的主要特征，并兼顾了一些次要功能，显示了大名词内部的有限区分。

再看大名词和副词的关系。我们把重叠式副词排除在外，因为这类词和单纯副词的差别十分明显。这里所说的副词只限于朱德熙先生提出的范围副词、时间副词、程度副词等单纯副词。由于大名词和副词在主谓核心功能上没有重合，而且副词只能做状语，因此副词已经从大名词中分化出来，成为和大名词相对立的词类。汉语的副词也是个相对闭合的词类，所以成员比较有限。图 7—6 可以说明大名词和副词之间的词类和功能关系。

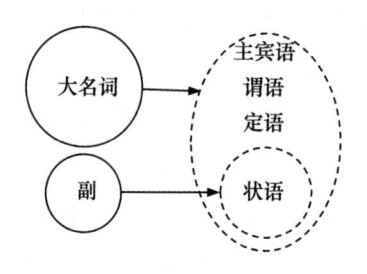

图 7—6　大名词和副词的词类关系

根据图 7—6，大名词的内部成员涉及了所有的词类功能，而副词只能做状语，因此大名词和副词的关系是词类分立、功能包含。

现将汉语的词类问题总结如下。汉语中存在两种词类关系：第一种关系是"词类包含、功能有别"。汉语的大名词虽然包含动词和形容词，动词、形容词是动性名词，但在谓语功能上动性名词和传统名词还存在一些有限的差别，所以汉语并非名动不分。正如沈家煊（2009）所说的，汉语中名词和动词的关系就像人（man）和女人（woman）的关系一样。张伯江（2015：345）也指出，中国人有名动区分的意识，但不是印欧语那种名动分立的意识。

汉语词类的第二种关系是"词类分立、功能包含"。汉语的大名词涵盖四个主要语法功能，而副词只具备单一功能。名、动、形虽有一定的区别，但总体上尚未完全分化。副词在历史上出现得最晚，却分化独立得最早（周生亚，2018）。大名词和副词的关系类似电脑和计算器的关系，计算器功能单一只能计算，而电脑既能计算也能上网，所以电脑和计算器是形式分立但功能包含。大名词和副词的关系也大致如此。

第八章

形容词的分类

第一节 传统分类

朱德熙（1980：3）将汉语的形容词分为简单形式形容词和复杂形式形容词。朱先生后来又将这两类形容词重新命名为性质形容词和状态形容词（朱德熙，1982：73）。性质形容词包括：①单音节形容词，如"大、红、好、快"；②一般双音节形容词，如"大方、干净、规矩、伟大"。状态形容词包括：①单音节形容词的重叠式，如"小小儿的"；②双音节形容词的重叠式，如"干干净净"；③"煞白、冰凉、通红、喷香、粉碎、稀烂、精光"等带有词头的形容词；④带后缀的形容词，包括"ABB"式，如"黑乎乎、绿油油"；"A里BC"式，如"脏里呱唧"；"A不BC"式，如"灰不溜秋"等；⑤"程度副词＋形容词＋的"结构，如"挺好的、怪小的"。

朱先生在说明性质形容词和状态形容词的语法功能时说，这两类词有很大差别。性质形容词做修饰语时远不如状态形容词自由（朱德熙，1982：73—75），例如：

性质形容词做定语		状态形容词做定语
贵东西	？贵手绢儿	挺贵的手绢儿
薄纸	？薄灰尘	薄薄的灰尘
脏衣服	？脏糖	脏里呱唧的糖
窄心眼儿	？窄布	很窄的布

其实，性质形容词做定语时受到的限制（如"贵手绢儿"）并非语法层面的，是语义或认知层面的（赵元任，1968/1979；张敏，1998）。从标记性的角度来看，以上两组的差别主要是状态形容词做定语时通常要带标记"的"（沈家煊，1997）。状态形容词通常带"的"做定语，也可以用Hengeveld所提出的"是否采用其他手段"为判断依据（详见第二章第2.1.2节），如果按照这个标准，那么状态形容词可能不是典型的形容词。

朱德熙（1982：75）认为性质形容词和状态形容词在做状语时也有差别，例如"*轻搁、*慢游"和"轻轻地搁、慢慢地游"。朱先生还说，性质形容词和状态形容词在做谓语时也是对立的。性质形容词单独做谓语有比较或对照的意思，但状态形容词做谓语没有这种情况。此外，性质形容词做谓语表示事物的恒久属性，是静态的；而状态形容词做谓语表示暂时的，是动态的（朱德熙，1982：104）。

Huang（2006：343）也提出，性质形容词和状态形容词不管做定语还是做谓语时，经常显示互补分布的状况。从词内结构来看，状态形容词多是由性质形容词派生而来。张斌（2008：305—306）在《新编现代汉语（第二版）》中分别为性质形容词和状态形容词下了不同的定义：形容词可以分为两大类，一类能用"不"否定，能加"很"表示程度，大多能直接修饰名词，是性质形容词；另一类具有表示程度的构词形式，是状态形容词。

的确，从形态角度看，状态形容词大多是性质形容词经过形式变化的结果。前文曾介绍，朱德熙先生提出的第①、②类状态形容词都是由性质形容词重叠而成的；第③、④类都是性质形容词通过添加前后缀的方式派生而成；只有第⑤类"程度副词+形容词+的"比较特殊，从结构上看并不算是词，因为该结构可以进一步扩展，如"挺好的→挺不好的"。所以严格语义上讲，第⑤类和其他几类状态形容词在语法性质上并不一样，或者说，第⑤类不能算是词。

从以上学者的观点可以发现一个问题：既然性质形容词和状态形容词都是形容词，那么它们为什么会有如此明显的差异？朱德熙（1985）曾强调，词类划分要以语法功能为标准。很显然，性质形容词和状态形容词不论在语法功能还是形态上都有明显的区别甚至对立。那么从词类划分的角度看，性质形容词和状态形容词并不能归为一类。但一直以来学界似乎并没有对状态形容词的词类身份产生过多的质疑，可能原因是：状态形容词派生于性质形容词，而且语义没有出现显著的区别性变化（大多是程度义上的变化），所以它们自然成为一类。如果该原因为真的话，那么这种词类的判断方法明显有误，因为词类划分走向了意义派的做法，违背了朱德熙先生所主张的"词类划分要依靠语法功能"。

总之，汉语形容词的内部划分值得重新思考和分析。如果从形容词的原型功能来看，状态形容词的形容词身份显然令人怀疑，但是如何处理这类词，是个需要考虑的全局性问题。我们将在本章第三节进行详细分析和论证。

第二节　关于"很"的误区

能否被"很"修饰，是判断形容词的一个常用的标准。贺阳（1996：150）认为，能被程度副词修饰是性质形容词的普遍特征，还找不到其他更具普遍性的特征来作为形容词的区别性特征。不过我们认为，这条标准的可靠性可能需要重新审视，即使在英语中，"能否受程度副词修饰"也非十分可靠，要视具体程度词而定。

2.1　"很"和"very"的语法性质及差别

在英语中，副词"very"不能直接修饰名词和动词，所以自然可以用"very"把形容词和名词、动词区别开来。但需要注意的是，"very"虽然在语义上基本等同于汉语的副词"很"，但是"very"在英语中却是个特殊的程度副词，它和英语中绝大部分的程度副词在组合能力上存在明显不同。例如"extremely、completely、considerably、relatively、somewhat"等程度副词除了可以修饰形容词，还可以直接修饰动词、副词、介词短语等，所以大部分的程度副词无法用来可靠地判定中心语的词类。正是因为"very"和其他程度副词不同，所以它被英语语法学家单独用作判断形容词的标准之一（Quirk et al., 1985：402—403）。相比之下，汉语的"很"与其他程度副词并没有这种区分，能够被"很"修饰也就能被其他程度（副）词修饰。我们用"很""极其"为例，并和英语的"very、extremely"进行对比。如表8—1所示：

表8—1　汉语"很、极其"和英语"very、extremely"的组合能力对比

	汉语		英语	
修饰形容词	很高	极其高	very tall	extremely tall
修饰动词	很支持	极其支持	* very support	extremely support

很明显，汉语"很、极其"的组合能力一致，既可以修饰形容词也可以修饰动词。而英语的"very、extremely"的组合能力不同。"very"可修饰形容词，但不能修饰动词。相比之下，"extremely"既可以修饰形容词也可以修饰动词，所以程度副词并不是一定和形容词类捆绑在一起的，而是和具有可被度量语义的词有关联。如果非要使用"very"来修饰动词，那只能说成"support…very much"，事实上"very"修饰的是"much"。可见，英语中的"very"是一个特殊的程度副词，因为它可以区别中心语的词类。但汉语的"很"并不具备"very"的特殊能力，"很"反而和"extremely"更近似，因为两者都无法区别中心语的词类。所以把程度副词用作测试形容词的普遍性的区别性特征在汉语中可能并不一定有效，不是世界上每种语言的程度词中都有一个特殊的"very"。

2.2　程度副词的选择性限制

程度（副）词对中心语的词类具有什么样的选择要求？这是个需要回答的问题。我们仍然从英汉对比开始说起。英语的名词如"beauty"可以做主宾语，但如果要做定语，则需添加派生后缀变为"beautiful"；如果"beauty"要做状语，则需添加后缀变为"beautifully"。请见以下例句：

（1）a. Beauty is skin-deep.（主语）
　　　b. The beautiful flowers were put on the table.（定语）
　　　c. The room was beautifully decorated.（状语）

而汉语的名词"漂亮"无论做主宾语、定语、状语都无需形态变化。例如：

(2) a. 一个"纬缩"就是一个小疵点,影响布面的<u>漂亮</u>。(主宾语)(《人民日报》1964 年 5 月 20 日)
　　b. 大庆市的几个<u>漂亮</u>广场都是他们干的,那上面凝聚着许许多多精神题材的故事。(定语)(《人民日报》1989 年 12 月 21 日)
　　c. 香港社会对"一国两制"和基本法的理解得以加深,或许不失为香港<u>漂亮</u>转身的契机。(状语)(《人民日报海外版》2015 年 12 月 28 日)

由于"漂亮"能够做主宾语,所以它是名词。根据汉语的词类演化(周生亚,2018),"漂亮"并未分化出相应的形容词或副词形式,所以名词"漂亮"做定语和状语是其附加功能。之所以在很多人的直觉中它像个形容词,主要因为它可以被程度词修饰,如"很漂亮"。需要注意的是,能够被程度词修饰是因为"漂亮"表示属性义,并不是因为它是形容词。认为只有形容词才能被程度副词修饰,这是一种误解,程度副词本来就不是和形容词捆绑的。如上文所言,就连英语这样具有分化词类系统的语言,能够被程度副词修饰的成分也十分多样化,包括形容词、名词、副词、介词短语以及动词。它们的共同特点是:在语义的某个方面可被度量(gradable)。如例(3)所示:

(3) a. 程度副词修饰名词:<u>too</u> red
　　b. 程度副词修饰形容词:<u>infinitely</u> beautiful/<u>extremely</u> ugly
　　c. 程度副词修饰副词:<u>very</u> beautifully/<u>somewhat</u> hesitatively
　　d. 程度副词修饰介词短语:Tim is <u>too</u> into the new gadget/His English is <u>quite</u> above the average level.
　　e. 程度副词修饰动词:<u>deeply</u> love the song/<u>largely</u> depend on him

需要解释的是,例(3)a 中的"red"本来就是名词。根据《词源》(*Word Origins*)(Ayto,2005)的解释,"red"一词来源于史前印欧语"reudh",是颜色的名称(colour term)。由于这个表示单纯属性的名词明显具有可度量性，因此可被程度词修饰。为了和其他形容词保持一致，"red"被传统语法归为形容词。所以在现代英语词典中，"red"被同时标注了两个词性：名词和形容词。不过，英语的程度副词也只能修饰少量的颜色名词，绝大部分名词不能被程度词修饰。但例（3）可以清楚地显示：程度词对词义的可度量性较为敏感，对被修饰对象的词类并不敏感。况且，在很多柔性语言中，根本不存在独立的形容词，如果认为只有形容词才能被程度副词修饰，那么是否意味着在柔性语言中就无法表达属性的程度义了？

在汉语这样的柔性语言中，"漂亮、高、冷、累"等本质是一种表示单纯属性的名词。由于它们具有可度量性，因此可以被程度副词"很"修饰。而且"很+形容词"仍然具有名词性，可以做主宾语。例如：

(4) 顾秋水实在很累。很累为了谁？还不是为了不伤叶莲子的心。（张洁《无字》）

然而传统语法将"漂亮、高"等属性名词划归为形容词，显然十分看重"很"的参考作用，更把"很"和形容词类捆绑起来，却忽视了这些表达属性的词（即形容词）在宏观上所表现的名词性。虽然属性词最容易被度量，但只要有表达的需要，汉语中大量传统名词和动词也可以被度量。在一些文献（王启龙，2003；崔艳蕾，2004；郑怀德、孟庆海，2010）中，很多名词性或动词性成分因为能被"很"修饰而都被归为形容词，例如名词"科学、系统、低能、理智、热心、伤感、快意、幸福、冷血、规矩"等，以及动词"进步、开放、紧张、激动、难过"等。这些被归为形容词的词项显然仍是典型的名词或动词。而且还有很多传统动词虽然未被归为形容词，但同样也能被"很"修饰，如"抵制、依靠、敌对、支持、压抑、想、成功、抱歉、失望、讨厌、希望、费劲、藐视、仰望、尊重"等。之所以这些名词、动词能够被"很"修饰，是因为它们自身隐含了可被度量的属性。或者说，名词或动词涉及的语义场（semantic field）中的某个语义特征可以被度量。Jespersen（1924/1992：75ff）指出，名词含有很多不同的属性，而形容词只是表达单个属性。如果仅仅因为名词和动词可被程度副词修饰就认为它们是形容词，那么我们同样有理由将形容词、动词都定性为名词，因为它们都能做主宾语。可见，如果我们过于强调"很"在词类判断中的重要性，那么汉语形容词的范畴成员会大大增加，词类划分也会成为难以把握的主观行为。

还有一点十分重要，能被程度副词修饰并不是形容词的必备特征。例如英语中的"directional、foreign、educational、plastic、chemical、conditional"等不能被程度副词修饰，但它们却是典型的形容词，都可以直接做定语，而且这类形容词的成员数量巨大。所以 Hengeveld 在解释形容词的关键语法特征时，只提出了"能否无标记做定语"，并没有考虑"能否被程度词修饰"。

总之，"能否被程度副词修饰"不是判断形容词的十分有效的标准。在具有柔性词类的语言中，名词可以被程度词修饰。当然，承认名词可以被程度副词修饰，并不代表汉语不能区分定语和状语（详见第七章第4.3 和 4.4 节）。程度词测试法也许能够找出具有单纯属性义的词项，但这些词项并不一定都会像英语那样分化成为真正独立的形容词。总之，"能否被程度词修饰"和"形容词是否独立成类"没有必然的联系。

第三节　状态形容词的语法功能和词类地位

3.1　汉语的重叠式和状态形容词

状态形容词在汉语中比较特殊，我们需要重新认识这类词的语法功能，才可为其定性。朱德熙（1982）和 Huang（2006）等学者认为性质形容词和状态形容词在语法功能上表现出明显的差别或互补。我们认为，当性质形容词和状态形容词做定语时，两者在是否需要带"的"上表现出较为明显的差别；但是在谓语功能上，性质形容词和状态形容词的差别可能并没有那么明显，即使有差别，也非语法层面的。通常认为，性质形容词直接做谓语似乎受到一些限制，但状态形容词做谓语比较自由。朱德熙（1956；1980；1982）曾说，性质形容词做谓语会受限，除非出现在对举结构或问答结构中等。例如：

(5) a. 价钱便宜，质量也好。

b. 小萝卜，皮红肚里白。

c. ——哪本好?
——这本好。

Huang（2006：343）也曾以"＊水脏"为例，认为性质形容词直接做谓语不可接受，但状态形容词做谓语则很自由，如"水脏兮兮的"。但事实上，只要补充语境，"水脏"并非不合语法，如"水脏，不能喝！"。这种情况同样出现在光杆动词做谓语的时候，如"我吃"似乎也不能接受，但只要补充语境就可接受，如"我吃，你别吃"。然而很少有人因此而怀疑汉语的动词做谓语不自由。其实更为关键的是，Huang 也没有解释为什么"脏兮兮"做谓语时需要带"的"，而"的"并不是状态形容词的内部成分。可见，不少状态形容词直接做谓语其实也是受到限制的，例如：

（6）a.? 这双鞋崭新。
    b.? 他的手冰凉。
    c.? 西边儿的天空通红。
    d.? 水脏兮兮。

如果要想使以上状态形容词做谓语的句子变得更自然，一般可在形容词后加"的"，或者补出一定的语境，如"这双鞋崭新的"或"这双鞋崭新，那双很旧"。可见，不管是性质形容词还是状态形容词，都有各自的限制条件。不过这些条件都不能算作语法上的限制，因为语法限制具有强制性，通常无法依靠语境消除。所以说，性质形容词和状态形容词做谓语时的差别主要体现在语用层面，而非语法层面。

朱德熙（1980：28）还提出，当借助系词做谓语时，性质形容词和状态形容词都很自由。例如：

（7）a. 这张纸是白的。
    b. 这张纸是雪白的。

朱先生认为，例（7）中 a 句和 b 句是两种性质完全不同的句子。a

句中的"白的"是体词性的，b 句中的"雪白的"是形容词性的。朱先生认为"白的"具有体词性特征是因为其具有分类的作用。而相比之下，"雪白的"没有这种作用，它只是对主语的状况和情态进行说明，所以是形容词性的（朱德熙，1980：28）。众所周知，体词性成分的主要特点就是可以直接用来做主宾语。然而只要存在表达的需要，"状态形容词＋的"也具有体词性，可以做主宾语。例如：

(8) a. <u>鲜红的</u>是血。没有人喝彩。每个人都觉得手脚冰冷，每个人手心都有冷汗。（古龙《圆月弯刀》）
   b. 我只觉得身边有个你——<u>冰凉的</u>是你的手，跳动的是……（冰心《冰心文集》）
   c. 正是苹果和柿子成熟收获的季节。<u>通红的</u>是苹果，<u>黄澄澄的</u>是柿子，悬挂在树枝上非常醒目。（《人民日报》1996 年 11 月）
   d. 多雨是印尼的气候特色，但穿梭于市区的汽车很少有<u>脏兮兮的</u>，这主要归功于勤劳的车夫。（新华社新闻报道 2004 年 7 月）
   e. 乌龟的手有<u>白白的</u>是怎么回事（百度知道）

我们认为，系词之后的"性质形容词＋的"和"状态形容词＋的"具有同样的语法性质，都是体词性的，只是在程度义上存在差别。"这张纸是白的"无程度义，是相对于"红的、黄的"等，而"这张纸是雪白的"有程度义，是相对于"较白的、灰白的、米白的"等。至于这两种结构是分类的还是描写的，只是一种倾向性的判断，最终取决于语境。单从结构本身不太容易做出准确的判断。

从语法角度看，性质形容词和状态形容词的主要差别似乎在定语位置上表现得较为突出，即是否需要带"的"。但这并不足以用来给状态形容词直接定性，因为汉语中还有大量类似状态形容词的结构，以至于我们无法忽视这部分事实。状态形容词和性质形容词之间存在着派生关系，性质形容词可通过重叠、附加词缀、添加词头（如"雪白、火红、冰凉"）等方式转变为状态形容词。这种派生不仅仅涉及形容词，汉语的名词、动词、副词也都可进行类似的形态操作，而且能产性极高。蔡淑美、施春宏（2007）曾发现，除了形容词，大量的名词、动词、量词等都可重叠。例如：

(9) a. 名词的重叠形式
浪浪涛涛/波波浪浪/山山海海/山山岭岭/涕涕泪泪/枪枪炮炮/仇仇恨恨/物物什什/物物件件/缘缘由由/江江湖湖/谷谷糠糠/钉钉绳绳/汪汪洋洋/水渣渣/烟团团/雾浓浓/汗渍渍/血淋淋

b. 动词的重叠形式
巴巴望望/哭哭唤唤/洗洗整整/腾腾雾雾/剪剪裁裁/闪闪灭灭/颤巍巍/笑吟吟/荡激激/气愤愤/潺哗哗

沈家煊（2011b）指出，单音节的名词和动词都可通过添加 XX 而成为重叠词。例如：

(10) a. 单音名词 + XX：夜沉沉/眼忪忪/情切切/月蒙蒙
b. 单音动词 + XX：叹连连/呼啸啸/死虎虎/笑眯眯

石锓（2010）发现，名词和动词之后重叠的 X 本身也可以是名、动、形三类。例如：

(11) a. X 为名：冷冰冰/甜蜜蜜/黑漆漆/白雪雪
b. X 为动：圆滚滚/香喷喷/动飘飘/直挺挺
c. X 为形：红彤彤/白茫茫/笑盈盈/病恹恹

可见，汉语的名词、动词、形容词都可以通过各种重叠或添加词缀的方式，自由地派生出大量的新形式。

除此之外，张谊生（2000）提出，汉语中大量的副词也可以重叠。例如：

(12) a. 反腐败，更要倡廉政，要真真正正把老百姓装在我们心里。(《人民日报》1999年3月17日)

b. 我没有拿此事问爹，我宁愿那是实实在在发生过的事，而不是我的梦境。(莫言《生死疲劳》)

c. 我再也不想见到你了，你是我见到过的最最不可爱的最最丑的女人！(王旭烽《茶人三部曲》)

d. 在中国这块封建意识还到处寻隙侵蚀的土地上，女人，是顶顶让人敏感的问题啊。(张洁《沉重的翅膀》)

上述事实表明，汉语重叠式的来源十分丰富，名、动、形、副均有派生的能产性，而且派生的形式也相对较为主观。如果从形态视角来看，重叠式状态形容词仅仅是多种派生形式中的一个次类。现在我们再从语法功能的角度说明重叠式的整体功能分布。

3.2 重叠式的语法功能

重叠式属于词的形态变化，如果扩大形态变化的范围，一些通过添加词头等形成的双音状态形容词（如"冰冷、煞白"）也可算是词的形态手段（沈家煊，2011b）。名词、动词、形容词和它们相应的重叠式在语法功能上虽有差别但相似之处更多。以往的研究并未对此做过详尽的观察。根据语料，汉语的各种重叠式具有十分丰富的语法功能，以下将进行详细说明。

3.2.1 重叠式做主宾语

张斌（2010：133）提出，一部分状态形容词加"的"可做少部分动词的宾语。这些动词有"是、显得、觉得、感到、变成"等。例如：

(13) a. 河流是曲曲弯弯的，地势是忽高忽低的。

b. 即使他穿上干净的衣服，也显得皱巴巴的，很难看。

c. 大水一看信封上的笔迹，就知道是小梅写来的信，心里觉得甜丝丝的。

d. 杨晓冬发觉东屋没生火，感到凉飕飕的……

针对例（13）中的状态形容词，我们也能找到它们相应不带"的"的用法。例如：

(14) a. 与大西北相比，这里一点也不荒瘠，但与江南相比，这里似乎又缺少了那些温馨而精致的<u>曲曲弯弯</u>，透着点儿苍凉和浩茫。(余秋雨《流放者的土地》)
b. 风吹、雪扑、日晒，使它变得<u>皱皱巴巴</u>，像一朵干枯的云。(《人民日报》1998 年)
c. 恰如"陈年老窖"，入口虽然莫如新酒的味冲，甚至有点<u>甜丝丝</u>，而其劲力却不逊。(《读书》第 23 期)
d. 已过供暖季节，室内室外都觉得<u>凉飕飕</u>。(《市场报》1994 年)

其实，汉语中不论是形容词重叠式，还是动词、名词重叠式都可不带"的"做主宾语。这说明此类重叠式也具有自指的能力。例如：

(15) 名词重叠式做主宾语：
a. 恍惚间，妈妈从箱子里找出<u>瓶瓶罐罐</u>，喂我们吃一种有些怪味的果酱，并要我们大量喝水。(《人民日报》2000 年)
b. <u>男男女女</u>，老老少少，全都拉起了手来。(德成《羌家的咂酒》)
c. 李四光热爱祖国，跑遍全国<u>山山水水</u>，为开发和建设国家贡献一生。(《中国儿童百科全书》)
d. 过去人儿小，身上老是<u>土土浆浆</u>。这咱晚人长大了，浑身上下没个土尘儿。(梁斌《红旗谱》)
e. 人们怎么也不会忘记 1992 年 9 月 9 日那一天，李少甫走过他人生最后一站的<u>分分秒秒</u>。(《报刊精选》1994 年)

(16) 动词重叠式做主宾语：

a. 我说话的时候要慢一点，不要被他突然而起的喊叫所吓倒，也不要怕他的<u>笑眯眯</u>。就这样，我走入了老师的办公室。(余华《在细雨中呼喊》)

b. 他这一<u>蹦蹦跳跳</u>，使他想起跳舞来。他望着女儿圆圆的快乐的小脸……（张丽娜译《战争与和平》）

c. 哪怕变成横冲直撞、<u>推推搡搡</u>也好。就连举行复活节祈祷仪式的时候，这种不同寻常的活跃也仍然一目了然。（契诃夫《复活节之夜》中译本）

d. 由此笔者想到劣质产品的制造，并不都是<u>偷偷摸摸</u>，竟还有明目张胆的，而且受到此类改进的产品，恐怕绝不只是插座一种。(《人民日报》1994年第3季度)

e. 台湾大学教授洪文湘说，从秦始皇以来的中国有过多次的<u>分分合合</u>，但是，合是常态，分是变态，统一代表了全中国人民的主流心态。（新华社2002年8月新闻报道）

f. 填表交款，<u>来来回回</u>最少也要一个小时。(《人民日报海外版》2000年7月4日)

(17) 形容词重叠式做主宾语：

a. 她的<u>慌里慌张</u>，她的心惊胆战，她那哆哆嗦嗦的嘴唇，还有她那瞬间就松懈下垂的腮帮子昭示着她精神就要崩溃……（铁凝《大浴女》）

b. 但是如果一味热衷于"节庆""开会"，不做些扎扎实实的工作，<u>热热闹闹</u>过后只能是<u>冷冷清清</u>，不少地方已经有了这方面的教训。(《市场报》1994年)

c. 我和父亲走下田埂，只见一片<u>绿油油</u>。(网文)

d. 我就喜欢<u>傻乎乎</u>。(徐小斌《海火》)

e. 说句不相干的话：我尊敬兵马俑的古老，更热爱亚运村的<u>崭新</u>。(《人民日报》1993年12月)

f. 雨水从高高的房檐上跌落下来，正好砸在人的头顶上，一颗雨的<u>冰凉</u>是冷不防的，然后是一颗雨又一颗雨的<u>冰</u>

凉……（胡玥、李宪辉《女记者与大毒枭刘招华面对面》）
g. 但是我们的群众路线，不是满足于那个<u>热热闹闹</u>，主要的是要做经常的、细致的工作，做人的工作。（邓小平《邓小平文选》）

可以看出，如有表达需求，形容词、名词、动词的重叠式以及"崭新、冰凉"类状态形容词都可以比较自由地做主宾语，并不存在明显的、强制性的语法限制。

3.2.2 重叠式做谓语

名词、动词、形容词的重叠式也都可以做谓语，但情况稍显复杂，主要体现在重叠式的音节结构上。总体上双音节重叠式对"的"具有较强的句法要求，而三音节及以上的多音节结构对带"的"的要求相对较弱。

（一）双音节 XX 重叠式做谓语

如果名词重叠形式为双音节 XX 时，通常需要带"的"。例如：

(18) 名词 XX 重叠式带"的"做谓语：
a. 这时，女人打扮出来，也算有几分颜色，手儿<u>肉肉</u>的，甜着对领导笑。（《作家文摘》1994 年）
b. 凭着他这么细心地侍候，马胖得溜圆，干起活来，气势<u>虎虎</u>的。（周立波《暴风骤雨》）
c. 廉枫想叫可是嚷不出，身上<u>油油</u>的觉得全是汗。［徐志摩《浓得化不开（星加坡）》］
d. 我们常常夹着一袋小圆脆饼……手上、脸上<u>花花</u>的，心里却乐呵呵。（《人民日报》1998 年）

动词双音节 XX 重叠式做谓语时，分为带"的"和不带"的"两种情况。第一种谓语"XX 的"具有很强的描写性，属于构词重叠，"的"通常是强制性的，因此"XX 的"的粘合度很高。例如：

(19) 动词 XX 重叠式需带"的"做谓语：

a. 走了一会儿，平儿脸就红了，心<u>跳跳的</u>，血也往头上憨，平儿不知道是不是要犯病。(《作家文摘》1994 年)

b. 两口酒精下肚，头稍微有些晕……果然白雪就打了灯笼在前边走，脚步<u>碎碎的</u>，两个屁股蛋子拧着。(贾平凹《秦腔》)

c. 公公用手捏着竿子时，浮子动了第二下……水波还没有浪到很远，那通花便<u>斜斜的</u>又进水了。(罗念生《钓鱼》)

d. 君亭给大家倒酒，一边倒一边脸上<u>笑笑的</u>，说："瞧我二叔说的！他在任的时候水清是清，可水清不养鱼么，清风街谁给你好好干来？"(贾平凹《秦腔》)

e. 从这头摸到那头，又从那头摸到这头，手<u>抖抖的</u>。(李佩甫《金屋》)

第二种动词 XX 重叠式谓语时不能带"的"，属于构形重叠，有时重叠式还可带宾语。"XX"的结构紧密度较弱，可依据具体情况扩展为"X 了 X、X 不 X、X 没 X"。例如：

(20) 动词 XX 重叠式不能带"的"做谓语：

a. 他<u>笑笑</u>便离开了。/他<u>笑了笑</u>便离开了。

b. 你<u>想想</u>该怎么办。/你<u>想没想</u>该怎么办？

c. 学生们每天<u>打打</u>球。/学生们每天<u>打不打</u>球？

再看形容词做谓语。张斌（2010：131）认为，大部分的状态形容词做谓语时要带"的"。例如：

(21) 庄稼碧绿的　　　脸色蜡黄的
　　　小姑娘羞羞答答的　那人病病歪歪的
　　　道路笔直笔直的　湖水碧蓝碧蓝的
　　　大地白茫茫的　　心里沉甸甸的
　　　说话古里古怪的　神情慌里慌张的

但根据语料，张斌先生以上列举的状态形容词也可以不带"的"做谓语，例如：

(22) a. 只见藤红豆缠树而上，叶子<u>碧绿</u>，豆荚集成一团，荚内的红豆呈椭圆形，鲜红异常。(《人民日报》1993年5月)

b. 姑娘们<u>羞羞答答</u>，巧手绣花，竹篓儿置满了嫁妆。(《人民日报》1995年1月)

c. 长长的绿荫小道<u>笔直笔直</u>，像一根琴弦、拨出了一个假再现。[《读者（合订本）》]

d. 星期六的早晨，大雪<u>白茫茫</u>。捡破烂儿的小孩儿，排成一行行。(微博)

e. 卡尼韦先生<u>古里古怪</u>，与众不同！(福楼拜《包法利夫人》中译本)

我们认为，状态形容词做谓语对"的"的需求只是强弱之分。相比较来说，对"的"需求最强的是双音节XX重叠式的状态形容词。在语料中这类词做谓语大多数情况下需要带"的"。例如：

(23) 形容词XX重叠式带"的"做谓语：

a. 北京的九月，确实美得令人陶醉，天<u>蓝蓝的</u>，云<u>白白的</u>，风<u>爽爽的</u>，气<u>顺顺的</u>。(《市场报》1994年)

b. 一副眼镜，遮住了半个脸，个子<u>矮矮的</u>，有点"将军肚"，似乎看不出有什么"灵气"。(《市场报》1994年)

c. 北海<u>静静的</u>，呈着一种昏暗，少许的游人已退去。(《人民日报》1993年5月)

但是双音节XX重叠式状态形容词做谓语时并非必须带"的"，只是不带"的"的频率较低而已。这说明，该类词是否带"的"不是严格的语法限制。例如：

(24) a. 山巍巍，海蓝蓝，山海间崛起了一座新城，新城里高楼蠹天，大厦入云。(《报刊精选》1994 年)

b. 身段矮矮，平头、左手胸前一弯，右手头前一挥，操一口浓重四川口音。(《报刊精选》1994 年)

c. 站在公路沿上，八哥抬起头来，望着眼前的老东坡，天静静，地也静静……（李佩甫《羊的门》）

类似的是，双音 XY 式的状态形容词如"崭新、冰冷、火热"等做谓语时，也通常要带"的"，但有时也可不带"的"。这种频率高低的差别是次要的，状态形容词做谓语时是否带"的"只能反映出状态形容词的语用差别。因此，我们在判断词类的谓语功能时，不能过于看重能否带"的"。

(二) 多音节重叠式做谓语

随着状态形容词音节数的增加，"的"的使用逐渐变得灵活。当名、动、形的重叠式超过两个音节时，做谓语是否需要带"的"并不表现出明显的倾向性。请看例（25）和例（26）中三音节重叠式的谓语句，以及例（27）和例（28）中四音节重叠式的谓语句，并比较每组中的 a 句和 b 句：

(25) a. 柳若松的身子抖了一抖，背上冷飕飕，汗毛都竖了起来，秋月也笑了，笑得却不像秋夜的明月。（古龙《圆月弯刀》）

b. 最终归结到怀念保护、扶持这一切的周总理。他觉得脸上冷飕飕的，两颊已经湿润了。（邓友梅《话说陶然亭》）

(26) a. 他的态度很和蔼，说话慢吞吞，他环视了道静的新居后，抿着嘴唇微微一笑。（杨沫《青春之歌》）

b. 莉兹行动不便，走路慢吞吞的。一个冬天的早晨，气温突然下降到零度以下……[《读者（合订本）》]

(27) a. 这村的西南上，鬼子已经回城了，怎么会从东南上来呢？就问："你慌里慌张，看清了没有啊？"（李晓明《平原枪声》）

b. "我的老爷,别这么慌里慌张的!"说着,他走到我船后的甲板上,把一个鼻孔对着土耳其的舰队。(毕尔格《吹牛男爵历险记》中译本)

(28) a. 特务头子由于自己的身份不能随便与人去玩,唐生明的地位和为人大大咧咧,正符合作为他们的朋友,所以唐在这两人中间都得到信任。(沈醉《"花花公子"的晚节》)

b. 虽然是个女生,但从小到大一直没梳过长发,没穿过裙子,言谈举止都大大咧咧的,俨然是个"假小子"。(杨凌《孩子的性别教育你在意了吗》)

可见,随着音节数的增加,"的"字语法作用似乎越来越小,而且在语义上是否带"的"也很难看出明显区别。

3.2.3 重叠式做定语

重叠式做定语时一般需要带标记"的",除非已经向性质形容词漂移(沈家煊,2011b:8)。根据语料分析,在相对较长、较复杂的句子结构中,重叠式做定语时可以不带"的"。这种情况可被看作结构压缩而导致的省略,背后的动因是避免表达的啰唆或重复,因此本质上是语用因素导致了句法层面"的"的省略。

(一) 名词重叠式做定语

请见以下每组语例中 a 句和 b 句的对比。

(29) a. 可在"割资本主义尾巴"那年代,家家的园子除了种点吃的菜,全都荒废着。(《人民日报》1994 年)

b. 便是寻常日子,家家门口的楹联仍然鲜红鲜红,仿佛新春佳节……(《人民日报》2000 年)

(30) a. 锣声响起。人人的脸上像罩着一层乌云,阴沉沉的;眼睛像下上一层露水,湿漉漉的。(冯德英《苦菜花》)

b. "文革"不过十年,已经很少再见提及。那些曾经笼罩人人脸上的阴影如今在哪里?(冯骥才《一百个人的十年》)

(31) a. 代表、委员们回顾共和国几十年<u>风风雨雨</u>的<u>坎坷历程</u>，更感到"我国还处在社会主义初级阶段"这一科学论断，对于我们思想上的定位和行动上的指导是多么重要。(《人民日报》1993年)

b. "诗以酒兴，酒以诗传"，这一千古绝唱，伴汾酒厂走过漫长的<u>风风雨雨曲折之途</u>。(《报刊精选》1994年)

在每组语例的a句中，"重叠式+的+名词"是汉语中的常态，如（29a）的"<u>家家的园子</u>除了种点吃的菜"，"家家"是"园子"的唯一定语，因此自然的说法要带"的"。而相比之下，以上每组的b句显示，一旦重叠式的前面或后面还出现其他带"的"的定语时，那么重叠式之后的"的"可以被省略，如（29b）的"<u>家家门口的楹联</u>仍然鲜红鲜红"，虽然重叠式"家家"一般需要带"的"做定语，但是该句中"门口"也带"的"做定语修饰"楹联"。为了避免啰唆和重复，"家家"之后的"的"出现了省略。否则"家家的门口的楹联"虽然也符合语法，但在现实交际中由于定语中出现了两个"的"而使得表达很不自然。以上其他几例也是如此，不再赘述。因此在汉语中，语言之外的语用因素可以打破"重叠式做定语需要带'的'"的语法限制，但语用因素一般只在多项定语结构中才起作用。

另外，有时为了满足修辞对仗的需求，重叠式做定语时也会省略"的"。对仗也是一种语境因素，为省略"的"提供了特殊的前提条件。例如：

（32）清澈晶莹的玉泉水淌遍小街窄巷，真是<u>条条</u>街道是流水，<u>家家</u>门前有水流。(《报刊精选》1994年)

如果在上例的"条条""家家"之后都补上"的"，文学效果则会明显降低。

（二）动词重叠式做定语

动词重叠式做定语和上文名词重叠式做定语存在相似的现象。在以下（33a）中，"弯弯曲曲"做定语时带"的"更自然，即"弯弯曲曲的古老街巷"。可如果"弯弯曲曲"不带"的"直接做定语，那么该定中结构的可接受程度会降低，除非补上"的"。但在（33b）中，由于"要通过弯弯曲曲盘山公路"这个整体需要带"的"修饰"原因"，因此重叠式"弯弯曲曲"之后反而不适合补上"的"，以避免表达啰唆和拗口，如"要通过弯弯曲曲的盘山公路的原因"，这明显不符合汉语自然的话语表达。以下例（34）也是同样的道理，不再重复分析。

(33) a. 清真寺周围<u>弯弯曲曲的古老街巷</u>里，店铺和货摊鳞次栉比，琳琅满目的商品和此起彼伏的吆喝声构成典型的阿拉伯市场风貌。(《人民日报》1998年)

b. 经验告诉我们，如果斜面的高度不变时，斜面越长就越省力，这也是各种车辆上山时要通过<u>弯弯曲曲盘山公路</u>的原因。(《中国儿童百科全书》)

(34) a. 清晨，队员们满以为不会出操了，开始睡"回笼觉"。姑娘们眼角挂着泪花消失在<u>飘飘的雪花</u>之中。(《报刊精选》1994年)

b. 傅春英从甘肃来到北京，把<u>飘飘长袖琵琶反弹</u>留给了凉州古道，荧屏、报刊上年历上再也不见她令人惊羡的美貌形象。(《报刊精选》1994年)

多项定语是一种特殊的语境，可以削弱重叠式做定语需要带"的"的语法限制。同样出现的另一种情况是：为了满足修辞对仗的需要，以下两例中动词重叠式"飘飘、弯弯曲曲"做定语时也可以不带"的"。这一现象在上文名词重叠式做定语中也已出现。

(35) 这是云的世界，雾的故乡。云似绵绵被絮，雾如<u>飘飘</u>轻纱。(《人民日报》1994年)

(36) 广大干部群众对村部、学校、庭院、街道进行美化、绿化、净化，改写了全县"<u>弯弯曲曲黄泥路</u>、路边光秃没有树"的历史。(《人民日报》1998年)

（三）形容词重叠式做定语

按照传统的观点，状态形容词需要带"的"才能做定语，和性质形容词做定语形成一种对立。但是在语料中，状态形容词（含形容词重叠式）做定语时是否带"的"似乎也不是个严格的语法问题。请看以下每组语例中 a 句和 b 句的对比：

(37) a. 来人果然是省人大代表……肤色白皙，<u>瘦瘦的身材</u>，戴着一副厚厚的近视镜。（张平《十面埋伏》）
b. 正当人们为中国队担心时，<u>瘦瘦身材</u>的丁松上场了，他右手握"大刀"拍，削球打法。（《人民日报》1995年）

(38) a. 最后他们态度缓和了下来。一个<u>小小的胜利</u>，但最终证明是一个重大的胜利。虽然约翰不在场……（姚明《我的世界我的梦》）
b. 某些事件不但不能成功，而且只是昙花一现，成为历史的一个<u>小小插曲</u>。（BCC 当代语料）

(39) a. 斗门……有"甜县"之称，又是鱼米之仓，以往人们惯用斗来量<u>白花花的白糖</u>和<u>金灿灿的谷子</u>，故曰"斗门"。（《作家文摘》1997年）
b. 金家父子也清楚刺杀张国焘是九死一生的买卖，但抗不住一万块<u>白花花银元</u>和<u>黄灿灿金条</u>的诱惑，便答应帮忙。（《作家文摘》1996年）

(40) a. 走下台来，他那张<u>胖乎乎的娃娃脸</u>，依然如初识那样真诚和充满调侃味道。（《作家文摘》1995年）
b. 这个长着<u>胖乎乎脸蛋儿</u>的小男孩接着经受了一场紧张的询问。（《作家文摘》1997年）

在以上所有带"的"的 a 句中，重叠式是唯一的定语，带"的"更显自然。而在所有不带"的"的 b 句中，重叠式都出现在多项定语的环境中，带"的"反而使得整个定中结构显得啰唆、不简洁，譬如"瘦瘦的身材的丁松、历史的一个小小的插曲、一万块白花花的银元和黄灿灿的金条的诱惑、胖乎乎的脸蛋儿的小男孩"。所以语用环境可直接影响"的"的隐现规律。

3.2.4 重叠式做状语

重叠式的语义比较丰富、形象,所以修饰动词的现象十分常见。华玉明(2008)曾列举了很多名词、动词重叠式做状语的情况,如"山山水水 de 画个不停、抖抖 de 指着干粮筐、指指点点 de 议论起来"等。根据语料分析,名词、动词、形容词的重叠式在修饰动词时对于是否带"地"没有语法上的强制性要求,在语义上也没有明显的差别。

(一) 名词重叠式做状语

名词重叠式修饰动词时可以表时间、方式等,而且带不带"地"均可。如以下 a 句和 b 句的对比。

(41) a. 她<u>分分秒秒地</u>期待着听到得得的马蹄声,看到父亲用他那吓死人的速度驰上山冈。(当代翻译作品《飘》)

b. 巨大的电子屏幕上<u>分分秒秒</u>变幻着来自全国各主要大市场的价格行情;细数数,仅南方建材市场门前,一天穿梭的大货车多达 4000 多部。(《报刊精选》1994 年)

(42) a. 他也痴了,在大地这个棋盘上,<u>风风雨雨地</u>滚爬了整整四十六年。

b. 我在南京曾给蒋介石负责过生活方面的工作,又与蒋先生<u>风风雨雨</u>相处 40 多年,蒋先生隐姓埋名是一个远大的计划。(《报刊精选》1994 年)

(43) a. 谁知道你哪天在哪儿黑我一道?国人之间相互倾轧的事还少吗?国人之间能不时时处处事事<u>字字句句地</u>提防着吗?[《读者(合订本)》]

b. 若不是以研究为目的,就不必那样看书。这不是课本,不需要<u>字字句句</u>通读、细读。(金克木《印度大史诗摩诃婆罗多》)

(44) a. 春节刚过,王铁成便<u>风风火火地</u>忙开了,下海南、飞青岛、奔顺义。(《报刊精选》1994 年)

b. 打个外购电话,就有人<u>风风火火</u>把你需要的东西送上门

来……（刘长乐、星云大师《传媒大亨与佛教宗师的对话：包容的智慧》）

(45) a. 发动全体教师深入群众，<u>家家户户</u>地宣传党的教育方针和党对山区人民的关怀。(《人民日报》1960 年 6 月 10 日)

b. 安利具体是怎样跑市场的，是<u>家家户户</u>推销的还是在市场里摆摊做示范，还是去店里推销。(百度知道)

（二）动词重叠式做状语

由于复杂事件牵涉的动作较多，因此动词重叠式可以修饰另一个动作，可带也可不带"地"。在语义上状语通常表示伴随或提供一个背景行为。例如：

(46) a. 见他兴致颇好，我便说："主席，跟我们一起合个影吧。"他<u>笑嘻嘻</u>地说："可以，可以。"(《作家文摘》1993 年)

b. 他<u>笑嘻嘻</u>对我说："咿，这位小同志，你是客人，怎也对我不客气呢！"(《人民日报》1996 年 8 月)

(47) a. 我娘和家珍<u>叫叫嚷嚷</u>地把他扶起来，扶到他自己的床上。(余华《活着》)

b. 西湖醋鱼夹生的糗事：说自己的父母怎么打打闹闹<u>吵吵嚷嚷</u>过一生，现在年纪大了，相依为命……(糗事百科)

(48) a. 他一岁多的小女儿<u>蹦蹦跳跳</u>地向爸爸跑去，凌峰对着女儿说："在电视环境还没有改善之前，爸爸绝对不让你受到污染。"(《报刊精选》1994 年)

b. 约莫 7、8 岁的男孩，拿着饭碗<u>蹦蹦跳跳</u>跑进食堂，这时买饭的干警都让他第一个先买。(《人民日报》1995 年 3 月)

(49) a. 胡茂走投无路……喝得烂醉如泥，<u>歪歪倒倒</u>地跑到东沙江边，投江自尽。(欧阳山《苦斗》)

b. 但见是张两折对开的十行纸，头一行里<u>歪歪倒倒</u>写着几个大字："告全国军民同胞书"。（张大春《四喜忧国》）

（三）形容词重叠式做状语

形容词重叠式做状语最为常见，同样对是否带"地"没有强制性要求。例如：

(50) a. 太太在楼上自己还是哭着，把一张亲手做的白花蓝地的小手帕也都哭湿了，头发<u>乱蓬蓬地</u>盖了满脸。（萧红《马伯乐》）

b. 眼圈红红鼻头红红，往常梳理得极有条理的发髻散了，<u>乱蓬蓬</u>搭拉肩头胸前，一件宽大的白色俄罗斯睡袍套着她。（《作家文摘》1993 年）

(51) a. 丽鹃的火山汹涌爆发，她<u>恶狠狠地</u>盯着亚平说："你妈没来以前的一年半里，你跟我过，我没冻着你也没饿着你……"（六六《双面胶》）

b. 但我从今天起要温柔，我<u>恶狠狠</u>白他一眼，没说话，把他挤开，口里喊："我来我来！"（六六《温柔啊温柔》）

(52) a. 有时自己也在想，什么时候能<u>大大方方地</u>买它几本自己喜爱的书啊！（《人民日报》1993 年 7 月）

b. 我们的观念已经开放了，现在我们<u>大大方方</u>做生意，不仅脱离了贫困，而且日子越过越红火。（新华社 2003 年 1 月新闻报道）

(53) a. 他自己呢，也喝得把自己写的而且已装裱好了的字幅<u>稀里糊涂地</u>全送了人。（《报刊精选》1994 年）

b. 可惜陈庚年不知在什么地方<u>稀里糊涂</u>下了车，出了地铁仍然"找不着北"。（《作家文摘》1995 年）

3.2.5 重叠式做补语

汉语的名、动、形的重叠式只要满足语义条件，都可以做补语。补语之前的"得"不可省略，补语重叠式的音节也不受限制。补语之后是否要带"的"似乎和补语的音节有关。双音节的补语具有带"的"的强烈倾向，而三音节及以上的补语则带不带"的"均可。

(54) 名词重叠式做补语：
a. 今天外面特别冷，回来后弟弟冻得<u>冰冰</u>的。(微博)
b. "老三届"也好，饭店开得<u>火火</u>的，仔细一想均是温柔一刀。(张欣《缠绵之旅》)
c. 她应该和他说坐下来休息一会儿，她已经走得<u>汗津津</u>了。(百合《浪漫》)
d. 两个打扮得<u>花花柳柳</u>的年轻女子站在这灯匾下娇声娇气和几个男人调笑……(茅盾《锻炼》)
e. 过道的表面，布满了歪斜断裂的砖块，长年以来，已被踩踏得<u>坑坑洼洼</u>。(刘斯奋《白门柳》)

(55) 动词重叠式做补语：
a. 我说："虾，我一剪，痛得<u>抽抽</u>了，以后咱们不吃了吧！"(杨绛《我们仨》)
b. 静坐茶楼，茶的清香把人浸润得<u>飘飘然</u>。(《人民日报海外版》2014年12月27日)
c. 同志们见小阎挑着一担猪食，累得<u>晃晃悠悠</u>……(《人民日报》1970年3月7日)
d. 茶馆外的草地上，雨水把绿草打得<u>摇摇摆摆</u>，一棵老榆树飘坠下几片黄叶。(琼瑶《几度夕阳红》)
e. 给予她肯定的回答的时候，她高兴得<u>蹦蹦跳跳</u>，笑声像银铃一样撒在花海丛中。(赵如汉《玫玫》)

(56) 形容词重叠式做补语：
a. 脸涂得<u>白白</u>的，不过上面没有擦胭脂。(巴金《秋》)
b. 两人就握手告别，毕士龙把学生手握得<u>重重</u>的，胡贵庆也把老师手握得<u>重重</u>的。(彭瑞高《秋天备忘录》)

c. 他觉得后脑勺晒得<u>热乎乎</u>的，很舒服。（蒲宁《米嘉之恋》）
d. 他无非是诬蔑我们从小就被管束得<u>安安静静</u>，胆小怕事，不敢独立思考。（《人民日报》1974年2月10日）
e. 尽管没有说胡话，但也烧得<u>糊里糊涂</u>，她一个人躺在黑暗的房间里。（伏尼契《牛虻世家》中译本）

3.3　小结

本章分析的重叠式属于派生形态，汉语中什么样的词可以重叠，具有一定的主观性。根据以往的研究和本节的分析，只要有表达需求，大量的名词、动词、形容词都可重叠，且重叠的形式十分丰富。所以用重叠形式来判断词类，效果并不好（沈家煊，2016a）。而英语的派生方式则取决于词类的性质，名词、动词、形容词的派生形态存在形式上的差别，因此依据形态就可辨别词类。

汉语各词类的重叠式几乎都具有多功能性，语言使用者的主观性对重叠式的使用场合具有明显的影响。朱德熙先生曾提出，重叠副词（即重叠词）具有功能的多样性。现实情况的确如此，但重叠副词的词类名称仅仅暗示了重叠式的部分语法特性。那么我们有没有必要也设立相应的重叠动词和重叠名词？答案显然是否定的。一个客观、简洁的办法是：取消重叠式状态形容词的形容词地位，也取消重叠副词的副词地位；依据语法功能，将具有同样形态特征的重叠式都归为同一个词类范畴，以实现形式和功能上的统一。这类范畴可被合称为状词，详见第四节。

第四节　从重叠式看汉语词类的划分模式

在形容词的内部曾经分为性质形容词和状态形容词，后者由具有相似语法分布的双音节形容词及形容词的重叠式构成。沈家煊（2011b：8）提出："过去我们习惯按朱德熙（1956）的做法主要拿能不能加'很'和重叠的方式这两条标准，将'寒冷、苍白'跟'冷、白'合在一起算性质形容词（属性词），对立于状态形容词

'冰冷、煞白'。现在看来这两条标准并不十分可靠也不那么重要，可靠的标准是单音和双音的区分（非此即彼），重要的标准是单双音节在不同结构类型中的组配。"沈家煊先生还指出，一般所说的双音"性质形容词"（如"伟大、奇怪、豪华、敞亮、糊涂"等）本来是具有摹状性的状词（depictive），只是因为使用频繁而使得摹状性减弱，所以它们已经或正在向属性词漂移。它们中有的已经能在有限的范围内直接做定语（如"豪华间、聪敏人、糊涂虫、安稳觉"），形成［2＋1］定中。同时，正因为它们摹状性减弱，所以要通过加"很"和重叠等手段来重新增强摹状性。通过叠添音节来恢复摹状性，这样的变化在不断地进行之中。尽管有些双音形容词在向属性词漂移，但是它们仍然带有状词的本性。

根据上文大量的分析和例证，我们支持沈家煊的观点。在形式上，由于名、动、形、副都可重叠，且能产性很高，因此汉语的词类系统应该首先把重叠式构成的状词与大名词、副词区分开来，这是汉语中第一层次的区分。然后再基于汉语的柔性词类特征将大名词和副词区分开来，这是第二层次的区分。如图8—1所示：

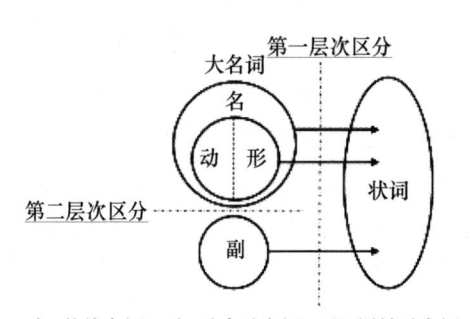

名=传统名词；动=动态动名词；形=属性动名词

图8—1 汉语词类的区分层次

如果拿汉语和英语做对比，我们依据 Dixon（2004：39）对英语名词、动词、形容词的观点，以及英语副词的词类特征，可使用图8—2说明英语四个主要词类的相互关系：

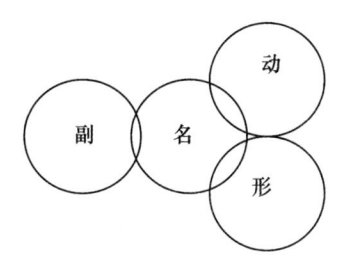

图 8—2 英语的词类关系

Dixon 认为，英语中的名词和动词之间有一定的交集，即兼类词，如"work、study"等。同样，名词和形容词之间也有少量交集，如颜色词，但是动词和形容词之间基本没有兼类。副词和名词之间也有少量的兼类词，主要是一些表时间、地点意义的名词性成分可以用作副词，如"today、tomorrow、outsides"等。在语法功能上，英语的形容词和名词接近，和动词较远，因为形容词和名词做谓语时都需要借助系词，而且它们都可自由做定语。而英语的形容词和动词在做主宾语、谓语、定语时都有显著的不同，因此英语的形容词和动词是两个明显对立的词类。通过对比可知，汉语的词类模式和英语的四分模式完全不同，这也是导致汉语的语法分析很难比附英语语法的根本原因之一。

第五节　再谈汉语形容词的独立性

Dixon（2004：1）曾说，世界上每种语言都有形容词。也就是说，不管形容词和其他词类差别的大小，只要有差别，那就算是存在独立的形容词。Dixon 的观点更加看重范畴之间的差异，因为他专注于发现世界各种语言的形容词，所以他的论点也有一定的理由。关注范畴的细节差异在词类划分时也较为常见，比如英语根据能否受指示词修饰等一些次要差别区分出普通名词（common nouns）和专有名词（proper nouns），即使它们在很多重要功能上基本保持一致。但是专有名词毕竟是名词，所以在宏观上不能把专有名词和普通名词对立起来。同样，发现形容词具有的某些细节上的特征，并不能代表形容词可以独立成类。

Dixon（2004）还强调要区分形容词是靠近名词还是动词，或者是处于中立地位。但这种区分的前提是名动分立,其背后是印欧语的词类体系。当然,印欧语的词类体系也是语言研究中主要的类型。英语词类的四分模式就为独立词类的定义提供了一个较好的启示。根据词类类型的调查,名动分立不是柔性语言中必然出现的语言现象,有些语言的名词和动词只是存在低程度的单向分化,如汉语和卢绍锡德语(详见第五章第四节)。因此在这样的柔性语言中,形容词是靠近名词还是动词只能基于名词和动词的有限区分。同时也就意味着,形容词和名词、动词的关系可能只是同一范畴内部的有限区分,只有采用一些特殊的测试手段才可看出形容词和名词、动词的接近程度。

在确定汉语是否存在独立的形容词时,由于我们和 Dixon 的研究目的不同,所以不能采用他的分析思路。鉴于汉语具有较为典型的柔性词类系统,大名词没有出现完全分化,因此形容词的判定应该以归类为先,然后才考虑内部的细分。我们曾论证,在汉语的词类系统中(仅涉及实词),目前只有副词已经分化成为独立的词类,而名词、动词、形容词都未达到独立词类的标准。张敏(2017)曾给出以下两个标准,以判断一种语言中是否存在独立的形容词,即:

标准1:不能直接做谓语(但不是核心标准)。

标准2:不依赖额外手段做句法层面的定语。

根据这两个标准,可以得到以下判断结果:

标准1	标准2	结论
+	+	存在独立形容词
+	−	形容词靠近动词
−	−	形容词是动词

需要解释的是,张敏先生特别强调了标准2中"句法层面的定语"。他同意吕叔湘、朱德熙等学者的观点,认为汉语的形容词直接做定语具有成词的倾向,或者说是准复合词。因此,如果"AN"结构是复合词而不是短语的话,那么汉语的形容词就不是句法层面的定语,而"A 的 N"中的形容词才是句法定语。

我们也支持"AN"结构具有成词倾向,但同时也有一些疑惑。首先，根据上表的形容词判断方式，我们可以得出一个结论，汉语的名词更像是独立的形容词。因为汉语的名词可以直接做定语，但一般不做谓语。第二个疑惑，如果"AN"是准复合词，那么该结构中的"A"仍然是定语，只不过是词内定语。在判断形容词的关键标准中，国内外学界通常只强调形容词可以直接做定语，并没有要求整个定中结构必须呈现什么性质（即复合词或是短语）。"AN"具有成词倾向，这是"A"和"N"组合后共同形成的结构性质。不管形容词是做句法定语还是词内定语，它们都是定语。汉语合法的"AN"形式表明，形容词可以和名词直接并置，至于并置后的整体结构性质和形容词是否可以做定语没有直接关联。

另外，我们认为，张敏先生的标准1（即不能直接做谓语）也值得商榷。因为，为什么判断形容词非要涉及"不能直接做谓语"？又为什么标准中没有涉及"不能直接做主宾语"？这背后的原因可能是张敏先生刻意拿形容词和动词做比较，但是从词类类型的多样性来看，形容词也可以靠近名词，如齐切瓦语（Chichewa）、克丘亚语（Quechua）等。如果保留标准1是为了判断形容词的独立程度，那么在标准中也应该加上"不能做主宾语"和"不能做状语"，这样才能全面观察形容词的独立性。

理想化的独立形容词应该能够直接修饰且只能修饰名词。如果我们想要知道什么是"不独立"或"不够独立"的形容词，这时才应考虑设定其他标准。按照我们提出的词类判断标准（详见第六章）和词类观点（详见第七章），汉语的形容词尚未从名词中分立出来，所以汉语没有独立的形容词。汉语中"大、新、冷"这些所谓的形容词到底处在词类系统的什么位置？定位它们的路径应该是"大名词→动性名词→属性动名词"。

根据朱德熙（1985：16）的解释，语法性质是一个词类的全部语法上的共性，而语法特点是仅此类词所有而其他类词所无的语法性质，即这个词类区别于其他词类的个性。因此学界似乎达成一个共识，词类划分的标准要根据词的语法特点，即"此类所有、他类所无"的特点（邢公畹，1992；马庆株，2002）。可是按照这个共识，我们似乎走入了困境。因为在传统的名、动、形、副中，我们很难找出一个词类所"独有"的语法功能。而且这个思路似乎也在暗示，如有机会，词类应该"能分就分"。例如在以往的词类划分中,如果想要找出一个形容词独有的语法特点,经过排除之后,似乎也只剩下"能够被副词'很'修饰"了。但是本章第二节已经论证,这一标准并不那么可靠,因为程度词测试法只能找出在语义上可被度量的词项,而这些词项并不一定都是形容词,不论汉语还是英语皆是如此。所以按照以往的做法,汉语形容词的词类特点很难满足"此类所有、他类所无"的要求。这同时预示着,基于差异进行词类划分的思路已经走入了死胡同。如果从反面去定义形容词,似乎还是会遇到类似的困境,因为形容词几乎无所不能,只是有些形容词在带宾语时无法再被"很"修饰。如果结合这一正一反两个特点,那么形容词的定义可能就是"在被'很'修饰时不能再带各种宾语"的词。例如:

(57)	被"很"修饰	带宾语	被"很"修饰时带宾语
	很红	她红着脸	*她很红着脸
	很大	张三大我两岁	*张三很大我两岁
	很高	这次考试高了三分	*这次考试很高了三分
	很难	这题难倒了我	*这题很难倒了我
	很新	那手机比这款新了两代	*那手机比这款很新了两代
	很香	香水香死人	*香水很香死人
	很热	你先热壶水	*你先很热壶水

关键的一点是,如果真的把"在被'很'修饰时不能再带各种宾语"作为形容词的判断标准,那么本质上也只是在大名词中找出一些最像形容词的名词而已,并不代表汉语真的具有独立的形容词。

在"此类所有、他类所无"的指导原则下,我们曾不得不把注意力转向一些旁枝末节的语法现象,忽视了汉语词类的类型学特点。从"分"转向"合"可能才是汉语词类研究的转机和突破口。

第六节　非谓形容词的词类地位

6.1　非谓形容词的历史和问题

非谓形容词，也被称为区别词，一直是汉语中一个较难定性的词类。吕叔湘、饶长溶（1981）首先正式提出非谓形容词，认为非谓形容词应该算作形容词的一个类。在此之后，各家观点大致分为两派，体词派和形容词派。朱德熙（1982）认为这类词应该叫区别词，可以单独成类，但仍属于体词。齐沪扬（1990）认为区别词不能做谓语，因此不是形容词。李宇明（2000）通过三个维度的观察，认为非谓形容词靠近体词范畴，并向形容词游移。崔永华（1990）、郭锐（2002）、孙鹏飞（2017）认为非谓形容词是真正的形容词。金立鑫、于秀金（2016）认为应该取消区别词，因为区别词可以无标记做定语且不能做谓语，因此区别词就是形容词。

以上观点莫衷一是，争议背后的根本原因是：非谓形容词的语法功能不够明确，那么词类定性自然无法解决。吕叔湘、饶长溶（1981）全面分析了非谓形容词的主要判断标准，并列出非谓形容词的6个语法特征（6.2将详细说明）。朱德熙（1985：19—20）提出，区别词和名词、形容词的不同是，区别词"只能"修饰名词或者在"的"字前头出现。朱先生在后续的其他论述中一再强调词类定义中"只能"的重要性。然而，不少研究者认为区别词"不能"做主宾语或"不能"做谓语，但前提通常是排除了区别词有时也可以做主宾语或谓语的"特殊用法"，如对举等。事实上，区别词的问题不止于此。石毓智（2000：14—15）指出，有些区别词可以受程度词"最"修饰，但不受"很"修饰，如"主要、前、后、本质、尖端"，而有些区别词可以受"不"否定且经常可以做谓语，如"一样、平行、相同"，所以按照这个思路，区别词还可以分出很多新的次类。

为了表述一致，以下除特殊原因，我们将"区别词"称为"非谓形容词"。总体来看，和非谓形容词纠缠不清的两个词类就是名词和形容词。汉语的名词能够做主宾语、定语，在一定条件下也可以做谓语，而形容词功能十分丰富，能够做定语、主宾语、谓语和状语。当非谓形容词和名词、形容词做对比时，如果只看重非谓形容词只能做定语以及在"的"字前面出现，那么非谓形容词的确和名词更接近。可如果既看重前面这两点，又看重做定语是形容词的无标记功能，那么就会认为非谓形容词是"纯粹的形容词"。这里的"纯粹的形容词"应该是以英语的形容词为参考标准的，并不是拿非谓形容词和汉语的名词、形容词做比较。但这种做法忽视了一个问题，即英语的形容词做定语只有一种无标记的方式，并不像汉语的非谓形容词存在加"的"和不加"的"两种方式。

值得注意的是，朱德熙先生将"一男一女""急性好治，慢性难治"之类的对举说法排除在外，这么做显然是因为这些结构涉及了语用因素。也就是说，朱先生首先排除了一些受语用影响的结构，然后再依据其他语法功能对非谓形容词进行词类定性。可是，汉语词类的语法功能似乎很难完全排除语用因素。在分析名词、动词、形容词的语法功能时，我们不得不接受很多受到语用因素影响的结构。例如，学界公认汉语的动词、形容词都可以做谓语，这是语法层面的判断。如果不考虑语用因素，以下动词和形容词谓语句的独立性都较弱，但没人会否认动词、形容词不能做谓语。

(58) a. 动词谓语句：他走。/张三吃饭。/我们笑。
b. 形容词谓语句：今儿冷。/考试难。/景色漂亮。

一般认为例（58）的各例只有在对举结构、答问等语境中，或添补其他语义成分后才能单说，即：

(59) a. 他走不走？他走。/他走，我也走。
b. 张三打算吃什么？张三吃饭。/张三吃饭，不吃菜。
c. 我们笑了。（添补体成分"了"）
(60) a. 今儿冷不冷？今儿冷。/今儿冷，昨天热。
b. 考试难不难？考试难。/考试难，但都能过。
c. 景色非常漂亮。（添补程度成分"很、非常"等）

即使在英语中，动词单独做谓语的句子也常会出现独立性弱，需要特殊语境的支持才能成立。例如：

（61）You jump, I jump.（电影《泰坦尼克号》）
　　　你跳，我（也）跳。

如果没有语境，"You jump"或"I jump"都很难单说，只有在例（61）的对举语境中才容易被理解。但也没人会因此否认英语的动词可以做谓语。

一些观点在对动词、形容词的谓语功能进行定性时，一方面认为它们能够自由做谓语；另一方面又意识到动词、形容词做谓语时存在语用上的一些限制，因此经常使用"能否单说"作为一条辅助的判断标准。关键的是，这种语用限制对动词、形容词的谓语功能是普遍存在的。还有重要一点的是，汉语的名词通常被认为不能自由做谓语，然而汉语中很多名词谓语句的独立性反而很高，如下面例（62），所以名词做谓语所受的限制似乎有时并不比动词、形容词更多。

（62）a. 今天星期三。
　　　b. 小张南方人。
　　　c. 这本书10块钱。
　　　d. 每间屋子两扇窗。

因此，在分析词类的语法功能时，对语用因素的处理方式要采取统一的标准。如果说"一男一女""急性好治，慢性难治"因涉及语用因素而认定"非谓形容词不能做主宾语"，那么"他走，我也走""今儿冷，昨天热"也应该因涉及语用因素而认定"动词、形容词不能做谓语"。这样的结论显然不会被大家所接受。因此我们不能因为一些普遍的语用因素，就轻易地排除一个词类的语法功能。

要想解决上述问题，首先应该确定汉语中一些所谓的"语法问题"实际只是语用问题，不能单说不是语法限制，而是缺少语境而导致的语义自足性较弱。所以"能否单说"不能用来判定词类的语法功能。一个词类合格的句法结构都应该被算作这个词类的语法特性。基于以上分析，我们应该承认非谓形容词可以做主宾语。

6.2 非谓形容词的语法功能

吕叔湘、饶长溶（1981：81）提出，非谓形容词表示事物属性，具有以下主要特征：

①都可以直接修饰名词；
②绝大多数可以加"的"修饰名词；
③大多数可以加"的"用在"是"字的后面；
④不能充当一般性的主语和宾语；
⑤不能做谓语；
⑥不能在前面加"不"或"很"。

吕叔湘、饶长溶认为，前3个特征似乎跟名词、动词、形容词不易区别，后3个则可以和名词、动词、形容词区分开来。前3个特征一般没有争议，我们将对后3个特征进行重点分析。

首先，根据特征④的表述，非谓形容词不能充当"一般性"的主语和宾语。这里的"一般性"隐含着非谓形容词在某些情况下也可以充当主宾语。我们可以从BCC语料库中搜索到大量非谓形容词做主宾语的语例，主要出现在新闻、科技等正式文体的语篇中，而且文学作品中也不算少见。比如例（63）中划线的非谓形容词：

(63) a. 据说，炼这样一块<u>金</u>，需要800吨矿石，能装满200辆解放牌卡车。采<u>金</u>的辛苦由此可见一斑。（《人民日报》1998年）

b. 由于住院的患者多为<u>慢性</u>，以阴性症状为主，症状较平缓。（BCC科技文献）

c. 旗袍挽合<u>西式</u>，紧俏伶俐，袍上的花纹是淡红浅绿横条子间着白条子，花得像欧洲大陆上小国的国旗。（钱钟书《围城》）

d. 固然在学习方面她有缺点，成绩也属于<u>中等</u>，但正如她自己所说"不能把人看死"，她还是一个"在发展中的"十一岁的小姑娘。（巴金《随想录》）

e. 当技术工人专业化分工越来越细时，小公司的工作量无法使那些具有最先进技术的个人保持全职。（BCC 科技文献）

f. 一个国税单位是整个国税事业的局部，一名国税干部职工即是一个国税单位的一名成员。（BCC 科技文献）

g. 我国蛇资源非常丰富，从南到北，既有野生，也有饲养，综合利用价值非常高。（BCC 科技文献）

h. 这类窟的平面都成正方，面积较小，无壁画，窟顶呈穹庐状。（BCC 科技文献）

i. 能否在作文中打造出一片色彩斑斓的锦绣，还得取决于多方面的因素。（BCC 科技文献）

j. 自治区应适当增加化肥投入，以无机促有机，增加农作物生物产量。（BCC 科技文献）

k. 个人的血气形体，不属于他人，不属于公共，这些都是私人的东西。（BCC 科技文献）

l. 近年来，在食品工业方面的应用发展迅速，从中小型发展到大型，产量 1 顿/批。（BCC 科技文献）

可见，非谓形容词做主宾语的能力并不弱，而且只要我们有语义表达的要求，语法上并没有特别的限制。如果否认上述事实，那就得额外为非谓形容词添加特设的（ad hoc）标准：非谓形容词在正式文体中可以做主宾语。关键是，这类现象不是少数，那么特设的标准也会失去意义。因此，所谓的非谓形容词不能充当"一般性"的主语和宾语，指的是一种语用倾向或文体倾向，并不能真的否定非谓形容词具备做主宾语的语法功能。

吕叔湘、饶长溶（1981）还提出，非谓形容词做主宾语有时是借用，如"101 型卖完了"，所以"101 型"仍然是非谓形容词而不是名词。这里的"借用"是指语义的转指。例如在（60g）中，"既有野生"的"野生"可能是转指"野生的蛇"。的确，转喻或隐喻是词义变化的主要认知机制，但这是发生在语义层面的变化，并不能当作证据否认这些出现语义变化的词在句子中的句法性质。因为句法规则通常只关注名词、动词、形容词这些句法范畴的组合规律，并不涉及它们的具体语义。如果因为一个词的语义出现转指而否认它的句法性质，那么句法分析在很大程度上就受到灵活的词义所支配。

我们曾经介绍，朱德熙（1985）强调意义在词类划分时没有地位，但可用来测试词的同一性。他举例说"人总是要死的"和"别把话说死"，前一句中的"死"是"失去生命"的意思，后一句里的"死"是"不活动、不灵活"的意思。朱先生提出，在处理这种情况时，我们面临两种选择：一、如果认为两个"死"的意义不同，是两个不同的词，那么就可以把它们当作不同的词分类，一个是动词，一个是形容词。二、如果认为两个"死"的两种意义之间有关联，"不活动、不灵活"是"失去生命"的意义引申出来的，那么就可以把两个"死"看成同一个词（朱德熙，1985：13—14）。可以看出，朱德熙先生认为词义的认知变化是否影响词类的划分只是一个判断标准的选择问题。朱先生倾向于第一种做法，他因此提出形容词修饰动词时，由于语义有变化，所以形容词发生了副词化。我们认为，根据奥卡姆剃刀定律以及朱德熙（1985：77）提倡的简单性原则，采用第二种做法可以减少分析过程中的语义干扰，减少没有形式依据的假设，并可避免更为严重的理论问题。而且，由于词义的引申变化并未导致形式变化，不少词义变化也比较微妙，因此在很多场合中同一性测试也很难得以贯彻。请比较以下例（64）中的两组例子，B组的形容词到底是本义还是引申义？在没有语境的支持下一般很难判断。

(64) A组　　　B组
　　 慢车　　　慢走
　　 快件　　　快吃
　　 难题　　　难开口
　　 黑夜　　　她怕黑

"慢车"中的"慢"是指车的速度慢，但是"慢走"中的"慢"到底是走的指"速度慢"还是指"小心谨慎"（不一定指走的速度慢）？"快件"中的"快"是指邮件寄送的"速度快"，而"快吃"中的"快"

是指"吃"的"速度快"（即嘴部动作快）还是指"抓紧时间"（嘴部动作不一定快）？同样，"难题"中的"难"是指"难度高"，而"难开口"中的"难"是指"难度高"（如"阿拉伯语是一门难开口的语言"）还是指"不好意思做某事"（如"借钱这种事有点难开口"）？最后，"黑夜"的"黑"指颜色，但"她怕黑"中的"黑"是指"黑暗"还是转指"黑暗的地方"？所以，如果采用朱德熙先生提出的第一种标准，那么"慢、快、难、黑"都可以分出两个词类。例（64）的分析结果则是：A 组是形容词（本义）做定语，B 组的既可能是形容词（本义）修饰动词，也可能是副词（引申义）修饰动词。那么导致的更大问题是：B 组中的结构性质到底该怎么分析？如果"慢走"的"慢"是本义，那么结构上就是"形容词 + 动词"；如果"慢"是引申义，那么"慢走"就是"副词 + 动词"。可见，同一个"慢走"会有两种语法结构，这显然是过多考虑语义而导致的分析困境。总之，过多考虑词的本义和引申义会对词类的划分带来不小的麻烦，进而增加语法分析的复杂度及潜在风险。词的同一性测试并不适合我们讨论的这种情况。

吕叔湘、饶长溶（1981）还认为非谓形容词不能做谓语。但是在 BCC 语料中，非谓形容词做谓语的情况也很普遍。部分语例如下：

(65) a. 皮损一般柔软，但随旧性皮损中央可轻度发硬——病程往往<u>慢性</u>。可在数月至数年内缓慢发展而无自觉症状。（BCC 科技文献）

b. 前二者<u>良性</u>，后一种包括从良性到高度恶性，故需区分。（BCC 科技文献）

c. 清人任伯年，画艺<u>全能</u>，一生画了不少大型的中堂、条屏，如尽人皆知的《群仙祝寿》大屏条。（《人民日报》1996 年 3 月 14 日）

d. ……投弹能手五十八名，年终考核，五大技术全部<u>优等</u>。（《人民日报》1965 年 10 月 6 日）

e. 由方圆集团、十里方圆、方圆易达广场<u>特约</u>，方圆集团、鹤山广播电视台、鹤山市方圆房地产发展有限公司主办。（微博）

f. 大话和假话常常孪生。许多大话包含着假话。(《人民日报》1998年)
g. 棉麻的不规则设计衬衫，单穿很中式，外搭很休闲，一丝一毫都不过。(微博)
h. 该品种不空心，不倒瓢，质地细脆，纤维少，籽极少。(BCC科技文献)
i. 业内人士表示，用壁布、壁纸装饰高雅不高价……(《人民日报海外版》2004年8月2日)

在例（65）中，有的非谓形容词和名词近似，直接做谓语，并且可以转换为"是……的"结构，如（65a）至（65d）。有的语例中的非谓形容词近似动词，不能转换为"是……的"结构，也不能被"很"修饰，如（65e）至（65f）。还有的非谓形容词近似形容词，可被"很"修饰，或被"不"否定，但否定词"不"之后补上系词"是"会变得更自然，如（65g）至（65i）。

以上语言事实显示，非谓形容词做谓语在句法性质上比吕叔湘、饶长溶先生所认为的要复杂得多。只要有语境支持，非谓形容词可以直接做谓语，这一点和汉语的名词做谓语较为相似。李宇明（2000）指出，由于非谓形容词的构词方式比较特殊，处在各种词类的中间地带，因此在语法功能方面具有向形容词或动词游移的倾向。但游移只是少部分现象，因此"很中式""不空心"虽然出现在语料中，但并不足以影响整个非谓形容词的词类性质。

需要解释的是，在语料中大量的非谓形容词都能自由做主宾语和谓语，但该类现象在日常交际中的出现频率却较低，这是因为非谓形容词大多涉及对事物属性的专业或特殊的划分，缺少主观的感情色彩，也远离日常生活，因而常见于科技、新闻、经贸等正式语篇。传统观点认为"金、银"等非谓形容词不能做主宾语，主要是因为单音节的"金、银"的说法比较正式，在日常话语中我们会使用更为口语化的双音节词"金子、银子"。但在科技、新闻等正式文体中，"金、银"的说法反而显得更恰当。另外，正式文体对语言的语法要求更为严格，因此研究者不能以"少用"或"不常用"为理由将非谓形容词的一些语法功能定性为

"使用受限"或"不可接受"。这是不符合语法事实的主观做法。因此，所谓的"非谓形容词不能做主宾语和谓语"本质上是个基于使用频率的语用判断，而非真正语法分析的结果。

只有厘清以上问题，才能在非谓形容词的词类定性中统一标准，才能在差别迥异的各家观点中找到我们判断的方向。不少研究既强调"只能、必须"等语法标准，又随意使用语用标准来缩小研究范围。陈青松（2012：97）在分析非谓形容词的功能时说，"只能以粘合形式作定语"，如"上等、业余"，然后又接着说，这些非谓形容词在口语中也可以带"的"做定语表示强调，如"上等的茶叶、业余的选手"。这种前后矛盾的说法大大削弱了定义中"只能"的限制意义。非谓形容词带"的"做定语算不算口语体暂且不论，如果轻易地将所谓的口语体排除在外，那么就要为口语中表示强调的"上等、业余"单独设立一个类，即"只能以'组合'方式作定语"的非谓形容词。这种做法显然是语义决定词类，使得词类体系变得主观而又复杂，违反了语言研究中的科学性和简洁性。

在我们看来，汉语中语法的范围要大于语用的范围，语用受限并不意味着语法受限。所以语法研究的内容，或者说潜在的语法事实常会超越我们的语用常识。语用常识因人而异，灵活且不易把控。而相对可控的则是抽象的语法规则。例如汉语语法允许"形+名"的定中结构，如果我们遇到某个"形+名"结构在语感上出现所谓的"不可接受"或"不够独立"，应该优先排除语法问题，重点研究其在语义、语用、认知等层面是否存在导致该结构不可接受的外在原因。朱德熙（1956；1980）曾认为"重箱子、脏糖"不可接受。这也被一些研究者认定为语法问题。但汉语语法只涉及抽象的"形+名"的组合可能性，并不涉及具体语义。"重箱子、脏糖"不可接受，显然是个语义（沈家煊，2016a）或者认知问题（张敏，1998）。第七章曾介绍，乔姆斯基（1957：15）使用以下例子说明语法和语义的关系：

(66) a. Colorless green ideas sleep furiously.
　　 b. Furiously sleep ideas green colorless.

乔姆斯基说，a 句和 b 句在任何英语语篇中都从未出现过，因此这两句在任何语法统计分析中也都会被排除在外，a 句虽然语义荒谬但却符合语法。乔姆斯基是想说明，语法规则可以独立于语义，即句法自制（autonomy of syntax）。同样，语法规则也独立于语用，语法不合格不会因为常见的语境因素而变得合格。有趣的是，赵元任（Chao，1997）曾尝试对（66a）进行语境补充以使提高其语义的可接受性。1985 年斯坦福大学还专门针对（66a）的语义合理化开展了竞赛活动。如果（66a）不合语法规则，语义或语用修补也无济于事。

可见，语用上使用频率的高低或语义上是否自然具有很强的主观性，它们和语法规则没有明显的直接关系。以上这些认识对非谓形容词的词类定性尤其关键，所谓的"非谓形容词不能做主宾语和谓语"并不是个真命题。

6.3 非谓形容词的词类身份是什么？

由于非谓形容词的定位主要涉及名词和形容词，表 8—2 可说明非谓形容词和名词、形容词的词类关系。我们认为，非谓形容词在语法上具有做主宾语和谓语的能力，那么对比的结果如表 8—2 所示：

表 8—2　　　　　　　非谓形容词、名词、形容词之比较

功能 词类	做主宾语	做谓语	做定语	带"的"做定语	进入"是……的"结构	受"不"和程度词修饰	做定语时受"非"否定
非谓形容词	±	±	+	+	+	−	+
名词	+	±	+	+	+	−	+
形容词	+	+	+	+	+	+	−

注：+ 表示具有该语法功能；± 表示具有该语法功能但存在语用限制；− 表示不具备该语法功能。

根据表 8—2，非谓形容词和名词的差别很小，在主宾语和谓语的核心功能上，两者一致。可以说，非谓形容词就是一种名词。只不过非谓形容词和名词存在局部的语用差别，即非谓形容词虽然具有做主宾语的语法能力，但会受一定的语用限制（如语境、文体等）。由于词类是语法范畴，因此语用限制虽然存在，但不会影响词类的划分。在其他功能和

分布上,非谓形容词和名词没有明显的本质差别。

我们在第七章提出,汉语的形容词是一种名词,是属性动名词。形容词仍具有动性,和动词一样可以被"不"否定,这是有别于传统名词的一个语法特征。相比之下,非谓形容词和名词一样,都不能被"不"否定,虽然在非谓形容词的语料中出现了"不空心、不高价",但这只是少数情况(李宇明,2000)。所以从否定方式上看,非谓形容词更加靠近名词而非形容词。此外,绝大部分非谓形容词也和名词一样,不能被程度词修饰。

石毓智(2000)提出,"不"和程度词之间具有关联性,能受"不"修饰的,就能受程度词修饰。这些特征的确体现了非谓形容词和形容词的差别。如以下对比:

(67) 受"不"修饰
　　 非谓形容词:＊不良性／＊不一等／＊不中型
　　 形容词:不红／不大／不重
(68) 受程度词修饰
　　 非谓形容词:＊很良性／＊很一等／＊很中型
　　 形容词:很红／很大／很重

我们认为,"不"之所以不能否定非谓形容词,是因为否定词"不"含有主观意愿的意味。沈家煊(2016a:340)指出,"他不去"有"他不愿去"的意思。如果进一步扩大"不"的搭配语义特征的话,"不"经常否定一些主观的或可控的成分,所以判断系词"是"、形容词、可控动词等,都能受"不"否定。例如:

(69) a. 今天不是周日。
　　 b. 他不高。
　　 c. 张三不学习。

例(69)的 a 句、b 句都是主观判断,c 句中的动作"学习"是主观可控的(张三可以主观上决定学还是不学)。而名词多指称客观事物,非谓形容词多指称客观属性，因此它们都不太可能被"不"直接否定，如例（70）的 a 和 b。这也能说明非谓形容词和名词是同类。另外，由于非可控动词一般不受主观控制，所以一般不能受"不"否定，如例（70）的 c 中的动词"摔跤"。

（70）a. *今天不周日。
　　　b. *这个座位不一等。
　　　c. *张三不摔跤。

要想否定名词和非谓形容词，一般需要借助判断系词"是"，即"今天不是周日、这个座位不是一等（的）"。"摔跤"不是主观可控的动作，因此通常不能受"不"否定。除非说话人主观制造或刻意控制"摔跤"这个动作，例如"我今天保证不摔跤"，这时"摔跤"也能受"不"否定。这更加说明"不"和主观可控有关联。Payne（1997）曾指出，不少语言在句法形态层面会在词的可控性上做出区分。汉语的否定词"不"可被看作类似的句法手段，能够区分可控和非可控的动词。"很"和"不"具有类似的功能，都和主观性或主观判断相关，因此它们可以测试出非谓形容词和名词十分接近。

另外，非谓形容词和形容词做定语时，不管带不带"的"，都不会影响受"非"否定的能力。例如：

（71）做定语时受"非"否定
　　　非谓形容词：非良性（的）肿瘤/非一等（的）座位/非中型（的）军舰
　　　形容词：*非红（的）苹果/*非大（的）房子/*非重（的）箱子

"非"是书面语，可以否定名词。虽然也可以用来否定一些的双音形容词（如"非正常、非一般"等），但不能否定单音的典型形容词。因此非谓形容词接近名词，而离典型的单音性质形容词较远。

通过以上比较，认为"非谓形容词是典型形容词"的观点并不合理。

非谓形容词在总体上和传统名词具有平行的语法功能,而和形容词在语法性质上差别相对更大。如果认为"只能做定语"是典型形容词的标准,那么所谓的"典型形容词"其实指的是印欧语的形容词。这就出现了一个研究思路上的问题:到底是在研究非谓形容词和汉语形容词的关系,还是在研究非谓形容词和印欧语形容词的关系?在汉语的语法框架中,研究非谓形容词和另外一种语言中形容词的关系,这是一个很不合理的做法。打个比方:美国的所有警察均配备枪支,因此可以说,配枪是美国警察的必备特征,如果没有配枪则不是警察。在中国,只有部分警察配枪(如刑警),而另一部分警察并未配枪(如交警)。如果拿美国警察的必备特征为标准,那么就会得出结论:中国的刑警是警察,而交警不是警察。这一点显然不符合中国的国情。

英语是分化的刚性词类系统,主要的词类各司其职。因此英语形容词的功能单一,只能无标记做定语。而汉语是柔性的词类系统,词类和功能不存在一一对应的关系,所以形容词的功能具有多样性。汉语非谓形容词到底是不是形容词,应该拿汉语的形容词为比较对象。如果用"只能做定语才是真正的形容词"为标准,实际就是用英语的语法来框定汉语的词类研究。除非我们能够找到一个汉语、英语共用的语法结构平台,才有可能和有条件进一步说明汉语的非谓形容词和英语形容词的词类关系,但这显然是无法做到的事情。

6.4　从词类名称看"非谓形容词"和"区别词"

"非谓形容词"的提出为汉语的词类提供了新的研究内容,但其名称也给学界带来不少的争议。朱德熙(1980:19—20)认为,把"金、银、男、女、西式"等词叫作"非谓形容词"并不合适,因为叫它们"形容词"唯一的根据可能是因为能做定语。如果这样的话,那么名词也可以归为形容词。因此,朱先生主张使用"区别词"这个名称,以表明区别词和名词、形容词之间的不同。朱先生这么做的理由是区别词不能做主宾语和谓语,而且事先还要排除区别词有时也能做主宾语和谓语的用法("一男一女""急性好治,慢性难治")。我们在上文论证,没有充分的理由可以否认区别词也能做主宾语和谓语,因为语用限制并非语法规则。朱德熙(1980:16)在解释语法性质和语法特点的区别时强调,一个词类的语法性质是这个词类"全部语法"上的共性。既然是"全部语法"上的共性，那为什么要刻意排除区别词在某些语境或文体中具有的语法功能呢？除了前文提供的许多例证，我们还可以拿"一男一女""急性好治，慢性难治"为模仿框架，自由造出大量类似的表达。如例（72）所示，几乎所有区别词都能在相同的语用条件下做主宾语和谓语。

(72) 一个<u>一等</u>，两个<u>二等</u>/三台<u>进口</u>，两台<u>出口</u>/一窝小狗，三只<u>雌</u>两只<u>雄</u>/这双鞋<u>高档</u>，那双鞋<u>低档</u>/新来领导班子一<u>正</u>三<u>副</u>/在制度上<u>国营</u>胜过<u>私营</u>/该技术既可<u>民用</u>也可<u>军用</u>，<u>民用</u>更好/经贸协议既有利于<u>双边</u>，又巩固了<u>多边</u>

所以区别词不仅仅可以做定语起到"区别"的作用，同样也具有"指称"和"述谓"的功能。区别词和名词在语法功能上具有平行性，因此把区别词视作单独的一个词类，没有科学的理由也没有现实的必要。

我们的观点是，非谓形容词或区别词可被称为"客观属性名词"。因为从语义的角度看，这类词多表示事物的客观特征，如材质、用途、等级、类别、样式、方式等。这些语义特征通常不能被度量，也不为人的主观意志所转移，如"金、银"，"雄、雌"，"男、女"，"国营、私营"，"单边、多边"，"良性、恶性"，"正方、三角"等。所以大多数成员不能被主观性较强的程度副词"很"等修饰，也不能被含有主观性的否定词"不"所否定。

金立鑫、于秀金（2016：16）提出，和"区别词"相比，"非谓形容词"这个名称更接近真相。然而我们认为，词类是语法范畴，如果从语法角度看，"非谓形容词"在汉语中并不存在，因为非谓形容词做谓语时只是受到语用限制而已。其实，"非谓形容词"这个术语应该更加接近英语的真相而非汉语。在严格意义上，英语的形容词都是非谓形容词，因为英语的形容词不能直接做谓语，做谓语时必须借助系词类成分。这里的"必须"是强制性的语法规则。而汉语中非谓形容词所谓的"必须"借助"是……的"做谓语的情况，其实并非真的"必须"，而是一种"通常"的情况。例如"她是女的"成立，而"她女，我男"同样成立。这就是汉语和英语的关键区别。而且，英语中还有一些形容词甚至连依靠系词做谓语的能力都没有，如"sheer、everyday、future、utter"等，所以这些词才是真真正正纯粹意义上的非谓形容词，但它们的成员数量并不算多。如下对比：

（73） a. sheer nonsense→ *Nonsense is sheer.
b. the everyday boy→ *The boy is everyday.
c. my future job→ *My job is future.

有趣的是，英语中还有一些形容词不能做定语，但它们又不能直接做谓语，例如"alike、alive"等，如下：

（74） a. My dog is alive. → *my alive dog
b. Their ideas are alike. → *their alike ideas

这类形容词不是唯谓形容词，因为它们不是谓语核心。按照传统英语语法的术语，它们是表语，所以称之为"唯表形容词"可能最恰当但也是无奈之举。英语形容词的原型功能是做定语，"alike、alive、afraid、alone"这类词不能做定语却仍然被叫作形容词，的确违反英语形容词的划分标准。可如果排除做定语的情形，从总体上看"alike"等的确和形容词更接近，而和名词相对较远。如表8—3所示：

表8—3　　　　　　　　alike 类的词类特征对比

	做定语	依靠系词做谓语	做主宾语	加冠词	被程度词修饰
alike 类	-	+	-	-	+
形容词	+	+	-	-	+
名词	+	+	+	+	-

英语形容词的内部分类可以说明，是否"能够做定语"是判断形容词的重要标准但不是唯一的标准。西方语法学家放弃了"做定语"这个所谓的最重要的标准，仍然将"alike"等归为形容词，正是看到了它们在主宾语、谓语这些主要功能上的平行性。这和我们提出的词类判断标

准是一致的。将"alike"类归为形容词既顾全了宏观大局，又实现了词类划分的简洁性。

非谓形容词或区别词的名称就隐含了"形容词能够做定语"这个标准的关键性或绝对性。汉语作为具有柔性词类系统的语言，词类的功能灵活多样，使得我们很难只去关注某一条判断标准，更何况是一条印欧语的标准。如果只看局部而忽视整体，则可能出现主次不分，并导致不断地分类和再分类。那么词类系统会变得复杂而不简洁，也会对语法分析产生负面的影响。总之，非谓形容词或区别词是一种客观属性名词。这种名词的语法性质和传统名词并不存在明显的语法差异。

6.5 非谓形容词和语法教学

汉语的非谓形容词是客观属性名词，在宏观上不必将其另立一类，这符合简单性原则，也对汉语语法教学十分有利。黄南松（1996）认为，一些留学生在使用汉语非谓形容词时，常会出现以下错误。因为按照传统教学语法，"初级"不能直接做谓语，"大型"不能被"很"修饰，"金"不能做宾语。

(75) a. *他说他的汉语水平还<u>初级</u>，不能同中国人说话。
　　　b. *昨天我们参观了一个很<u>大型</u>的展览会。
　　　c. *老汉挖啊挖啊，终于挖到一块<u>金</u>。

然而，这些所谓的错误不是语法错误，而是语用不当。这些例子中非谓形容词的用法到底是语用问题还是语法问题，是需要和汉语学习者解释清楚的。否则他们在看到下面例（76）的句子时就会陷入学习的困境。以"初级"为例，该词既可以通过对举的方式直接做谓语，也可以被程度副词修饰做谓语。

(76) a. 山西能源、原材料工业产品<u>初级</u>，设备老化，市场竞争力差。(《人民日报》1996年11月22日)
　　　b. 中国的乒乓球技术水平世界领先，然而，职业联赛的运作水平还很<u>初级</u>。(《人民日报》2003年7月1日)

面对非谓形容词做谓语、主宾语的这类情况,传统语法采用"堵"而非"疏"的处理方式,只是强调非谓形容词不具备这些语法功能。但这显然违背了汉语的事实,因此容易造成留学生在语法学习中的困惑。在教学中,我们应该强调非谓形容词的语用用法,例如当非谓形容词做谓语时,通常需要补充语境以形成对比等。

6.6 小结

传统研究对非谓形容词的判断主要存在以下一些问题和缺陷:(1)过于强调或只看到非谓形容词和名词的差别,而且对非谓形容词的全部语法功能没有做到合理的观察;(2)过于看重非谓形容词做定语的能力,否认它们也能做谓语和主宾语,把语境问题、文体问题、使用频率问题都当作语法问题,因此人为地缩小了语言事实的范围;(3)过于依赖印欧语中形容词的判断标准。前两点存在一个共同之处:分析过程受到语用因素的干扰,忽视了词类是语法范畴而不是语用范畴。不可否认,语用因素有时可以用于范畴分类,但是语用分类的选择取决于分类的动机。非谓形容词或区别词本质就是语用分类的结果,该分类只能说明名词内部成员的使用倾向。也可以说,非谓形容词是名词中的一个语用范畴。关于词类研究中的语用问题我们会在第九章继续讨论。

朱德熙(1985:16)认为语法性质是一个词类的全部语法上的共性。但不少观点并未依据非谓形容词的全部语法共性来为其定性,只是抓住了非谓形容词的个别语法特征。这就是沈家煊(2017c)所说的"以偏概全"而导致的主次不分。如果从分清主次来看词类的语法功能,"能不能做"比"怎么做"更重要。前者是重要的本质问题,后者是次要的方式问题。这就好比说,一个人是否能游泳是涉及能力的、重要的本质问题,而这个人是会常见的蛙泳还是罕见的蝶泳只是个次要的方式问题。如果没有能力,方式也就无从谈起。很显然,能力是关键。如果拿英汉做对比,英语的动词能够直接做谓语(本质问题),但动词做谓语时需要附加相应的形态(方式问题);英语的形容词不能直接做谓语(本质问题),如果形容词跟在系词 be 之后做谓语,实际上 be 才是谓语核心。汉语的动词、形容词能够做谓语(本质问题),但动词、形容词直接做谓语需要一些语境支持(方式问题)。这就是英汉对谓语成分的限定性所呈现的主要不同,所以说汉语是语用型语言,也是不无道理的。语法为语言交际提供了最低限度的可能性,但是一个结构如何在交际中成为有效话语,不同语言会有不同的要求。

第七节 双音形容词的词类性质

形容词的重叠式被看作一种状态形容词,本章第三节已经讨论了重叠式的词类身份,我们将其归为状词,和大名词相对立。汉语中还有一些成员数量较大的词也被看作状态形容词,如"冰冷、火热、崭新、煞白"等,它们一般是单音形容词通过添加各种词头而形成的形容词。朱德熙(1956;1980;1982)将这些双音形容词分为两类:一类能被"很"修饰,因此可以和单音形容词合并,统称为性质形容词,例如"火热"等;另一类不能被"很"修饰,因此是状态形容词,例如"冰冷"等。按照朱先生的观点,"能否被程度副词'很'修饰"是区别两类双音形容词的关键标准。然而这条标准比较主观,在汉语中如果一个词能够被程度词修饰,通常是因为说话人在主观上认定该词的某个语义特征具有可被度量的可能性。"很"对词义更敏感,对词类并不敏感(详见本章第二节)。

从语义上看,一些双音形容词如"火热、寒冷"等本身就有程度义,按常理它们应该属于状态形容词。但由于这些词在现代汉语中仍然能被程度副词修饰,如"很火热、很寒冷",所以朱德熙先生将这些双音形容词归为性质形容词。严格意义上,"很火热、很寒冷"其实存在语义冗余的现象,因为"火热"就是"很热","寒冷"就是"很冷"。然而,具有同样结构和程度义的"冰冷"却很少受程度词修饰,如"?很冰冷"。这里表现出来的对立可以从语料中找到印证,根据 BCC 语料库统计,"很火热""很寒冷"的出现频率都要明显高于"很冰冷"。这意味着"火热""寒冷"已经出现了语义磨损(semantic erosion),需要借助程度词维持它们的程度义。

由于语义磨损是个渐进的过程,因此双音形容词是否能被程度副词修饰有时也是个不好把握的语义现象。一些被朱德熙先生定性为状态形容词的双音形容词在语料中也可以被各种程度语修饰。例如:

(77) a. 墙上妈妈的名字不在了，那个地方显得<u>格外煞白</u>，往常妈妈的名字就挂在那儿。(《人民日报》1981年1月24日)
   b. ……捏住小姐握着发丝的手。那手<u>十分冰凉</u>。（余华《古典爱情》)
   c. 因为枪弹和叉刺穿了它的棉花一般的肉，就好像插进<u>完全稀烂</u>的粘液那样。(《海底两万里》中译本)
   d. 资产阶级反动路线的新反扑虽已被打退，但尚未<u>彻底粉碎</u>。(《人民日报》1967年1月19日)
   e. 远古人类先是在森林大火中发现烧熟的动物肉味<u>更为喷香鲜美</u>，到了自己能生火，改变了饮食习惯。（科技文献）
   f. 他望着奔流的铁水，满脸挂笑，飞溅的钢花把他的笑脸映得<u>更加通红</u>。(《人民日报》1968年8月31日)

以上事实表明，汉语众多双音形容词的内部成员并不能有效地利用程度副词进行分门别类。也就是说，已有的分类是较为模糊和主观的语义分类。因此，如果坚持词类是语法范畴的话，那么将双音形容词分为性质和状态形容词可能并没有可靠的证据支持。那么到底如何处理双音形容词？它们和单音形容词的关系是什么？我们可利用标记颠倒理论进行分析和说明。

7.1 三音节组合中的标记颠倒

单音和双音形容词的差别一方面体现在语义上，另一方面体现的音节上。和重叠式不同，单音形容词的双音化形式不能直接作为词类判断的有效依据，因为汉语中还有大量的单音节名词和动词也经历了双音化的过程，但并未出现词类改变。所以，要判断双音形容词的词类地位需要借助其他手段。吕叔湘（1963）曾提出，在汉语三音节的韵律组合中，定中结构以［2+1］为常态，述宾结构以［1+2］为常态。例如：

表 8—4　　　　　　　　汉语三音节的韵律组合规律

定中结构		述宾结构	
2+1	1+2	1+2	2+1
煤炭店	？煤商店	打篮球	？击打球
水果商	？果商贩	运粮食	？运输粮
盗窃犯	？盗罪犯	买衣服	？购买衣
出租房	？租房屋	看比赛	？观看赛

在以上［2+1］的定中结构中，定语部分可以是名词"煤炭、水果"，也可以是动词"盗窃、出租"，定语的词类对整个定中结构的性质没有影响。

相比之下，英语的结构性质和词类关系通常十分密切，和韵律没有关系。例如在一个合法的"N_1+N_2"结构中，不管"N_1"和"N_2"是单音节还是多音节，都是定中结构。如果是一个合法的"V+N"组合，不管"V"和"N"是单音节还是多音节，那么整个结构通常是述宾结构，有时也可能是名词性复合词，如"pickpocket"，通常复合词中后一个成分的词类性质决定了整个复合词的结构性质。所以在英语中，整个结构的性质受到结构内成员的词类身份影响很大，而和结构的音节数没有必然的关联。汉语的韵律结构在很大程度上制约了语法结构的性质，所以冯胜利（1997；2000）将表 8—4 中的现象总结为"［2+1］构词、［1+2］造语"。前者构成的是复合名词，而后者制造的是动词短语。

定中结构以［2+1］为常态还体现在另一种情况中：当被修饰的单音节中心词即使是动词，整个［2+1］结构仍然是名词性的（陈刚、沈家煊，2012）。例如：

　　（78）定中结构［2+1］：港澳游　十八弯　双虎斗　全年租
　　　　　定中结构［1+2］:？港游玩 ？八拐弯 ？虎争斗 ？年租用

另外，当被修饰的单音节中心词是形容词时，定中结构也是以［2+1］为常态。例如：

(79) 定中结构［2＋1］：力量美　婴儿肥　宝石蓝　桂花香
　　　定中结构［1＋2］:?力美丽　?婴肥胖　?石蓝色　?花芳香

以上现象说明，在汉语的三音节组合中，音节数的搭配比词类的区别更重要。韵律结构在很大程度制约了语法结构。不可否认，定中结构虽然以［2＋1］为常态，但在现实表达中也的确存在非常态［1＋2］的定中结构。从标记性的视角看，常态［2＋1］为无标记，非常态［1＋2］为有标记。柯航（2007；2018）根据布拉格学派的标记理论（markedness theory）提出，汉语三音节组合存在表8—5中标记颠倒的情况：

表8—5　　　　　　　　汉语三音节组合的标记颠倒

	定中复合词	述宾动词短语
［2＋1］	无标记	有标记
［1＋2］	有标记	无标记

这组标记颠倒含有两个自然配对，即［2＋1］自然匹配定中复合词，［1＋2］自然匹配述宾短语。在语法层面，由于复合词的扩展能力明显弱于短语，所以前者的内部结构要比后者更紧密。柯航（2007；2018）还从"松紧象似"的角度解释了自然配对的背后理据，她用大量三音节组合的连读变调印证了［2＋1］的韵律结构紧，而［1＋2］的韵律结构松。

7.2　从标记性看双音形容词

如前文所述，［2＋1］自然匹配定中复合词，是无标记的。但这只适用于定语为名词或动词的情形。如果定语是形容词，那么就会出现情况逆转，即［2＋1］变为有标记组合，而［1＋2］成了无标记组合（详见陈刚、沈家煊，2012）。如下所示：

(80) 形名定中［2＋1］：?高大楼　?火热炕　?通红眼　?冰冷水
　　　形名定中［1＋2］：大楼房　热炕头　红眼睛　冷开水

朱德熙先生根据能否受"很"修饰将双音形容词分为性质和状态两类形容词。那么在例（80）中，"高大、火热"应属于性质形容词，而"通红、冰冷"应属于状态形容词。但是可以看出，朱先生的这种区分在以上定中结构中并不能得到体现。我们已经论证，能否受程度词修饰不论在汉语还是英语中都更适合测试一个词是否具有可度量性，但很难测试被修饰成分的词类身份。所以从三音节组合来看，韵律层面的形式证据更加直接、有效。汉语双音形容词和单音形容词在定语位置上存在明显的对立。在语义上，双音形容词表达了具体的程度义，例如"火热、冰冷、煞白、粉红"中的词头"火、冰、煞、粉"都可起到增强摹状性的语义作用。虽然其中一些成员也逐渐可被"很"修饰（如"很火热"），但在一定程度上仍然保留了摹状性（石锓，2010）。基于单、双音形容词在三音节定中结构中呈现的形式和语义上的差别，我们可以将双音形容词归为状词。

另外，和单音形容词做定语相比，即使有少量双音形容词可以进入 [2+1] 结构做定语，后者仍然体现出摹状性。例如：

（81）双音形容词做定语 [2+1]：穷酸相 阴暗面 名贵犬 大长脸
单音形容词做定语 [1+2]：穷地方 暗房间 贵金属 长下巴

在例（81）中，单音形容词做定语时主要起到定性作用，表达相对客观的属性义。而双音形容词做定语时，可以表达了相对主观的摹状义。需要解释的是：并不是说双音形容词不能表达属性义，而是说双音形容词既可表达属性义又可表达摹状义；而相比之下，单音形容词通常只表达单纯的属性义。所以从总体上看，在三音节组合中单音形容词做定语是无标记的，双音形容词做定语是有标记的。不论在韵律层面还是语义层面，它们的差异都是明显的。

名词、动词做定语符合 [2+1] 常态。在语义上，它们做定语时也存在定性和摹状的对立，但是和形容词做定语的情形正好相反。如下：

（82）名词做定语 [2+1]：纸板房 陶瓷碗 钢铁侠 木材商 鲜花店
名词做定语 [1+2]：纸房子 瓷娃娃 铁娘子 木脑瓜 花和尚

在例（82）的［2+1］结构中，双音名词描述客观属性。在［1+2］结构中，单音名词可用作修辞表达，能够隐喻性地摹写事物的某种属性。例如，"纸板房"通常只按照字面理解为材质为"纸板"的房子。而在"纸房子"中，"纸"虽然可以表达字面意思，但还可以进一步用作比喻，"纸"暗指"不结实、外强中干"等。"纸板房"却很难触发这种隐喻义。同样，"陶瓷碗""钢铁侠""木材商"中的双音名词定语都是按照本义理解。而"瓷娃娃、铁娘子、木脑瓜、花和尚"中的单音名词定语都可隐喻性地摹写某种抽象的属性，如"瓷"可喻指"体质脆弱"，"铁"喻指"果敢、态度强硬"，"木"喻指"反应慢、笨"，"花"喻指"感情不专、生活不检点"。同样需要强调的是，并不是说单音名词只表达摹状义，而是说单音名词既可以表示属性义又可表示摹状义，而双音名词通常只是表达属性义。我们再提供以下语料，划线的［1+2］定中结构都是具有摹状义的修辞用法：

(83) a. 这次剧变中，不少统治国家几十年的强人政权，像<u>纸房子</u>一样轰然解体。(《人民日报海外版》2014年1月20日)

b. 家长也要理性对待孩子间可能发生的磕碰，别把孩子养成了碰不起的"<u>瓷娃娃</u>"。(《人民日报》2017年5月4日)

c. 德拉米尼·祖马是一位聪明干练、经验丰富的政治家……有报道称其为南非的"<u>铁娘子</u>"，因为她素以严厉的作风著称。(《人民日报》2012年10月16日)

d. 他走出教室……怪不得成绩差，长个<u>木脑瓜</u>子，真是个阿木。(科技文献)

e. 像黄瓜这样的坏种后代，即使生出来放在庙里，长大了也是个<u>花和尚</u>。(莫言《蛙》)

我们不能将（83a）中的"纸房子"替换为"纸板房"，同样也不能将（83b）中的"瓷娃娃"替换为"陶瓷娃娃"。所以汉语单音名词做定语的［1+2］结构具有表达摹状义的语义潜力，而［2+1］则用作客观的定性描写。

汉语动词做定语的能力相对较弱，但是和名词做定语相似的是，动词做定语的三音节组合也存在定性和摹状的对立。在以下［2+1］和［1+2］的结构比较中可以发现，前者的动词性定语主要用来定性，而后者的动词性定语可以摹状。例如：

(84) 动词做定语 ［2+1］：降落伞 飞行家 卷曲发 死亡岛 活动区
动词做定语 ［1+2］：落花生 飞骑兵 卷头发 死脑筋 活字典

在例（84）中，当双音动词做定语时，动词都按照字面意思理解；而单音动词做定语时，则可实现摹状，具有隐喻义。例如，"降落伞"中的"降落"为字面义，但"落花生"中的"落"并非指花生"下落"，而是指花生的果实具有向地性，即地面开花、地下结果。"飞行家"中的"飞行"表达了字面义，是对职业的客观定性；而例（85）中，"飞骑兵"中的"飞"喻指"移动速度快"。"卷曲发"是对发型的客观定性，而"卷头发"是主观摹状描写，请见以下对比：

(85) a. 直发、波浪<u>卷曲发</u>、天然<u>卷曲发</u>，我们头发分以上三种。（百度知道）
b. 那菊花像是<u>卷头发</u>的小姑娘，穿着绿油油的裙子，看起来让人感觉那颜色搭配是那样的协调。(《人民日报海外版》2003年2月13日)

同样，例（84）中"死亡岛、活动区"中双音动词定语都是字面义；而"死脑筋、活字典"中的单音动词定语都具有隐喻义，起到摹状的作用。

根据以上三音节定中结构的综合分析，可得出以下"形式—语义"的关联模式：

表 8—6　　　　　　　定中结构的单双音节搭配和标记颠倒

	自然组配 定语定性	自然组配 定语摹状
名词做定语	[2+1]	[1+2]
动词做定语	[2+1]	[1+2]
形容词做定语	[1+2]	[2+1]

　　就形容词而言，汉语单、双音形容词在音节组合和语义上都存在明显的对立。从标记理论来看，汉语更看重摹状和定性之分，并在形式上得到体现。这和前文将名、动、形的大量重叠式单独归为状词是一致的（详见本章第三节、第四节）。如果把双音化也看作一种的形态手段（沈家煊，2011b），那么根据表 8—6，双音形容词具有摹状性，理应和状词归为一类。因为它们在形式和语义上具有更多的共同点，而单音形容词才是汉语中相对典型的形容词。不过在大名词的框架中，单音形容词整体上仍是名词性的（详见第七章），尚未从名词中分立出来。

第 九 章

形容词研究中的语法和语用问题

第一节 词类分析中的语法和语用限制

在讨论词类的语法功能时，很多文献时常使用"能不能、自不自由"这类的表述，例如"汉语的动词、形容词可以自由做谓语"，"双音形容词做定语时不自由，一般需要标记'的'"，"名词一般不能做谓语"，等等。"能不能"和"自不自由"其实分别代表了两种性质截然不同的判断标准，它们的目的是描述各种词类在实现某种语法功能时，是否存在限制以及存在何种限制。在我们看来，汉语词类的语法功能至少涉及两个层面的限制，即语法和语用。前者关涉"能不能"，后者关涉"自不自由"。两者有必要加以区分，否则会对词类分析带来重要的干扰。另外，还有一些表述如某某结构的"可接受程度低"或"独立性弱、不能单说"，这也和我们即将讨论的问题直接相关。

沈家煊（2016a）曾强调，汉语离开语用就没有多少语法可以讲。或者说，汉语中很多所谓的语法问题实际上是语用问题。当然，这并不是说汉语没有语法问题，例如体标记"了、着、过"只能后置于动词，而不能前置。这是汉语中无关语义的语法规则。如下所示：

(1) a. 昨天他<u>去了</u>北京。
  b. *昨天他<u>了去</u>北京。

上例 b 句中的结构顺序"了去"在任何语境中都不合语法。再如下面两例中的副词，"经常"只出现在动词"打"之前，而非之后；"非常"也只能前置于形容词"高"。

(2) a. 我<u>经常</u>打篮球。
    b. *我打<u>经常</u>篮球。
(3) a. 姚明的个子<u>非常</u>高。
    b. *姚明的个子<u>高非常</u>。

汉语中的语序也有刚性的语法限制。现代汉语的基本语序是 SVO，OSV 也较常见，但 VSO 在语法上不成立，所以我们无法用例（4）中的 c 来表达 a 和 b 的基本语义。

(4) a. 我开飞机。（SVO）
    b. 飞机我开。（OSV）
    c. *开我飞机。（VSO）

如果从共时角度看，上述的语法规则似乎是没什么道理可讲的硬性限制。几乎任何一个以汉语为母语的人都能轻易地指出例子中的语法错误。因此简单来说，语法限制是一套说一不二的强制性规则，无需语境的支持。或者说，语法规则通常不用考虑语用因素，一个不合语法的表达不会因为增补语境而变得符合语法。这种情况在其他语言中也是如此，例如下面英语的句子：

(5) a. He <u>walked</u> home after work yesterday.
    b. *He <u>walk</u> home after work yesterday.
(6) a. Lily <u>deeply</u> loves painting.
    b. *Lily <u>very</u> loves painting.

对于以英语为母语的人来说，在描述过去发生的动作时动词需要后附时态标志"-ed"。在例（5）中，即使已经存在表示过去时间概念的状语"yesterday"，动词"walk"还是必须附加过去时后缀"-ed"。另外，英语中的副词通常可以直接修饰动词，但是程度副词"very"却是例外。(6a)中的"deeply"虽然在语义上和"very"近似,但(6a)和(6b)的合法性却截然不同。相比之下,汉语并不存在这种语法合格性上的差别,"深深喜爱"和"非常喜爱"都可成立。从历时角度分析,西方的语法学家也许能够找出这些英语语法规则的背后原因,但是对于普通的英语使用者来说,这些语法规则在共时上似乎没有什么道理可讲,判断这类语法错误也无需依靠语境。

汉语语法研究中有不少非语法问题却一直被当作语法问题来讨论,这会导致很多语法分析带有不够严谨的主观色彩,也使得分析的结论各种各样,常常带有争议性。朱德熙(1980:10)认为当单音形容词做定语时"白手、凉脸、重箱子"等在汉语中不成立。但是赵元任(1968/1979:304)指出,这种现象在汉语中只能算是倾向,而不是规律;"重箱子"在汉语中不是绝对不能说,例如"你不累吗,老提溜着那么个重箱子"的说法就很自然,以及"别拿你那凉脸挨着人"也算符合语法。沈家煊(1997;2016a:406)也提出,只要有适当的语境,"白手"也符合语法,例如幼儿园老师会对小朋友说"伸出你们的小手来看看谁是白手谁是黑手"。可见,朱德熙先生的例子不是"能不能说"的语法问题,而是"怎么说"才会更加自然的语用问题。关于形容词做定语的限制问题我们会在后文详细讨论。

回到汉语词类的语法功能上,学界一直以来常把语用问题当作语法问题来对待。有的文献认为汉语双音形容词直接做定语不合语法,除非形容词做定语时带"的"(Li & Thompson, 1981:121)。例如:

(7) a. *漂亮女孩子
　　 b. 漂亮的女孩子

Hengeveld(1992b:43)根据 Li & Thompson 的观点,判断汉语没有专门化的形容词,因为汉语的动词做定语也要加标记"的"。从这种逻辑可以看出,"漂亮女孩子"是否符合语法会直接影响研究者对词类的定性。根据一般人的语感,"漂亮女孩子"这个结构的可接受程度也许的确存在一些问题,但这到底是语法问题还是语用的问题?似乎很少得到回答。如果按照 Li & Thompson 的观点把"漂亮女孩子"当作不合语法来处理，那么我们就需要解释以下"漂亮"直接做定语的情形。

(8) a. 主任有个理论，<u>漂亮女孩</u>供观赏，呆一点无所谓，而在她的核算中心里，需要干活的快手。（李国文《情敌》）
b. 杨杏园道："要这样才算<u>漂亮角色</u>，哪里没有看过几百块钱呢？"又和黄梦轩谈了一会，才回去了。（张恨水《春明外史》）
c. 他打开皮箱，满满一箱<u>漂亮衣服</u>，从色彩图案到款式做工，她看出，全是舶来品。（孙力、余小惠《都市风流》）
d. 他上街时，所乘坐的轿子被砸个稀烂不算，连他本人也挨了好些拳脚；最要命的，是他引以自豪的一部<u>漂亮胡子</u>，竟给拔了个精光。（刘斯奋《白门柳》）
e. 你们千万别再满世界说徐达非长得好看了。徐达非就是让这<u>漂亮脸蛋</u>给害了王八蛋才长得好看呢！（王朔《你不是一个俗人》）

此外，"漂亮"不但可以修饰以上双音节名词，还可以修饰三音节名词，例如：

(9) a. 世事就很怪，<u>漂亮小伙子</u>反倒找不下漂亮女子。（贾平凹《废都》）
b. 而那个盛莉也不愿意杜小棣一趟一趟来找郭东林，<u>漂亮女孩子</u>总在她公公身边绕来绕去，可不是好事。（李国文《那年故事》）
c. 小狮子双手捧起一个大眼睛高鼻梁看上去像个中欧混血的<u>漂亮泥娃娃</u>说："我要这个孩子。"（莫言《蛙》）
d. 让那位过去的贫农团团长，现在的公社书记瞧瞧："你还认得出你追求过的<u>漂亮小媳妇</u>么?！"（张贤亮《男人的一半是女人》）

值得注意的是,"漂亮"还可以修饰少量单音节名词,但能产性似乎相对较弱。例如:

(10) a. 说起来这事也奇怪,他们不知道怎样会想到和一个生人提出婚姻问题来了,就是上次作傧相的那位<u>漂亮人</u>,他要登门来求亲了。(张恨水《金粉世家》)

b. "啊!你会让我做出什么<u>漂亮事</u>来!如果你的父亲醒了会怎样!老天爷!但愿不会发生什么不幸!"(福楼拜《情感教育》中译本)

c. 一天伊始就这么走运。"您瞧,今儿是我生日,老P.J.让我为自己买点儿<u>漂亮货</u>。"(西德尼·谢尔顿《假如明天来临》中译本)

d. 方丽清的<u>漂亮脸</u>拉长了,红得像桃花。(王火《战争和人》)

根据语感,如果缺少语境,"漂亮"不带"的"做定语时的可接受程度似乎较低,但这并不是个语法问题,而是个语用问题。汉语的语法只规定形容词可以修饰名词,但是如何修饰名词(需要什么语境)并非语法规则的涵盖范围。

汉语中的语法问题不应和语用问题混淆,否则会对词类的定性产生本质上的影响。我们曾提出,学界一致认为汉语的动词、形容词可以自由做谓语,而名词一般不能自由做谓语。但实际上,这里的自由只是语法自由,而非语用自由。请比较以下三例:

(11) a. ?张三走。(动词做谓语)
　　 b. ?张三高。(形容词做谓语)
　　 c. ?张三上海。(名词做谓语)

很显然,例(11)如果没有语境,动词、形容词、名词分别做谓语的a、b、c句在语义上的独立性都很弱。如果想让这三句在语义上更自然,主要有两个途径:第一种,可在谓语中添加各种额外的语义成分,但方式通常比较灵活。例如：

(12) a. 张三走了。/张三刚走。
　　 b. 张三很高。
　　 c. 张三也许上海吧。(可指"张三也许去上海")

例（12）的 a 句的动词可附加体标记"了"，或添加修饰副词"刚"；b 句的形容词添加程度副词"很"等；c 句可添加副词"也许"等。这些手段能够丰富谓语的语义，进而提高句子的语义独立性。

第二种提高语义独立性的途径是补充适当的话语语境，如扩充为对举结构或问答结构等。例如：

(13) a. 对举：张三走，我也走。
　　　　 问答：——张三走不走？——张三走。
　　 b. 对举：张三高，我更高。
　　　　 问答：——谁高？——张三高。
　　 c. 对举：张三（去）上海，李四（去）北京。
　　　　 问答：——这次谁（去）上海？——张三上海。

我们在第八章第六节曾说明，类似的情况并非只出现在汉语中。英语的"You jump""John sleeps"等也完全符合语法，但是独立性很弱。这些表达很少单独出现在语言交际中，除非补充一些其他语境或语义成分，如"You jump, I jump""John sleeps every day"。

汉语的动词、形容词直接做谓语普遍呈现独立性差，但这肯定不是个语法问题。同样，汉语的名词一般不能做谓语也是一种不可靠的说法。因为名词做谓语在汉语中不受语法限制，之所以名词被认为一般不能做谓语，实际是把语义不自足当作了语法不合格。陈满华（2008）、张姜知（2013）等都曾做过大量的研究并证明，实际上汉语名词谓语句的能产性非常高，远远超出了传统的认识。很多似乎不可接受的表达，只要提供一定的语用环境都可提高可接受性。名词直接做谓语的情况在英语中很难想象，语法不合格无法通过语用环境来消除，除非承前省略。如以下例（14）的英语中，a 句"he"之后可承前省略谓语系动词"is"；b 句"her husband"之后可以承前省略谓语动词"loves"，因而导致名词性成分"twenty-five、playing bridge"在表面上能够直接出现在谓语位置。而汉语名词谓语句的类型十分丰富（详见陈满华，2008），通常和省略无关。这一点明显和英语的情况大不相同。

(14) a. I am twenty and he (is) twenty-five.
b. She loves playing chess and her husband (loves) playing bridge.

在汉语中，如果说汉语的"动词、形容词可以自由做谓语"，其实是在说动词、形容词在语法层面的自由度，并非语用层面。如果说汉语中"名词一般不能自由做谓语"，其实是指名词在语用层面的自由度，而非语法层面。因此，如果重新审视名词、动词、形容词的语法功能，我们更应该说：在语法层面，汉语的名词、动词、形容词都可以直接做谓语，但可能会存在不同的语用限制。如果缺少相应的语用环境，就会导致语义上的独立性变弱，但不会造成语法上的不合格。

最后需要再次强调的是，词类的划分是语法上的分类，语法是抽象的规则，并不涉及语义的自然或不自然，或者结构使用的自由不自由、能不能单说。如果过多地考虑"自然、自由、单说"这些灵活的非语法因素，那么必然会误导词类的划分。下文将以近期出现的两种新看法为出发点，着重论证分清语法和语用的重要性。这些看法涉及了学界常见的一些视角、标准和理论，它们试图统一解释两个争论已久的难题：（1）"的"在形名定中结构中的隐现和功能；（2）形容词做谓语时需要补充程度副词"很"的现象。解决了这两个难题也对解释汉语形容词的一些关键功能和结构性质具有重要的理论意义。

第二节 "的"与"很"能否统一解释？

汉语的定中结构通常存在加"的"和不加"的"两种情况，如"新房子、木头房子"和"新的房子、木头的房子"。朱德熙（1982：148）

将无"的"的情况称为粘合式偏正结构，将有"的"的情形称为组合式偏正结构。关于形名定中结构中"的"的功能，学界有着不同的看法。沈家煊（1995）认为"的"可以实现形容词的有界化。张敏（1998）认为"的"字可以增加修饰语和核心语之间的认知距离。石毓智（2000）提出"的"具有在某个认知域中确立成员的功能。陆丙甫（2003）认为，"的"的基本功能是语义平面的描写，并由此派生出区别和指称的语用功能。完权（2010）从认知视角提出，定中结构中的"的"是描写入场标记，可帮助识别中心语，明确指称的对象。以上研究都重点关注"的"在定中结构中扮演的功能角色，分析的语料也都是被公认为合法的"X的Y"结构。但是这些研究或多或少地忽略了另外一个重要的问题，即什么是合法的"X的Y"？虽然这个问题和"的"自身功能可能没有直接关系，但对词类判断会起到重要的参考作用。

长久以来，汉语形容词做定语时，什么情况下可以加"的"，什么情况下不可以加"的"，什么情况下又必须加"的"，似乎一直是个难以解释的现象。为了得到统一的答案，金立鑫、于秀金（2016）尝试将形名定中结构中的"的"（如"漂亮的姑娘"）与形容词谓语句中的"很"（如"姑娘很漂亮"）结合起来分析。他们认为"的"和"很"具有相同的语法功能：使形容词获得独立的描述性。孙鹏飞（2017）从认知功能视角出发，也尝试对"的"和"很"进行统一解释，他认为"的"和"很"都具有量级核查、主观化和认知入场的功能。以上这些解释是否合理，则需要我们逐一分析和判断。

2.1 "的""很"与形容词的描述功能

金立鑫、于秀金（2016：15）（以下简称金文）将汉语的形容词分为三大类，金文的依据来源于语言类型学的调查：有些语言的形容词靠近名词，有些语言的形容词靠近动词，而有些语言的形容词位于名动之间。因此金文提出，根据形容词的内部属性和外部属性、客观属性和主观属性，以及更细的小类，汉语的形容词在功能连续统上可大致分为三段：静态一端、动态一端、中间静动态混合端。这三段大致对应三大类不同性质的形容词，即形容词做定语时不可以加"的"的，必须加"的"的，以及可加可不加"的"的。如表9—1所示（引自金立鑫、于秀金，

2016：22）：

表9—1　　　　　　　　名词前形容词修饰语的连续统

形容词$_1$	形容词$_2$	形容词$_3$	形容词$_4$	形容词$_5$
慢性（病）	矮（个子）	漂亮（的）姑娘	忙碌的（生活）	雪白的（衬衫）
大型（演唱会）	冷僻（字）	破旧（的）衣服	狂热的（报道）	雪白雪白的（衬衫）
不加"的"		可加"的"	必须加"的"	
整体性、称谓性、分类性、客观性		中间状态	描述性、述谓性、主观性	

首先，可不可加"的"到底是什么层面的判断标准？是语用层还是语法层，这很重要。因为标准的制定直接决定了金文对形容词的分类。划分词类是以语法功能为标准，即使对此有异议，但至少也要使用一个贯彻始终的标准。根据上表，形容词$_1$中的"大型演唱会"和形容词$_2$中的"冷僻字"都被认定不能加"的"；形容词$_3$中的"漂亮（的）姑娘"是可加可不加"的"；形容词$_4$中的"忙碌的生活"必须加"的"。这种判断可能是基于作者的个人语感，即使他们强调测试中的最简结构原则，即"在没有其他成分干扰的条件下，其独立使用的选择原则"，但金文的分析方式还是会给我们在做结构判断时带来很大的困难。例如金文说，"冷僻"做定语的"冷僻字"中间不能加"的"。先不说这种语感是否合理，可如果被修饰的中心语变为双音节名词"汉字"，那么加"的"会显得很自然，请比较"冷僻的汉字"和"冷僻汉字"。这就反驳了金文对"冷僻"的类型判断。如果是因为中心名词的音节影响了"的"使用，那也只能说明整个定中结构受到了韵律因素的影响。我们并不是说韵律完全不能用来判断词类，但是在表9—1中，金文提供的其他几类形容词的语例既有单音节名词中心语，也有双音节和三音节名词中心语，因此没有实现韵律结构上的平行性。也就意味着，金文根据最简结构原则所选择的语例并非最小对立对，没有实现韵律结构上的可比性，那么结构比较的客观基础不可靠。

我们认为在表9—1的分类中，加不加"的"是个倾向问题，经常取决于语境。这就为结论的判断带了不确定性。如果脱离语境，只能依靠研究者的主观语感。金文认为"漂亮（的）姑娘"中"的"可加可不加。而 Li & Thompson（1981）却认为不加"的"的"漂亮女孩子"不合法，这进而导致 Hengeveld 认为汉语没有形容词的论断。可见，不同研究者基于语用的语感十分主观，判断自然容易出现差异。

此外，金文在分析各类形容词的特征时提出，形容词$_1$和形容词$_2$具有整体性、称谓性、分类性、客观性；形容词$_4$和形容词$_5$具有描述性、述谓性、主观性；形容词$_3$位于前两组之间。金文对形容词$_3$中的"漂亮（的）姑娘"和"破旧（的）衣服"还做了进一步的解释：双音形容词不带"的"做定语时表示一个整体的稳定、不变的属性，而带"的"做定语时是对个体事物的描述（金立鑫、于秀金，2016：20）。金文的分析如下：

(15) a. 漂亮姑娘：某一整体，该整体成员"漂亮"的属性稳定、不变。
  b. 漂亮的姑娘：对"姑娘"的描述（如：对面来了一位漂亮的姑娘）。
(16) a. 破旧衣服：某一整体，该整体成员"破旧"的属性稳定、不变。
  b. 破旧的衣服：描述衣服的外貌（如：张三穿着一件破旧的衣服）。

就功能而言，这样的划分仍然比较主观，并不能获得语言事实的支持。因为在例（15）和例（16）中，结构 a 能够实现的功能，结构 b 也能实现。如下面两例所示，"漂亮的姑娘"和"破旧的衣服"也可以指整体的稳定、不变的属性。

(17) 洽谈会主办者高兴地说，我们要当好红娘，把漂亮的姑娘都嫁出去，让好小伙们都找到称心的对象，大家都等着吃喜糖吧。(《人民日报》1992 年 9 月 14 日)
(18) 缝纫队队员们不仅学会了利用破旧的衣服补衣服，缝衬衣，而且还能缝制很漂亮的连衣裙。(《人民日报》1959 年 5 月 29 日)

例（17）中"漂亮的姑娘"显然不是指个体，而是指一类人。例（18）也类似，根据上下文"破旧的衣服"是一类衣服的总称。

同样，在例（15）和例（16）中金文所说的结构 b 能够实现的功能，结构 a 也能实现。以下两例中的"漂亮姑娘"和"破旧衣服"可以描述个体事物。

(19) 80 年代的一天，有位<u>漂亮姑娘</u>勇敢地抱着一簇牡丹在京城的使馆区叫卖，令不少"洋人"且惊且喜。(《人民日报》1993 年 11 月 30 日)

(20) 松松软软的棉垫，拆开一看，露出脏污不堪的乱絮，原来是<u>破旧衣服</u>、下脚料织成；送给灾民的被褥，竟用垃圾棉充装。(《人民日报》2001 年 5 月 18 日)

而且，我们也看不出为什么无"的"的定中结构所表达的属性是"稳定、不变的"，这样说似乎是在说有"的"的定中结构所表达的属性是相对"不稳定、可变的"，但是从上面例（17）、例（18）可以看出，情况显然并非如此。所以"漂亮的姑娘"和"漂亮姑娘"中的形容词都具有同样的稳定性，有"的"并不能证明形容词的属性义具有临时性。也就是说，有没有"的"不能决定属性是否稳定。"的"对结构的影响应该从其他角度来寻找答案。

最后十分重要的一点是，表 9—1 中只有形容词$_5$的"雪白雪白的衬衫"通常才需要加"的"。也就是说，也只有这种情况才算是语法层面的限制，而其他所有语例加不加"的"基本都取决于语用因素。表 9—1 中必须加"的"的形容词$_4$如"忙碌、狂热"，也可以不带"的"。甚至连形容词$_5$中的状态形容词"雪白"也可以不带"的"直接做定语。例如：

(21) 忙碌 + N

　　a. 既没有遭受围困的城市所常见的那种紧张气氛，也看不见搬运木石、发放武器之类的<u>忙碌情景</u>。(刘斯奋《白门柳》)

　　b. <u>忙碌间隙</u>，吴少彬不时自我调侃："我现在是专程陪

护。"(《人民日报》2002 年 7 月 11 日)

c. 你我都是"团结族"（人民论坛）年逾古稀，却不甘于享受安宁时光，将忙碌身影刻印于三尺讲台。(《人民日报》2017 年 7 月 10 日)

(22) 狂热 + N

a. 迪化市各族人民，以狂热心情欢迎民族军入城。(《人民日报》1949 年 12 月 23 日)

b. 散场的时刻，在狂热掌声后，记者们围绕着到场的知名人士，请他们发表观感。(《人民日报》1963 年 3 月 18 日)

c. 即使在"文化大革命"的狂热气氛中，他们最关心的，主要还是粮店的粮食会不会涨价、购货本上所规定的一两芝麻酱的供应能不能兑现。(刘心武《钟鼓楼》)

(23) 雪白 + N

a. 有一位姑娘最显眼，留短发，上身穿着学生蓝。雪白衬衫露出硬领，五官端正脸蛋儿圆。(《人民日报》1961 年 10 月 25 日)

b. 原是自己在琉璃厂南纸店买的，看见这个雪白宣纸，印着杨柳和折枝杏花，美丽极了，便买了回来。(张恨水《春明外史》)

c. 一方面他看着那些雪白面块，怎样变成吃食；另一方面不但能看，还能闻到各种各样的香味；闻味道又不要钱。(李準《黄河东流去》)

d. 雪白浪像长长的田埂，一排排涌过来。浪打湿了她的衣服，漫到了她的膝盖。(莫言《黑沙滩》)

根据以上分析和语料证据可以看出，金文在论证形容词的内部分类时，既使用了语法标准，又使用了语用标准。这是判断标准的不统一。更合理的做法有两种：一、如果坚持使用语法标准来判断形容词能否带"的"做定语，那么只能分出两类形容词，即"雪白雪白"为一类，其他剩余为一类。二、如果使用语用标准，那么首先需要将"雪白雪白"这类词排除在外，然后再对剩余的词项在语用层面进行弱区分。弱区分之所以"弱"，是因为区分过程可能没有明显的形式证据，多靠语境或使用频率等非形式因素。当然，语法标准和语用标准并非相互排斥，只是我们应该根据研究目的在不同层面做出恰当的标准选择。

金文还提出，在带"的"的定中结构中，形容词和名词的距离被拉开，因此形容词获得了独立的描述功能。由于描述具有主观性，因此可以被程度副词修饰（金立鑫、于秀金，2016：24—25），例如：

(24) 非常漂亮的姑娘/非常破旧的衣服/非常干净的衬衫

然而，前文例（17）至例（20）已经说明，形容词带不带"的"都具有金文所说的描述功能。根据金文的思路可自然推断，在没有"的"的定中结构中（如"漂亮姑娘、破旧衣服、干净衬衫"），形容词不具有独立的描述功能。然而我们根据上文的语料可判断，定语是否具备描述功能和"的"没有直接关系，因为加不加"的"，形容词都具有独立的描述功能。此外，我们的一个疑问是：依照金文的观点，不带"的"的形容词在语义上也是主观的，那为什么不可受程度副词修饰？如果从另一个角度看，反而是不加"的"的形容词才具有更独立的描述功能，因为此时的形容词是无标记地直接描述被修饰的中心语。譬如，通常认为汉语的动词具有独立的述谓功能，就是因为动词可以无标记地直接做谓语。所以，有没有"的"改变的是结构的部分性质，并没有改变形容词的修饰功能。总之，汉语的形容词是否带"的"和其自身的描述功能无关。而为什么带"的"后形容词就可被程度副词修饰，这和汉语形名定中结构的句法性质有关。这个问题我们将在第十章进行具体论述。

在分析形容词做谓语时，金文认为"形容词倾向于必用程度副词"，并同意将程度副词"很"处理为具有系词功能的成分（Larson，2009；张伯江，2011）。金文进一步假设，紧挨着名词的前后位置是形容词无标记的句法位置；当一个成分出现在紧邻形容词的位置时，由于结构紧密，所以倾向于紧密的构词模式。据此，如果形容词直接做谓语，就无法实现描述功能，这样的描述性结构会比较别扭（金立鑫、于秀金，2016：25）。例如：

(25) a. 个子＊（很）矮
　　 b. 姑娘＊（很）漂亮
　　 c. 生活＊（很）忙碌

　　金文进而得出结论，"很"的功能是帮助谓语形容词获得独立的描述功能，而"很"的程度意义已经弱化到忽略不计的地步。最后金文提出一个统一的解释："的"和"很"具有同样的功能——它们都是语法标志，帮助形容词获得描述功能。如下所示：

<u>形容词</u>名词<u>形容词</u>　　　形容词　<u>的</u>　名词　<u>很</u>　形容词
指称功能位　　指称功能位　描述功能位　　　　　　　描述功能位

　　以上论断存在一些不合理的逻辑。不可否认，汉语的形容词直接做谓语时的确在语义上显得别扭或不自然，因此可接受程度较低。朱德熙（1980：26）曾说，甲类形容词（即性质形容词）在无系词的谓语句里，具有比较和对照的意思。赵元任（1968/1979）指出，单音形容词做谓语所受的限制并非语法层面的。这就说明形容词直接做谓语显得不自由，并非一个语法问题，而是语用环境不充分而导致的语义问题。也可以说是语篇或话语层面的问题（沈家煊，2019）。那么形容词直接做谓语显得不够自然该怎么消除？一个常见的办法就是丰富谓语的语义，例如添加程度副词。金文的论断有以下不合理之处：一方面认为"个子矮"比较别扭，语义不够自足；另一方面又认为"很"已经失去了程度义，其作用仅仅是使形容词获得描述功能。那就意味着"很"对"个子很矮"没有语义贡献。那么疑问是："很"的作用到底是什么？一个语义不自足的结构是怎么依靠一个没有语义贡献的语法标志"很"实现语义自足的？金文的观点很难自圆其说。很显然，把"很"看作一个无程度意义的语法标志并不合理，无法解释"个子很矮"这类的形容词谓语句是如何"突然"实现语义自足的。

　　此外，如前所述，金文认为在"名词<u>很</u>形容词"结构中，紧挨着名词之后的位置是形容词无标记的句法位置，"很"可以分隔名词和形容词，并且帮助形容词实现描述功能。可实际上，形容词直接做谓语时，语义自足的实现方式多种多样，有些程度成分可以后置于形容词，例如：

(26) 个子矮<u>多了</u>/姑娘漂亮<u>极了</u>/生活忙碌<u>些了</u>

这些后置的程度成分"多、极、些"并不需要位于名词和形容词之间以起到分隔作用，所以金文认为"由于'很'分隔了名词和形容词，才使得形容词获得描述功能"，这种观点并不能成立。因为名词和形容词即使没有被分隔，形容词同样具有金文所谓的描述功能。

总之，由于金文没有区分"的"的隐现是语用问题还是语法问题，所以导致形容词的内部划分存在着缺陷。此外，金文没有意识到形容词谓语句的不自足并非是个语法问题，因而将"很"认定为无概念意义的句法标志。所以金文给出的"的"和"很"的统一解释出现了理论上的矛盾和不自洽，并把形容词的词类划分复杂化了。

2.2 "的"与"很"的量级核查作用

孙鹏飞（2017）（以下简称孙文）从形容词定谓转换角度分析了形容词做定语和做谓语的句法实现条件。他认为，形名定中结构中的"的"具有量级核查的作用。形容词通过添补"的"和"很"，激活该形容词所处的量级序列，使它在该量级序列中所处的某个程度得到核查（孙鹏飞，2017：355）。

孙文还提出了和张敏（1998）不同的观点。张敏（1998：248）认为，当"白衬衫"和"白的衬衫"转换成形容词谓语句时，对应的形式分别是"衬衫很白"和"衬衫是白的"。孙文则认为"白衬衫"是对衬衫的分类，相对于"黑衬衫"等，而"白的衬衫"中的"白"具有程度性，因为"白的衬衫"可以扩展为"很白的衬衫"，但是"白衬衫"不能扩展为"*很白衬衫"。因此，"白衬衫"和"白的衬衫"对应的形容词谓语句应该分别是"衬衫是白的"和"衬衫很白"（孙鹏飞，2017：348）。对比如下：

张敏的观点　　　　　　　　孙文的观点
白衬衫→衬衫很白　　　　　　白衬衫→衬衫是白的
白的衬衫→衬衫是白的　　　　白的衬衫→衬衫很白

以上两种观点存在一个共同点，都认为"衬衫很白"是形容词定谓转换时可能出现的一种结果。只不过张敏认为"衬衫很白"来自"白衬衫"，而孙文认为来自"白的衬衫"。我们的疑问是，在定中结构中并不存在的程度义，为什么转换成主谓结构时就一定要添加程度词"很"？而且孙文说，"白的衬衫"可以扩展为"很白的衬衫"，那么更难以理解的是，如果"白的衬衫"相应的主谓结构是"衬衫很白"，那么"很白的衬衫"相应的主谓结构是"衬衫很很白"吗？在句法上，为何"白的衬衫"要转换为一个谓语经过扩展的主谓结构"衬衫很白"？另外，如果把"衬衫很白"反向转变为定中结构，则应该是"很白的衬衫"，那么会和以上两种观点的"白衬衫"或"白的衬衫"完全相矛盾。可见，转换无法还原。所以不论从哪个角度看，我们都能发现上述观点存在着问题。

这种在结构转换中随意增加语义成分的做法都源于一个深层的原因：没有区分语法和语用。我们认为，按照严格的结构对应，与"白衬衫"相对的主谓结构应该是"衬衫白"。理由是：首先，形容词直接做谓语并不受语法限制（赵元任，1968/1979；沈家煊，1997）。其次，这样分析符合简单性原则，根本不必额外假设谓语中缺少程度成分而强行添加程度副词"很"。而且，为何必须添加"很"而不是其他什么成分呢（如"衬衫<u>有点儿</u>白"或"衬衫白<u>多了</u>"等）？孙文并没有回答这个问题。我们推测，张敏和孙文的观点可能都认为"衬衫白"是语义不自足的主谓结构，所以将其排除在外。可事实上，在语法结构转换中常会导致语义不自足。例如：

(27) a. 我喂养的猫→? 我喂养猫。
　　　b. 下班的路人→? 路人下班。

通过定中结构"我喂养的猫、下班的路人"转换而成的主谓结构"我喂养猫、路人下班"在语义上都不够自足，但我们不会而且也很难因此给"我喂养猫、路人下班"添加什么额外的语义成分。这种情况在英语中也一样，例如"the good man"对应的主谓句是"The man is good"。对以英语为母语的使用者来说，"the good man"很自然，而"The man is good"虽然语法完全合格,但语义显得较为奇怪。① 可见,语法上对应的转换结果"The man is good"并不一定满足真实的交际要求,但这却是语言事实,因为谓语和定语对语义的潜在要求存在差别。比"The man is good"更自然的英语说法应该是"He is a good man";后一句虽然更自然但并不是定中结构"the good man"真正的结构转换的结果,因为该句为了满足交际习惯而经行了局部"修补"。对于中国人而言,"He is a good man"似乎有些冗余啰唆,因为用"man"来陈述阳性的主语"he"显得多此一举。

就汉语而言,Thompson(1988)曾通过语料调查发现,定语位置的形容词通常起到引入新事物的作用,而谓语位置的形容词多用来谈论旧事物。谓语对语义复杂性的要求要高于定语,所以将光杆形容词从定语移至谓语,极有可能导致新结构的语义不自足。但不能因此而主观地给谓语添加各种语义成分,通过牺牲真值语义为代价以实现句法转换的目的。这已经超出了句法操作所允许的范围。谓语语义不自足,这不是语法问题。汉语的语法允许"A+N"转换为"N+A",至于谓语的语义是否自足或自然,则取决于交际的内容、语境因素、主谓之间的选择性限制(selectional restriction)等。有的研究正是把语义不自足当作语法不合格,所以常常人为地在结构中添加语义成分,进而得出偏误的分析结论。

总而言之,汉语形容词的定谓转换是一种句法操作,将一个语法合格的定中结构转换成另一个语法合格的主谓结构,基本前提是不增减真值语义。结构转换并不能保证转换后的结构在语义自足性上维持不变。在英语中,有时被迫改变语义的情况也是存在的,例如前文"the good man"转换为主谓语结构"the man is good"之后,这里为实现语法合格就必须补上系词 be,而 be 又不得不体现时态义。但时态义在原结构"the good man"中并不存在。英语中这种基于语法要求而做出的语义改变是无法避免的,但却是可控或可预测的。相比之下,非语法要求的语义改变通常不可控也不可预测,但却是可以避免的。否则就得解释清楚为什么"白衬衫"或"白的衬衫"非要转换成为"衬衫很白",而不是"衬衫挺白、衬衫比较白、衬衫白得很、衬衫多么白"等。

---

① 感谢 Joseph Subbiondo 教授提供的英语语感支持。

孙文还根据做定语时是否带"的"将形容词分为三类（孙鹏飞，2017：349—351）。甲类：无需带也不能带"的"，这可进一步分为三个次类；乙类：既可以带"的"表示量或评价，也可以不带"的"表示分类；丙类：强制性带"的"。具体如下：

甲类：A+N（不能带"的"）

甲$_1$：蓝天、绿草、黑夜、白雪
甲$_2$：晴天、洋人、全勤、白发
甲$_3$：副教授、公牛、荤菜、慢性病

乙类：A+N 或 A+的+N（可带可不带"的"）

分类	量的评价
高山	高的山
发达国家	发达的国家
大苹果	大的苹果
长远计划	长远的计划

丙类：A+的+N（强制带"的"）

丙$_1$（双音性质形容词+的+N）：大方的男人、安静的教室
丙$_2$（很A+的+N）：很挤的公交、很久的等待、很密的头发
丙$_3$（状态形容词+的+N）：高高的个子、金黄的麦田、干干净净的衣服

以上这些分类同样存在没有区分语法和语用的问题，因此导致分类的主观性很强。先看甲类和丙类。根据语料，只要存在表达的需求，甲类形容词做定语时都可以带"的"，因此和孙文的分类相矛盾，部分例证如下文例（28）所示。但是甲$_2$中的"全勤"是例外，我们没有找到带"的"的"全的勤"，这是因为"全勤"在实际表达中没有和它在结构上平行而且在语义上形成对立的表达。虽然汉语有"缺勤"这种说法，但

"缺勤"在汉语中是动态义,而"全勤"是静态义,两者并不形成语义对立。上述因素大大减少了"全勤"需要带"的"以凸显属性"全"的必要性。相较而言,"蓝天"可以和"白雪""黑天""绿水"等相对比,"晴天"会和"阴天"等相对比,"洋太岁"和"土太岁"相对比,"副专员、副书记"会和"正专员、正书记"相对比,因此当需要凸显、强调属性上的差别时,这些表达就会出现定语带"的"的语用需求。

(28) a. 蓝的天,白的雪,天上有光,雪上有光,蓝白之间闪起一片金花,使人痛快得睁不开眼!(老舍《骆驼祥子》)

b. 晴的天,雨的夜,总有一天,你会对着过去的伤痛微笑。(微博)

c. 教育学或教学方法上也有"太岁",土的已经丢弃了,洋的"太岁"却还在当头。(《人民日报》1960 年 6 月 30 日)

d. 一个县轰隆一下大富起来了,他就不是一个县长了,也不是地区的副的专员或者副的书记了,那时候,他成了一个人物了。(阎连科《受活》)

我们同样发现,丙类中的形容词大多都可以不带"的"做定语,这也和孙文的分类相左,如下例(29)所示。另外,丙₃中的"干干净净"稍显特殊,虽然在语料中没有找到其不带"的"做定语的结构,但是"干干净净一件衣服"却成立(沈家煊,1995)。所以这里不是"干干净净"能不能直接做定语的问题,而是如何直接做定语的问题。前者关乎语法,而后者涉及语用,两者的性质并不相同。

(29) a. 秀莲本来是个大方姑娘,但也招架不住双水村这种看人"功夫"。(路遥《平凡的世界》)

b. 这一点和北京不一样,这里下一场久雨,遍地是杂草,然后居委会的老太太再组织人力把它连根拔掉。(王小波《青铜时代》)

c. 庄田秀擦干碗、碟,又擦干了手,抚着丈夫的一头密

发。(《人民日报》1962 年 11 月 12 日)
- d. "听说，整顿劳动组织的名单明天一早儿就公布啦?" <u>高高个子</u>、眉清目秀、头上留着大鬃角的小伙子问。(《人民日报》1984 年 6 月 28 日)
- e. 海湾里往来的船只染上<u>金黄夕阳</u>，十分明亮。(高行健《一个人的圣经》)

最后再看乙类形容词。孙文认为"A + N"中的形容词起到分类作用，而"A + 的 + N"中的形容词可实现量的评价。但事实上"A + 的 + N"也可以起到分类作用，例如：

（30）柜台里只有红的笔和蓝的笔，但我想要黑的笔。

在我们看来，不管形容词带不带"的"，都具有分类作用，差别主要体现在语用效果上，即是否需要强调分类的结果。"A 的 N"比"AN"具有强调效果，这可从认知上获得解释："A + 的 + N"中的"的"可以提高中心语"N"的指别度（沈家煊、完权，2009）。如果仅从描述性和分类性角度来分析形容词做定语的功能，实际效果并不理想（完权，2010）。孙文在解释为何"A + 的 + N"具有量的评价功能时提出：因为形容词 A 可被"很"修饰形成"很 A 的 N"。我们认为这种逻辑存在明显错误，因为形容词 A 可被"很"修饰，只能说明形容词自身具有可度量性，而且"的"使得这种可度量性在语法上得以实现，也不能证明光杆形容词 A 自身可以对名词做量的评价，两者没有逻辑关系。也就是说，形容词是否在对名词做量的评价，取决于前面是否有程度词。例如"很高的山"是在对山的高度属性做出高量级的评价；而"高的山"则不含明确的量的评价，仅仅是描述山具有的某个属性，因为我们无法从光杆形容词"高"确切地看出是"比较高""很高"还是"非常高"等。我们能够得出的稳妥的结论仅仅是：说话人认为"山的高度达到了某个程度级别"。同样，在"发达的国家"中，仅从光杆形容词"发达"也无法确定"发达"的程度（是"高度发达"还是"中等发达"）。然而，孙文正是基于对"A + 的 + N"的上述判断，才进而推论"A + 的 + N"的主谓形式是"N+很A",如"凉的水→水很凉,聪明的孩子→孩子很聪明"等(孙鹏飞,2017:352)。这种孤立的语义分析并不严谨和客观,而且用语义分析代替句法分析。

最后,孙文将"的"和"很"统一定性为可以用来量级定位的核查成分。然而,更加矛盾的是,他认为状态形容词做谓语时所带的"的"也是起到量级定位的作用,这和"很+性质形容词"相当,例如以下"红彤彤的"中的"的"。

(31) 红彤彤的脸蛋儿→脸蛋儿红彤彤的

问题是,性质形容词通过添加表示程度量级的"很"可以实现量级定位,而状态形容词"红彤彤"自身就已经含有量级,为什么还额外需要"的"再次进行量级定位?这种解释显然没有根据。

总之,形容词定谓转换时,不能认为转变后的形容词谓语句可以天然地实现语义自足,否则就会被迫做出以上一些不合理的假设。

2.3 也谈形容词的定谓转换

定谓转换是句法操作,和语用及语义无关,因此形容词定谓转换需要具备以下两个特征:特征①:转换不改变语义,这是基本的转换限制;特征②:在满足特征①的前提下,转换后的结构需保证语法合格,但无需确保语用或语义上的独立性。

我们据此提出一个新观点,定中结构"白衬衫"和"白的衬衫"转换后的主谓结构应该是分别是"衬衫白"和"衬衫(是)白的"。如下所示:

白衬衫→衬衫白
白的衬衫→衬衫(是)白的

根据形容词定谓转换的特征①和②,新观点在转换过程中没有增加概念语义成分,这是最基本的转换限制,转换后的结构符合语法。

我们的具体理由是:一、"白衬衫"中的"白"是分类还是描述并不取决于结构本身,而是取决于语用环境,所以我们不必因为将"白衬衫"定性为分类而将其转换为"衬衫是白的",也不必因为将"衬衫白"定性为"不够独立、不可单说"而人为地在谓语中增加程度副词"很"。二、"白的衬衫"中的"的"使得"白的"具有表示集合概念的功能。为保证不违反特征①的语义限制,"白的"这一概念功能在转换中不能丧失,因此"白的衬衫"应该转换为"衬衫(是)白的"。这里可以补上一个轻读的"是",但不是必须的。因为"白的"是名词性成分,可以直接做谓语,但也可以使用系词"是"。系词"是"在现代汉语中是默认的、无标记的(尚杰,2009),没有概念语义,只有表判断的语法意义。所以轻读的"是"在"衬衫(是)白的"中出不出现均可,不会改变整个结构的语义。为方便对比,请见表9—2:

表9—2　　　　　　　　形容词定谓转换的观点对比

	张敏的观点	孙文的观点	新观点
白衬衫	衬衫很白	衬衫是白的	衬衫白
白的衬衫	衬衫是白的	衬衫很白	衬衫(是)白的

在对"白衬衫"进行转换时,张敏的观点需要解释为何主谓结构"衬衫很白"中,多出了一个概念语义成分"很",而不是其他表程度的成分。孙文的观点需要说明为什么"白衬衫"有分类作用,而"白的衬衫"却没有分类功能,而且还需要解释为什么谓语中"白"要附加"的",因为"白"和"白的"在语义上明显不同。

在对"白的衬衫"进行转换时,张敏的观点和我们基本一致。但孙文的观点则需要解释为什么定中结构的"的"具有程度义,而且主谓结构中为什么多出了概念成分"很",而不是其他表程度的成分。

通过以上的对比,可以看出新观点的优势是:一、定谓结构转变后,既保证了语法合格性,也没有增加或减少概念语义;二、不需要做出各种额外的假设,符合奥卡姆剃刀定律。新观点的一个重要前提是,认定"衬衫白"不是"能不能说"的语法问题,而是"怎么说"的语用问题。而其他两种观点恰恰都是认定"衬衫白"不能"单说",因此把非语法问题当作语法问题来处理，进而导致张敏和孙文的观点出现了明显不同的主观性的解读。

2.4 小结

我们根据以上讨论做一小结。不少研究提出的形容词的内部划分标准都涉及大量主观的语用或语义因素，因而导致分析的结论各说各话、充满争议，分类的标准也很难得以严格贯彻。金文强调，分析的语料只考虑可以单说的，而那些不可单说的语料则被排除在外。但是"可以单说"的标准是什么？有的研究者一边说"高的山"可以单说，另一边说"白的雪"不可单说。在这种主观的标准下，形容词自然会分出很多模糊的、因人而异的次类。这就会陷入不断分类、却怎么也分不清的尴尬境地。在我们看来，"是否单说"不那么重要（不是完全不重要），而"是否能说"才是词类划分和语法分析的关键。因为后者才是更容易把握的形式标准，而且确保划分出的词类属于语法范畴。

在此也要顺带讨论汉语结构的"是否能够单说、能否自由使用"等类似的说法。这些表述在英语等印欧语的研究中并不常见。虽然在国外语言研究中也会常用一些符号如"＊、?、??"等来注明语言结构的语法性（grammaticality）或可接受性（acceptability）。但是和汉语不同的是，英语等印欧语的结构判断不用过多考虑语境因素（有时会考虑方言因素）。一个英语结构在语法上是否可接受并不需要考虑更大的语境（co-text）。西方学者多会选择传统的自省方式，也会选择试验等更有效的途径来判断结构的可接受性（Bader & Häussler，2010）。而汉语这种深度依赖语境的判断方式，是有别于印欧语的重要特征，可能也是汉语属于语用型语言的原因之一。如果我们轻易地以"不能单说"将"衬衫白"排除在句法研究之外，那么我们同样有理由把"他去、张三吃"等大量动词直接做谓语的结构也都排除在外。由此可以得出结论：汉语的动词、形容词不能直接做谓语。从事实来看，汉语结构判断中的单说因素并不是个语法问题，真正的语法问题通常无法依靠语境来修补。至于为什么汉语中一些结构不可单说，这是另外一个十分灵活、广义的语用现象，是否需要细究取决于我们的研究目的。

另外本节讨论的两种观点都认为在形容词谓语句中必须补出程度副

词"很",这种思路在大量文献中都有出现。为了维持所谓的单说能力,凭空地在谓语中添加"很",就会导致研究者后续会想尽办法说明谓语中"很"的意义和功能,最终不得不提出一些假设并解释一些没有形式依据的语义问题。不可否认,"很"在形容词谓语句中的出现频率较高,但在逻辑上并不能成为形容词谓语句中的必备成分。有的研究提出"很"已经出现语义虚化,或者"很"已具有系词的功能。这些观点具有新意和启发,但是否成立则需更多的形式证据,下文将展开进一步的分析和讨论。

第三节 "很"的句法和语义: "很"还是"很"吗?

3.1 "很"的程度义

之所以要探讨这个问题是因为不少研究者在分析形容词谓语句时,都会围绕程度副词"很"做出不同的解释(张国宪,2016;Larson,2009;张伯江,2011;金立鑫、于秀金,2016;孙鹏飞,2017)。这些观点还以"很"为切入点,重新判定形容词做谓语和做定语的功能特征。因此"很"在句法和语义上的特征,可直接影响我们如何判断汉语形容词的语法性质。

在形容词谓语句中,程度副词"很"是谓语中最为常见的修饰成分。朱德熙在《现代汉语形容词研究》(1956)中似乎将"很"的作用提升到了一个新的高度。朱先生给出形容词复杂形式的四种类型:①重叠式,如"小小儿、古里古怪"等;②带后加成分的形容词,如"黑乎乎、灰不溜秋"等;③"煞白、冰凉"一类的词;④以形容词为中心构成的词组,其中包括程度副词和形容词的组合,如"很大、挺好、那么长、多么新鲜"等,另外还包括并列的形容词构成的词组,如"又高又大"(朱德熙,1980:3—5)。

可以看出,上述形容词的"复杂形式"在语法性质上不尽相同。第①、②、③类仍属词的基本范畴,各种复杂变化可以看作广义的构词形态变化,具有固定性或习语性的特点。而第④类属于词组范畴,是形容词的外部扩展,组合上具有灵活性和易变性。这四类形容词形式都具有相似的语义特征——较为明确的程度义。在信息层面，形容词通过这四种方式的"改造"，使得信息量偏低的单音性质形容词转变为具有明确程度义的、信息量更大的状态形容词或形容词词组。

朱德熙（1982：55）在讨论形容词和动词的划分标准时，似乎又一次着重强调了"很"的句法地位。他提出，"前面能不能加'很'"以及"后边能不能带宾语"是区分形容词和动词的两项标准。凡受"很"修饰而不能带宾语的谓词是形容词；凡不受"很"修饰或能带宾语的谓词是动词。朱先生虽然在标准中只使用了程度副词"很"，但他显然明白"很"仅仅是一个典型的象征符号，它实际上代表了其他各种能够测试词项程度义的语言手段，例如前置于形容词的"有点儿、比较、非常"，以及后置于形容词的"极了、（得）很、（得）多"等等。

的确，在现实语言交际中"很"的使用最为普遍。从BCC语料库（报刊）的搜索结果来看，"很A"与"非常A、比较A"相比，前者在使用频率要明显高于后两者，频率比为1∶0.18∶0.21。这种使用频率上的差异是否会对"很"的句法和语义产生一些影响？张国宪（2008；2016：74—75）（以下简称张文）提出，按照字典的解释，"很"修饰形容词时表示程度高，但现代汉语的"很"不再是单纯表程度的副词，其功能和语义都出现了不小的变化。例如（32）（引自张国宪，2016：74）：

> （32）总之，一道<u>很宽</u>的沟，他大概跳不过去，被横扫以前本来是可以跳过去的（按：横扫后有腿疾，走路有点儿跛），所以他必须找一个桥梁，找一块木板……（王蒙《夜的眼》）

张文认为，"很宽"比"宽"的程度高，按照正常人的行为能力"很宽的沟"比"宽沟"更难逾越。上例如果改成"总之，一道<u>宽沟</u>，他大概跳不过去"，那么语义上就无法接受，因为"宽沟"肯定跳不过去。所以张文推论，既然"宽沟"都无法跳过，那么"很宽的沟"就更跳不过去了。但（32）的语义仍然可被接受，那就说明"很宽的沟"中的"很"的程度义已经出现销蚀，在句法上"很"正向前缀演化（张国宪，2008；2016）。我们现用表9—3对该论断的主要逻辑做一说明：

表9—3　　　　　　　"很宽"与"宽"的语义对比

	程度义等级	例句	语义接受度
"很宽"	高	A. 一道<u>很宽</u>的沟,他大概跳不过去	可接受
"宽"	低	B. 一道<u>宽</u>沟,他大概跳不过去	不可接受

表9—3列出了张文的几个关键论点,其论证的顺序是:①"宽"的程度义低于"很宽";②理论上,B句不可接受(因为他肯定跳不过去),那么A句就更不可接受(因为他更不可能跳过去);③但在小说中A句可以接受;④那么说明,A句中"很"的程度义已经出现销蚀。

以上论点存在几个问题。首先,"宽"的程度义并不一定低于"很宽",因为"宽"仅仅是可被度量的属性词,尚未明确显示其程度义。朱德熙先生给形容词下的定义是,凡受"很"修饰而不能带宾语的谓词是形容词。这表明形容词可以被度量,而光杆形容词仅仅是尚未度量的属性词,其程度义并未确定。因此一个程度义未定的光杆形容词"宽"无法和"很宽"比较程度义的高低。比方说"桌子上有个<u>红苹果</u>",我们仅凭光杆形容词"红"无法确定苹果是"较红""很红"还是"非常红"。这个道理和"宽"是一样的。我们现用下图展示"宽"与"很宽"的语义关系,"很宽"只是"宽"这个属性中一个较为具体的量值而已。而且,我们也无法在宽度等级上为"宽"找到一个具体量值的定位。

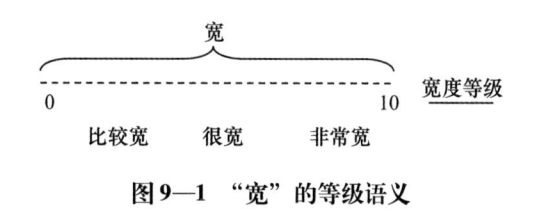

图9—1　"宽"的等级语义

根据等级会话含义(Levinson,1983),说低就意味着否定了高,说小就意味着否定了大。这是一种语用推理。根据试验,这种语用推理是语言使用者自然拥有的一种语用能力(Zhao et al., 2015),该能力可以帮助我们判断语言表达的逻辑性和适当性。在宽度等级中,说"较宽"就否定了"很宽"。如果按照张文的逻辑,"宽"比"很宽"的程度义

低,那么意味着说"宽"也会否定"很宽"。请看以下对比:

(33) a. *这条路比较宽,而且很宽。
b. 这条路宽,而且很宽。

(33a)不可接受,因为其符合等级会话含义中的"说低就否定高",所以当我们说"路比较宽",那么在会话含义中就否定了"路很宽",这就导致(33a)的语义不可接受。相比较而言,(33b)的语义可以成立,说明"宽"的语义等级并不一定比"很宽"低,所以前者无法否定后者。此外,另一个证据是,在询问一个物体的宽度时,问句的形式是"有多宽?"回答可以是"很宽/比较宽/10厘米宽",等等,这也说明"宽"的程度义是未定的。

第二,张文认为例(32)的原文如果改成"总之,一道宽沟,他大概跳不过去",那么语义上可接受程度低。我们认为,这应该是个语用问题。因为在该句的语法结构中,"一道宽沟"是话题,而话题通常是较凸显的定指信息,而"一道宽沟"接近非定指成分,凸显度不高,因此造成接受程度下降。相比之下,原文中"一道很宽的沟"通过"很宽(的)"增加了"沟"的话题凸显性,因此可接受程度上升。如果我们保留"宽沟"的说法,并将原文重新修改为"总之,这道宽沟,他大概跳不过去",指示词"这(道)"也可以起到凸显话题的作用,同样能明显提高句子的可接受度。因此"宽沟"本身并非阻碍可接受度的主要因素。

那么,原文中"很宽"的"很"是表示程度高的副词吗?我们认为是。因为从原文的情节可以推知,"他"因为受伤,一条原来可以跳过去的沟,现在都显得"很宽"了,这是完全自然的、新情况的描述。

张文还举了一些有趣的例子,但具体情况和分析过程各有不同。如下:

(34)轰炸时,也有许多趣事。一个十四岁的女孩在乱砖中埋了四昼夜。刨掘队发现她后,问她痛吗,仰卧在重梁下的她,还照平时礼数说:"谢谢先生,我很好。"大家把砖石清理出点路子来,才问她要什么。他们喂了她五杯热茶。

六小时后，横在她胸上的梁木才被移开了。（王小波《未来世界》）

(35) 他简直是把我抱着挪进了屋。这是个严谨的单元。家具<u>很少</u>但足够使用。（刘心武《白牙》）

在以上两个例子中，"很好"和"很少"的使用情况不完全相同，先看例（34）。张文分析，一个女孩被梁木压在胸上埋了四天四夜，忍受了巨大的痛苦，但是"她"却说"我很好"，这不能按照字面意思来理解，说明"很"的程度义已经销蚀（张国宪，2008；2016：75）。如果按照这个逻辑思路，"她"不管是说"我很好"，还是说"我挺好、我没事、没关系、不要紧"，所有这些答语中的成分都有可能出现语义虚化，这显然不合常理。语言描述与现实状况是否相符是个"真话"或"假话"的问题，并不一定会影响语言层面中词的语义。在原文中，如果考虑生理常识，"她"的状况确实不能算作"很好"，但是"她"说假话的原因并不会影响"很"的语义，因为说假话的目的就是要让听者把"字面意思"当作真的去理解，以减少他人对"她"的担心和忧虑。不过，如果考虑心理状态，"她"的确也有可能真的处于"很好"的状态，比如"她一点儿不担心、不害怕"等。因此张文说"很"已经语义虚化，只是主观的语义推测，并没有形式上的客观证据。

关于例（35），张文认为"家具很少"和"足够使用"是相互矛盾的，因此不协调，甚至可以说是语义不合格，更合理的说法应该是"家具不多但足够使用"（张国宪，2008；2016）。由此张文推断，"很"的语义退化了。我们认为，首先，"（家具）很少"是个主观量，需要有参照点；同样，"足够（使用）"也是个主观量，也需要有参照点。这两点从读者的视角是很难获知的。更重要的是，张文的观点过于强调语言与客观的直接对应，语言必须是客观逻辑的镜子，因此张文认为"家具很少"应该导致"不够使用"而非"足够使用"。然而事实显示，一般逻辑（甚至科学逻辑）并不能束缚主观判断，这在语言交际中经常能够得到充分的体现。例如可以说"收入很少但很快乐""吃得很少但是很胖""假期很多但却很累"等。

沈家煊（2008：408）曾指出，语言事实和心理试验都证明存在三个并行的世界：物理世界，语言世界，心理世界。语言世界并不直接对应物理世界，中间存在一个心理世界作为中介。这就说明，语言是经过主观加工的产物。语言世界的内部同样也存在三个世界：行域，知域，言域。就例（35）中"家具很少但足够使用"而言，张文认为"家具很少"与"足够使用"有矛盾。如果该句真的存在"矛盾"，那么在不考虑语境的情况下，我们认为会有"行域、知域、言域"三种可能的解释。而这三种解释其实都和连词"但"的语义有关，和"很少"中的"很"并无关联。以下例（36）根据"行域、知域、言域"分别描述了"家具很少但足够使用"的三种可接受的语义：

（36）家具很少<u>但</u>足够使用。

"但"的行域义：家具很少，但真的足够我使用（陈述事实）
"但"的知域义：家具很少，但我推测应该足够使用（主观推测）
"但"的言域义：家具很少且真的不够用，但我仍要说"足够使用"（语言行为）

从例（35）原文的语境来看，"但"表达的应该是行域义或知域义，不可能是言域义。除非是"我"是出于礼貌而故意说给"他"听，以避免因为说实话而伤害"他"的自尊心。但原文的语境消除了"但"的言域用法的可能性。所以"（家具）很少"中的"很"就是本义，并没有形式上的证据证明"很"的语义已经虚化。张文所指出的语义矛盾实际上并不存在于小说的语言层面，而是存在于一般的生活逻辑中。

总之，当"很A"做谓语时，仅仅依靠主观的语义分析很难确定"很"是否已经真正丧失了程度义。当然，如果"很A"出现在其他非谓语的位置时，则另当别论（详见张国宪，2008；2016）。不可否认，在现代汉语中"很A"已经高频地出现在谓语中，如"外面很冷、他很高、我很累"等，虽然我们有一定的理由推测"很"的程度义在减弱，但这也只是弱预测，形式证据明显欠缺。不过，汉语中的确有不少含有程度义的状态形容词出现了语义销蚀，因此可被程度副词修饰。例如，根据BCC语料库（文学及报刊）的搜索结果，我们可以发现不少"很寒冷"的用法，但没有发现"很冰凉"。在句法上"寒冷"可被程度副词修饰，这就可以客观地证明"寒冷"自身的程度义已经出现销蚀。相比之下，"很A"做谓语时，在形式上并不能进一步被其他程度词修饰，如"*衬衫非常很白、*衬衫很很白、*衬衫很白极了"，以及"*他非常很帅、*他很很帅、*他很帅极了"等，所以目前汉语形容词谓语句中大量出现的"很"到底是语义销蚀的前奏，还是修辞夸张，还是出于礼貌的谎言等，都需要我们仔细甄别，寻找可靠的形式证据。

3.2 "很"系词化了吗？

根据前文，有些研究尝试将形名定中结构中的"的"和形容词谓语句中的"很"纳入统一的解释框架，如"漂亮的姑娘"和"姑娘很漂亮"。这种研究思路的其中一个理论立脚点是：不加"很"时，性质形容词谓语句的独立性较弱，因此"很"有凸显形容词描述性的作用（金立鑫、于秀金，2016），或者"很"有量级核查的功能（孙鹏飞，2017）。还有的研究认为"很A"做谓语时，"很"已经语义销蚀，成为词内成分（张国宪，2008；2016），有的认为"很A"做谓语时和名词做谓语的"是N"具有结构上的平行性，因此"很"已经具有系词的功能（张伯江，2011），即"很"出现系词化。总的来看，这些研究持有两个观点：（1）性质形容词直接做谓语受限；（2）"很"可以起到消除限制的作用，而且"很"已经虚化。我们在上文中已经讨论了"很"的凸显描述性功能、量级核查功能以及语义销蚀问题，现在将着重分析"很"的系词化问题。

虽然汉语的形容词可以做谓语，但根据朱德熙先生对性质形容词和状态形容词的分类，它们做谓语的能力似乎并不对等。一般认为状态形容词可以直接做谓语，而性质形容词做谓语时却显得独立性较弱，例如"苹果红、衬衫白"。前文曾说明，所谓的独立性弱或不能单说都不是语法问题，而是语用问题。如果需要提高"苹果红、衬衫白"的独立性，常见的办法是在谓语中添加"很"一类的程度修饰语，或者给谓语增加时体成分等，如"苹果红了"。

不少学者曾对性质形容词做谓语时需要加"很"提出过不同见解。吕叔湘（1980）认为"很"可以帮助单音形容词凑成双音节。沈家煊（1997）和张伯江（2011）认为，"很+单音形容词"不是为了组合成双音节，因为双音节形容词也很少单独做谓语，前面也经常需要加"很"。

而且能添加的副词不光是"很",还可以是多音节副词"非常""比较""特别"等,所以说"很"的作用并不是为了凑成双音节。

Larson(2009)观察,汉语的形容词依靠"很"做谓语,这和汉语名词依靠系词做谓语具有结构上的平行性。例如:

(37) a. 巩俐<u>是</u>演员。
      b. 巩俐<u>很</u>漂亮。

Larson从生成语言学的角度推论,在古汉语中"是N"是个名词短语,"是"既是限定词也是整个名词短语的核心。"是"后经发展成为现代汉语的系词,连接"巩俐"和"演员"形成"巩俐是演员"。类似的是,"很A"是个形容词短语,"很"是形容词短语的核心。因此"很"的发展路径可能和"是"相同,也就是说,"很"可能具有系词的功能。

在例(37)中,"是"与"很"的确存在相似的句法结构。但是在现代汉语中,程度副词"很"是否也发展出系词的功能仅仅依靠例(37)是远远不够的。印欧语具有丰富的形态,因此副词和系词在形态变化上就有着明显区分。而且在具有分化词类系统的英语等语言中,形容词做谓语和名词做谓语的句法结构也有明显不同。所以一个副词是否演变为系词在印欧语中是个比较容易判断的事。由于汉语缺少类似印欧语的形态,所以判断句法结构的最好办法是结构的平行性。赵元任(1968/1979)曾说,语法是研究一类一类的形式出现或不出现在由别的类构成的框架或槽之中的,所有在这一点上行动一致的形式是同一个形式类的成员。朱德熙(1985:33)在《语法答问》中就曾利用结构平行性证明了动词前的一些时间词也是主语。如下所示:

(38)   A   B   C

A	B	C
<u>他们种树</u>	<u>今天种树</u>	<u>马上种树</u>
他们不种树	今天不种树	*马上不种树
他们种不种树	今天种不种树	*马上种不种树
他们没种树	今天没种树	*马上没种树
他们种树没有	今天种树没有	*马上种树没有

他们是不是种树	今天是不是种树	*马上是不是种树
他们也许种树	今天也许种树	*马上也许种树
他们要是种树	今天要是种树	*马上要是种树
他们不但种树	今天不但种树	*马上不但种树
他们所种的树	今天所种的树	*马上所种的树

朱德熙先生指出，结构 B 中的"今天"和结构 C 中"马上"在意义上更像是一类词，但是在语法结构的性质上"今天"和结构 A 中的"他们"更应为归为一类，即句子的主语。尽管结构 B 和 C 也还存在某些方面的类似，但这些类似之处在结构 A 和 C 之间也存在（详见朱德熙，1985：34），所以从全局来看，"今天"就是句子的主语。这种基于结构平行性的论证方式体现了"分清主次"这一重要原则。

我们可以借助结构平行性来测试"是"和"很"是否都属于系词这个形式类的成员。对比如下：

(39)   A   B

        她是演员。   她很漂亮。

        她不是演员。   ？她不很漂亮。

        她是不是演员？   *她很不很漂亮？

        她是演员不是？   *她很漂亮不很？

        演员是她。   *漂亮很她。

        她是演员？是/不是。   *她很漂亮？很/不很。

很明显，在例 (39) 的 A、B 两组中，除了第一句，其他结构没有实现平行性。所以说，汉语形容词依靠"很"做谓语和名词依靠"是"做谓语在结构性质上没有什么共同点。

张伯江 (2011) 提出，汉语中"很是"的用法可以看作"很"与"是"用法出现平行的证据。例如：

(40) 布的四边儿都用线做了圈口，针脚<u>很是</u>细密。（阿城《棋王》）

张伯江先生认为，一方面"很"的程度修饰作用已经减弱，因为"很"并没有紧贴形容词；另一方面"很是"可以看作一个整体起到系词的连接作用。因此，"很"和"是"的用法是平行的。

我们认为这里有两个关键的问题。首先，"很"修饰的不是形容词，而是动词"是"。的确，从客观语义学的角度看，"是"没有程度属性，因此不可被度量。要么"是"要么"不是"。但在说话人的主观中，"是"经常可以被度量。例如：

(41) a. 为嘛我的没中奖呢，人品<u>很是</u>问题啊。(微博)
b. 他的头点得<u>非常是</u>地方，都是在话眼或是论点激烈展开的关头。(毕淑敏《原始股》)
c. 在当代社会生活中，文物与艺术品收藏<u>最是</u>一个急不得的事。(《人民日报》2016年1月10日)
d. 不太按时吃饭，吃钙片，不太宠爱肚里的宝宝，带着他各种跑，我好像<u>不太是</u>个称职的妈妈。(微博)
e. 我猜想着，他<u>十有八九是</u>一条毒蛇！她又一次提到了蛇。(莫言《檀香刑》)

在以上各例中，程度修饰语分别是"非常、最、太、十有八九"。可以看出，"是"在主观上可以具有程度义，这显然是语言使用者的主观性造成的，虽然并不符合客观语义。而且"是"前面的程度修饰语具有临时组合性，因此粘合度较低。即使将程度修饰语删除，句子仍然符合语法，如"最近这个效率是问题""他的头点得是地方""我好像不是个称职的妈妈"以及"他是一条毒蛇"。

在结构性质上，"很是"已经有词汇化的倾向了。"很是"可以被分析为一个副词修饰动词的状中结构"很+是"，后面通常当带名词性成分。"很是"也可以分析为表示程度义的副词，后面大多带形容词性成分。当"很是"是状中结构时，"是"比"很"重要，因为删除"很"不会改变句子的合格性。当"很是"是副词时，"很"比"是"重要，因为删除"是"，不会改变句子的合格性。请见以下比较：

(42)"很+是":状中
　　a. 为嘛我的没中奖呢，人品<u>很是</u>问题啊。
　　b. 为嘛我的没中奖呢，人品<u>是</u>问题啊。（删除"很"）
　　c. *为嘛我的没中奖呢，人品<u>很</u>问题啊。（删除"是"）
(43)"很是":副词
　　a. 布的四边儿都用线做了圈口，针脚<u>很是</u>细密。
　　b. 布的四边儿都用线做了圈口，针脚<u>很</u>细密。（删除"是"）
　　c. *布的四边儿都用线做了圈口，针脚<u>是</u>细密。（删除"很"）

　　以上事实说明，当"很是"修饰形容词时，"很"的程度修饰作用并没有减弱，反而是"是"的功能在减弱。"很是"是现代汉语中出现的用法，根据语法化的规律，结构更大、更复杂的状中结构"很$_副$+是$_动$"应该出现在先，而副词性成分"很是"出现在后。也就是说，理论上应该是"很+是+名词"在先，"很是+形容词"在后。这也就可以解释为什么"很"没有紧贴形容词了。

　　汉语形容词依赖"很"做谓语并不能直接说明"很"已经系词化。更关键的是，"很"仅仅是形容词做谓语所依赖的众多成分之一。"很"在某种意义上只是一个谓语中的语义符号，它代表性质形容词做谓语时对于程度义的一种依赖。如果说"很"在句法上已经系词化，那我们是不是可以说"巩俐挺/真/非常漂亮"中的"挺、真、非常"也都已经开始系词化了呢？因为"挺"等程度词的使用频率也非常高。所以，就目前观察到的语言事实来看，充当谓语的"很A"中的"很"也许程度义有所减弱，但在语法性质上仍然是个程度副词。

　　总之，形容词直接做谓语不自由，既不是韵律问题，也不是语法问题。如果当作韵律问题，就会认为"很"起到增加音节的作用。如果当作语法问题，就会认为"很"已经系词化了。这两种说法目前没有足够的形式证据。

第十章

形名定中的结构和性质

第一节　目前的问题

汉语形容词修饰名词时可以直接和名词并置，形成"AN"结构，此外还有另一种修饰结构，即"A的N"。这两种形名定中结构的主要差别是有无带"的"。朱德熙（1956；1980）提出，性质形容词做定语有两种形式，如"白纸"和"白的纸"。前者是一种具有强烈的凝固趋势的结构，常常表现出"单词化"的倾向；后者是一种临时的组合，因此定语的限制作用特别明显，往往有强调的意味。赵元任（1968/1979）认为，一个自由的单音形容词加上一个自由的单音名词一般可以造成一个主从短语，在它们之间，可以加上一个助词"的"使修饰关系更为明显。在使用频率方面，吕叔湘（1965/2002）通过统计得出结论，单音节形容词做定语时不带"的"为多，而带"的"是例外。

如果拿汉语和英语对比，英语有"AN"结构，但似乎没有和"A的N"直接相对应的语法结构。在讨论汉语"A的N"的句法性质时，Sproat & Shih（1991）认为，汉语形容词性修饰结构"聪明的张三"和动词性修饰结构"喜欢笑的人"类似，因而"A的N"可能是关系小句结构，但他们并未对此展开充分的论证。Paul（2005）根据英语关系小句的生成方式进行了反驳，理由是：虽然"聪明的张三"可以还原为主谓句"张三真聪明"，但为何在下面形容词做定语的句子中，(1a) 无法还原为 (1b)？

(1) a. 方的盘子/机密的文件
　　b. *这个盘子方。/ *这些文件机密。

据此 Paul 认为，汉语中"A 的 N"不是关系小句。Paul 用英语作为参考，忽视了汉语词类的自身特点。郭洁（2013）也曾拿英语作参照，针对 Paul 的观点提出，汉语非谓形容词带"的"做定语的结构是短语（如"方的盘子、绝密的文件"），而其他形容词带"的"做定语的结构是关系小句（如"安静的孩子"）。该观点首先混淆了一个基本的概念问题：关系小句做定语的定中结构本身就是一种短语，只不过是定语复杂的短语而已。而且，郭洁的观点仅仅依靠定语的词类身份就对整个结构的语法性质做出了判断，这样做显然不够合理。

以上研究虽然加深了我们对汉语形容词做定语的理解和认识，但在分析过程中都或多或少地忽视了一个重要因素，即汉语形容词的词类属性。他们大多把汉语形容词当作一个已有的、既定的词类，还常用英语作为比附的对象。这样做容易忽略汉语词类的类型学特征，得出的结论不够全面也缺乏足够的证据支持。语言的词类系统可分为刚性和柔性（Hengeveld，1992a；1992b），有的语言如英语、泰米尔语（Tamil）、西格陵兰岛语（West Icelandic）、塔斯卡洛拉语（Tuscarora）等都是刚性词类系统，有的语言如汉语、土耳其语、萨摩亚语（Samoan）、蒙达里语（Mundari）等都是柔性词类系统。词类系统的类型对句法结构会有很大的潜在影响（Hengeveld et al., 2004；Hengeveld，2013）。汉语的形名定中结构既是句法问题也是词类问题，解决上述争议需要全盘考虑汉语的词类系统以及关系小句的类型学特点。英语可以作为对比的对象，但不能作为比附的对象。这样才能保持语言分析的客观性，并发现汉语的类型学特点。

第二节　汉语的"AN"结构

学界存在一个普遍的观点，形容词的原型功能是做定语（Croft，1991；Hengeveld，1992a；沈家煊，1997）。也就是说，形容词做定语应该是无标记的。汉语和英语一样，都存在相同的"AN"结构，例如：

(2) 汉语：白纸/大树/慢车/老人
　　英语：white paper/big tree/slow train/old man

朱德熙（1980：9）认为汉语的性质形容词做定语是一个"相当稳定的结构……常常表现出一种'单词化'的倾向"。例如：

(3) 祥子心里一活便，看那个顶小的<u>小绿夜壶</u>非常有趣，绿汪汪的，也撅着小嘴。（老舍《骆驼祥子》）

朱先生解释说，作者连用两个"小"字，可见作者认为"小绿夜壶"是一个稳定的整体。同样，在口语中还常常可以碰到"顶大的大老虎"，"小不钉点儿的小耗子"。不少学者也持有类似的观点，汉语形容词直接做定语具有成为复合词的倾向（范继淹，1958；吕叔湘，1979；1965/2002；McCawley，1992；董秀芳，2008；张敏，1998；2017）。

也有一些不同的看法。孙朝奋（2012）认为，汉语的"AN"结构有时可做两种不同的分析。如果把"白纸"理解为"空白的纸"（blank paper），那么"白纸"是"似单词词"；如果把"白纸"理解为"白色的纸"（white paper），那么"白纸"是"似短语词"。明显的是，孙朝奋先生的这种判断是根据语义的，因为表示"空白的纸"的"白纸"之间不能加入"的"；而表示"白色的纸"的"白纸"中间可以补上"的"（即"白的纸"），且意思变化不大。孙朝奋先生还提出，"白纸"是"白的纸"词汇化的结果。他借用英语的例子进行对比说明，如下所示：

    A   B
[the driver's] license → [a driver] 's license
 ［白的］纸→ ［白（的）］纸
    C   D
a [driver's] license → a [driver license]
 ［白］纸→   ［白纸］
 （白色的纸） （空白的纸）

在现代英语中，"驾照"（driver license）一词经历了 A 到 D 的四个阶段，领有标记"s"在历时过程中逐渐被省略。按照孙朝奋先生的推断，汉语和英语类似，阶段 A "［白的］纸"通过省略"的"而得到阶段 C "［白］纸",最后发展出表示"空白的纸"的阶段 D "［白纸］"。我们认为这个观点存在可商榷之处。首先,古汉语中没有"的"的"AN"是常态,所以从"A 的 N"发展为"AN"的顺序似乎有悖常理。其次,英语中的领有标记"s"的消失和汉语"的"的情况是否相同,似乎很难证明。再者,表示"空白的纸"的"白纸"到底来源何处,目前也不清楚,是从表示"白色的纸"的"白纸"隐喻而来,还是从短语"空白的纸"简化而来,似乎也没有相关的论证。最后,如何区分"似单词词"和"似短语词"也不是件容易的事,因为名称中的"似"的语法证据是什么也没有说清。也就是说,我们并不知道似单词词、似短语词和词的语法差别到底体现在哪些方面。

从结构性质来看,我们同意汉语的"AN"是复合词。根据"词独立"(lexical integrity)假说(Jackendoff,1972;Selkirk,1984),句法操作和语义解释都不能作用于词的下属成分(a proper subpart of a word)。Lieber 等(2009:11)提出,鉴定复合词的句法标准是不可分离性(inseparability),具体表现为复合词只能整体被修饰,它的前一组件(component)不可单独被修饰。如果汉语的"AN"结构具有成为复合词的强烈倾向,那么充当修饰语的形容词应该是词的下属成分,无法再进行句法操作,不能再扩展。如下所示:

(4) 白纸→*雪白纸/*很白纸/*更白纸/*白白纸

同样,"AN"结构中的后一个组件,即被修饰的中心名词"N",也无法被扩展。如下所示:

(5) 白纸→*白一张纸/*白一斤纸/*白木浆纸

所以汉语的"AN"结构的确具有复合词的特征。但相比之下,英语的"AN"结构中的形容词可以被扩展。如下所示:

(6) big tree→absolutely big tree/very big tree/a little big tree

英语不但可以通过副词"absolutely、very、a little"等对形容词进行扩展,在口语中还可以通过形容词的重复结构进行扩展,如"big big tree"。虽然在英语"AN"结构中形容词的扩展能力比汉语强,但扩展成分一般只出现在形容词之前,或者对形容词本身进行的形态变化(如比较级"bigger tree")。不过,也有一些扩展成分是不能出现在英语形容词之前的,例如:

(7) * the a little bigger tree

在例(7)中,短语前部的定指冠词"the"和程度修饰语"a little"中的"a"出现冲突,因此不可接受。还有一个现象,英语形容词的扩展成分不能出现在形容词和名词之间,例如:

(8) * bigger than the hut tree

"than the hut"出现在形容词"bigger"和名词中心语"tree"之间,这在英语中是不允许的。

在另一方面,英语"AN"结构中的中心名词也可以扩展,如例(9)中的名词中心语"tree"可以被后置的介词短语修饰。

(9) big tree→big tree with 35 feet tall/big tree in my garden

和短语不同的是,英语中真正的复合词无法进行扩展。复合词一般具有特殊含义,因而常被收录于词典中,例如"white elephant(中看不中用的东西)、yellow book(电话号码簿)、black mail(诈骗邮件)、red tape(繁文缛节)"等。一旦复合词被扩展,特殊含义就消失,那么也就不再是复合词,而是按照字面意思理解的普通短语。

通过英汉对比可以看出,汉语的"AN"结构明显不具备扩展能力,所以汉语的"AN"倾向于复合词是有形式证据的。然而,当汉语的"AN"中加入"的"字,那么情况会完全改变。吕叔湘(1979:20)曾说:"的字虽小,它的作用可不小。没有的字,前边的形容词和后边的名

词都不能随便扩展"。以下以"白的纸"为例,对"白"和"纸"分别进行扩展:

(10) 对 A 扩展 对 N 扩展 对 A 和 N 扩展
   雪白的纸   白的一张纸 雪白的一张纸
   很白的纸   白的木浆纸 很白的木浆纸

复合词中加入"的"就变成了语法结构更大的短语,"的"似乎解放了"AN"结构的句法局限性,这也符合"语松词紧"的道理。然而,汉语中为什么会存在两种形名定中结构,这是需要我们回答的问题。以下将根据汉语形容词的词类特点进一步对"AN"和"A 的 N"进行分析和说明。

第三节　形容词的词类特点和定中结构的形式

我们在第五章第四节曾提出,汉语的主语是中性化的句法位置。名词、动词、形容词可以自由做主语;而谓语位置却稍显不同,形容词和动词可直接做谓语,名词直接做谓语存在一定的语用限制,而且谓语中的名词也不能直接被否定。所以汉语是单向柔性语言。从大名词的内部来看,形容词和动词是一类,都是动态名词。Dixon（2004：15）根据跨语言的调查发现,如果一种语言的形容词靠近动词,那么形容词修饰名词时通常存在两种不同的方式:①直接修饰;②关系化。当然,这两种修饰方式会在语义上具有一定的差别。Hagège（1974：130）在非洲语言的调查中发现,图普利语（Tupuri）（SVO 型语言）的形容词靠近动词,形容词采取以下两种方式做定语。如例（11）:

(11) a. wì (1) klī   b. wì (1) mà： klī
   孩子   小   孩子 关系化标记 小
   '某个小孩子'   '这/那个小孩子'

在图普利语中,直接修饰名词的形容词表示不定指,即"某个小孩子"。当形容词通过关系化标记"mà:"修饰名词时,形成关系小句结构,形容词表示定指,即"这/那个小孩子"。在汉语中"小孩子"和"小的孩子"除了形式有别,在语义上也有不同:"小孩子"既可指"年龄小的孩子",也可喻指"思想或行为幼稚的人";而"小的孩子"一般仅指"年龄小的孩子",通常不用作比喻。如果将汉语和图普利语相比,两种语言正好形成镜像的颠倒关系。见表10—1:

表10—1　　　　　汉语和图普利语的形名定中结构

汉语	图普利语
[AN]	[NA]
小孩子	'wì (1) klī'
[A 的 N]	[N mà: A]
小的孩子	'wì (1) mà: klī'

除了图普利语,Schachter(1985)发现在北美的莫哈韦语(Mojave)中,动词做定语时强制使用关系小句标记,而形容词作定语时,关系小句标记可有可无,但语义会有差别。这一点和汉语非常相似。汉语单音动词做定语时经常需要借助"的",单音性质形容词做定语时存在有"的"和无"的"两种情况。Hajek(2004:356)也发现,如果一种语言的形容词靠近动词,那么形容词在修饰名词时常会采取关系化的方式,例如朝鲜语和非洲的沃洛夫语(Wolof)。

根据上述现象,我们需要说明汉语关系化结构的基本特点。关系化结构是语法分析中的常见结构,通常是由关系小句以及被修饰的中心词共同组成,但中心词有时也不是必须的成分。汉语的关系化结构属于核心语外置型,关系小句和被修饰的中心词之间通常需要关系化标记。"的"是汉语中最常用的关系化标记(刘丹青,2005;Dixon,2010),而且标记的使用一般具有强制性(刘丹青,2005)。此外,汉语的关系化标记"的"还具有转指的功能(陈刚,2012;2016),例如"<u>来的人</u>都是客"和"<u>来的</u>都是客"。前一句中"来的人"是有核关系化结构,而后一句中"来的"是个无核(headless)的关系小句,因为中心词未出现。"来的"可以转指"人",而英语的关系化标记却无此功能(陈刚,

2016)。

　　国内已有大量的研究涉及汉语关系小句的关系化策略和语义特征，我们不再赘述。这里需要着重说明的是汉语关系小句和被修饰的中心词之间的句法特征。从这个角度来看，汉语存在两种类型的关系化结构：一种是提取（extraction）型，被修饰的名词可以在关系小句中找到语法空位；另一种是非提取型，被修饰的名词无法在关系小句中找到语法空位。提取型关系化结构比较常见，我们根据汉语的特点，还将其细分为两类：整句提取和零句提取。赵元任（1968/1979：41）曾指出：汉语的句子是两头被停顿限定的一截话语，句子可以从结构上分为整句和零句，零句没有"主语—谓语"形式，在日常生活中，零句占优势。鉴于这些事实，汉语中的整句和零句都有可能形成关系化结构，例如：

（12）整句提取型关系化结构：
　　　张三修汽车。→修汽车的张三/张三修的汽车
（13）零句提取型关系化结构：
　　a. 甲：上午去哪儿了？
　　　 乙：买车。
　　　 甲：<u>买的车</u>呢？
　　b. 甲：这次北京谁去？
　　　 乙：学生去。但<u>去的学生</u>不多。

　　例（12）中"张三修汽车"是主谓俱全的整句，通过对主语和宾语分别进行关系化提取，形成了两个关系化结构。（13a）中"买车"是缺少主语的零句，通过对宾语提取形成关系化结构"买的车"。类似的是，（13b）中"学生去"是缺少宾语的零句，通过对主语提取形成关系化结构"去的学生"。有的传统语法文献将例（13）的关系小句描述为"动词做定语"，这在一定程度上模糊了结构的句法性质。刘丹青（2008b）曾指出，汉语的谓词性成分做定语，可以被看作关系小句。

　　汉语中还有非提取型关系化结构，我们也可对其进行细分，即整句非提取型和零句非提取型。被修饰的中心词无法在关系小句中找到合适的语法空位，例如：

(14) 整句非提取型关系化结构：
我买车的价格｜他唱歌的节奏
司机停车的路段｜学生等老师的时候

(15) 零句非提取型关系化结构：
a. 我买的价格｜他唱的节奏
   司机停的路段｜学生等的时候
b. 买车的价格｜唱歌的节奏
   停车的路段｜等老师的时候
c. 买的价格｜唱的节奏
   停的路段｜等的时候

例（14）的关系小句都是整句，如"我买车"。例（15）的关系小句如"我买、买车、买"在汉语中都能独立成为零句。可见，汉语和英语的关系小句在结构类型上存在明显的差别。针对例（15）这类结构，Comrie（2010）认为，在语义上汉语和英语具有不同类型的关系小句，汉语和日语类似，关系小句可以被称为"名词修饰型小句"（noun modifying clause）。戴浩一（2011）也提出，汉语中被关系小句修饰的中心词并不存在英语中的那种移位。因此，汉语的关系小句是概念上更加宽泛的句法语义结构，被修饰的中心词并不看重其本身是否在关系小句中占据某个句法空位，我们常见的提取型关系小句只是汉语关系化结构中的一个次类。根据上述分析，图10—1可以说明汉语关系化结构的类型特征。

鉴于汉语关系化结构的多样性，整句提取型关系小句只是汉语的一种类型，而且"关系小句"这一名称也涵盖不了汉语的全部特性，所以Comrie使用的"名词修饰型小句"的确更加符合汉语的特点。但为了行文习惯和方便，下文将仍然使用"关系小句"代替"名词修饰型小句"。

3.1 汉语形容词的提取型关系小句

在汉语中单音节和双音节形容词做谓语比较常见，也有一些三音节及以上的形容词做谓语，请见例（16）。虽然（16a）中句子的语义自足性稍弱，但并不影响它们的语法合格性。

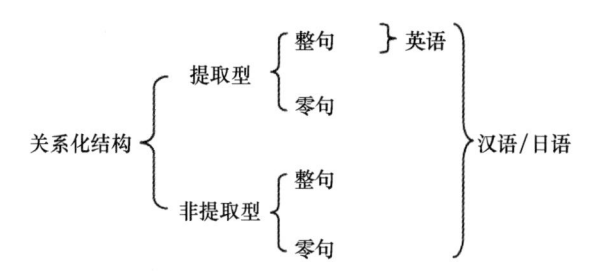

第十章　形名定中的结构和性质　/　233

```
                    ┌ 整句 ┐英语
          ┌ 提取型 ┤
          │         └ 零句
关系化结构 ┤                    ├ 汉语/日语
          │         ┌ 整句
          └ 非提取型┤
                    └ 零句
```

图10—1　汉语关系化结构的类型特征

(16) a. 天气冷。| 这只苹果红。
　　 b. 天气寒冷。| 这只苹果通红。
　　 c. 天气冷飕飕。| 这只苹果红通通。

例（16）的句子中都只有一个论元，即主语，如果对其进行关系化提取，那么可以得到例（17）中的关系化结构。

(17) a. 冷的天气 | 红的这只苹果
　　 b. 寒冷的天气 | 通红的这只苹果
　　 c. 冷飕飕的天气 | 红通通的这只苹果

"天气冷"的关系化结构是"冷的天气"，而不是"冷天气"。从深层次上看，汉语"A 的 N"的形成是源于汉语的形容词具有动词性。从结构转换来看，"A 的 N"是源于形容词谓语句，并非来自"AN"补上"的"。而且例（17）中大部分的"A 的 N"也很难还原为"AN"结构，如"冷飕飕的天气→*冷飕飕天气""红的这只苹果→*红这只苹果"。

英语的形容词可以直接修饰名词，也可以通过复杂的关系化方式修饰名词。只不过英语的关系小句要后置于中心语，所以形容词的两种修饰方式在语序上完全不同，如"<u>cold weather</u>"和"<u>the weather that is cold</u>"。英语具有独立的形容词，其原型功能是做定语，因此可形成"cold weather"。而关系化定中结构"the weather that is cold"则是来自对整句"The weather is cold"中主语"the weather"的关系化提取。为了方便说明，我们采用汉英对比的方式来解释形容词定中结构的生成途径，请见下图：

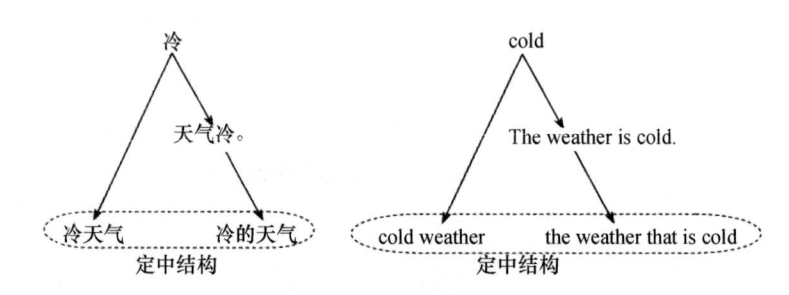

图 10—2　汉语和英语形容词定中结构的转换途径

在句法层面，汉语的两种定中结构"AN"和"A 的 N"在语序上相同，都是定语前置，关系化标记"的"是两者唯一的形式差别，因此它们容易被误解为派生关系。汉语是 VO 型语言，然而 Dryer（1992）调查发现，在 625 种语言的 252 个语组中，几乎所有 VO 型语言的关系小句都后置于被修饰的中心词，而汉语是唯一一个违反这条语序共性的语言。这就意味着，汉语"A 的 N"是个违反 VO 型语言共性的结构。根据 Dryer 的发现以及联系项居中原则（Dik, 1997），我们推测，汉语符合共性的语序应该和图普利语相同，即"N 的 A"。也许正是由于汉语关系小句的语序特殊性，才导致"冷的天气"和"冷天气"十分近似，容易使人误解为汉语"A 的 N"直接源于"AN"。相比之下，英语也是 VO 型语言，但英语的关系小句符合 Dryer 发现的语序共性。图 10—2 中"cold"的两种定中结构在语序上存在明显的差别，这自然就很难让人误解"the weather that is cold"是来源于"cold weather"。

不过，Greenberg（1963）曾发现一些语序共性，其中两条是：在 VO 型语言中，当形容词和关系小句修饰中心词时，都倾向于后置。也就是说，汉语的形容词和关系小句都违反了语序共性，而英语只违反了其中一条，即形容词没有后置于中心词。前文提及的图普利语则完全符合这两条共性。当然，Greenberg 的发现只是一种倾向共性，不是绝对共性。从实际情况看，汉语的关系小句并非绝对不能后置，本章第四节将会进一步说明。

3.2 汉语形容词的非提取型关系小句

通常认为汉语单音形容词可以直接做定语，但在非提取型关系小句中，形容词需要带"的"才能做定语，例如：

(18) a. 天津网红大爷随便一停，就有粉丝拍照，这是<u>红了的节奏</u>啊。（腾讯新闻）
b. 欧洲的客户通过银行给我们欧洲办事处汇美元需要1至2天，<u>最慢的时候</u>要3天。（《人民日报》2002年1月5日）

上例中"红了的节奏、最慢的时候"都无法转换为主谓结构"＊节奏红了、＊时候最慢"。这和前文（15c）中动词做定语的"买的价格、唱的节奏、停的路段、等的时候"一样，也都无法转换为主谓或者述宾结构。因此这种无提取过程的关系小句是形容词做定语的另一种类型，而且"的"具有强制性，否则定中结构不成立。

我们在语义上可以解释为什么这种非提取型关系小句通常需要带"的"。在（18a）中，形容词"红"通常是物质的属性而不是抽象概念"节奏"的典型属性；（18b）的"慢"通常是动作的属性而不是抽象概念"时候"的典型属性。根据句法象似性（Haiman，1983；Givón，1984），形容词表达的属性义距离中心名词较远，就会导致形式距离也较远，因此例（18）各句的定中结构要加"的"，否则"红节奏、慢时候"无法成立。不过也有一些形容词的属性义和中心词看似较远的定中结构，如"红歌"，物质的颜色属性"红"显然不是歌曲的典型属性，但此时人的隐喻性思维和主观性就会起到作用。如果"红歌"转换为主谓结构"歌红"，那么其原有的隐喻义"红色革命歌曲"会随即消失。所以，当形容词的属性义和中心词不匹配时，形容词通常具有隐喻义，这时候的定中结构可以不需要带"的"，类似的例子如"黑历史、轻动词、重口味、小意思"等。

3.3 定中结构中"的"的性质和功能

传统语法曾将"A 的 N"中的"的"定义为结构助词（particle），Zwicky（1985：351）指出，助词只是一个理论前（pre-theoretical）术语，带有身份不明的意味。他反对乱用"助词"这个名称，因为它不能说明任何句法共性。刘丹青（2008a：548）也认为"助词"并非一个有意义的词类标签，它几乎不能提供任何语法信息。然而，在汉语的定中结构"N 的 N、V 的 N、A 的 N"中，所有"的"的形式一致，一般都被统称为助词或者定语标记，我们很难通过"的"辨别定语的语法性质。例如：

（19）邻居$_N$的房子｜买$_V$的房子｜新$_A$的房子

相比较而言，英语会根据定语的类型使用不同的定语标记，例如：

（20）a. their father（他们的房子）
b. Joseph's piano（约瑟夫的钢琴）
c. the Queen of England（英国的女王）
d. the book which I like（我喜欢的书）

当定语为人称代词"they"时，需变为领有格"their"，此时定语标记融合在代词中。当定语是有生命的领有者"Joseph"时，领有标记为"'s"。当定语为无生命的领有者"England"时，领有标记为"of"。当定语为关系小句"I like"时，定语标记由"WH-"类关系代词兼任（陈刚，2016）。而在例（19）、例（20）中，所有汉语的修饰语都使用同一个标记"的"。因此"的"是一种多功能标记，这也导致我们一时很难判断"A 的 N"是何种类型的定中结构，而只能把它当作形容词做定语的另一种形式。

胡裕树（1995：305）曾说，名词和定语之间用不用"的"，似乎有灵活性，但是这种灵活性受到一定条件的限制。例如单音节形容词修饰名词可以用"的"，也可以不用，如"高山"和"高的山"。如果形容词前面有状语，就一定要有"的"，如"很高的山""非常好的天气"。需要解释的是，为什么多音节形容词做定语要带"的"？因为单音形容词做定语具有成为复合词的倾向，词内成分无法扩展。而多音节的形容词是单音形容词的扩展形式，所以如果需要使用形容词的扩展形式做定语，那就要使用带"的"的关系化结构，以确保形容词的扩展形式可以进入定语的位置。

在语言交际中，形容词做定语的形式经常受到句法和语义两方面的影响。英语中做定语的形容词大多能转换为关系小句做定语（陈刚，2012）。例如：

（21）a. Looking for a lease price <u>that is real</u>?
b. Reject the World <u>That Is Broken</u>
c. ISFJs live in a world <u>that is concrete and kind</u>.
d. a price <u>that is right</u>
e. Energy Internet needed in a world <u>that is hot, flat and crowded</u>
f. girls <u>who are tan</u>
g. I keep dating men <u>who are emotionally unavailable</u>

以上关系小句中的形容词也可以用来直接修饰中心语，如"real lease price""broken world""concrete and kind world""right price""hot, flat andcrowded world""tan girls""emotionally unavailable men"。很显然，例（21）中这些关系小句的使用并非出于句法原因，而是出于语义表达的需求。Halliday（1994/2000）曾指出，当（英语的）形容词借助系词做谓语时，对主语具有强调作用。从例（21）中各语例的语义来看，形容词构成的关系小句是为了起到强调的语用效果。不过，英语也有一些出于句法原因而不得不将形容词放在关系小句中的情况（陈刚，2012），例如：

（22）a. kids who are <u>stronger than their parents</u>
b. Girls Who Are <u>Not Feminine</u>
c. We live in a wonderful world that is <u>full of beauty, charm</u>

and adventure

d. Why is common stock usually not issued at a price that is less than par value?

根据英语的语法规则，例（22）各例的形容词性成分都无法直接做定语，例如"*stronger than their parents kids"" *Not Feminine Girl"" *full of beauty, charm and adventure wonderful world"" *less than par value price"，因此这些复杂的形容词短语只能出现在关系小句中。

在功能上，汉语"A 的 N"和"AN"相比，前者通常具有强调等语用效果。从认知视角来看，带"的"的关系化结构"A 的 N"是一种"参照体—目标"结构（详见沈家煊、完权，2009），形容词是需要提前强调的参照背景，并借此提高被修饰的中心语"N"的可及性（accessibility）。所以，语用需求是说话人选择"A 的 N"的主观动因，使用"的"是提高中心语"N"可及性的形式保证。在汉语表达中我们常会出于语用强调的目的，使用关系化结构"A 的 N"来代替"AN"结构。例如：

（23）a. 这几年，通过"煤改气"工程，我们终于见到了蓝的天、白的雪。（《人民日报》2017 年 9 月 18 日）

b. 新的衣服，新的牙刷，新的鞋子。一切都是新的。从新来过。（微博）

c. 那我考运不好抽到难的题，我就死了！（微博）

d. ……多头的烦躁侵犯着生活的每一部门，这也许使生活更好，而我呢，是不把它认为是好的人中之一。（冰心《冰心全集·第六卷》）

e. 我们还去热水里面玩，可是我比较喜欢冷的水。那天虽然有点儿累，但是玩得可高兴了，心里是热乎乎的。（《人民日报海外版》2005 年 9 月 28 日）

在例（23）的 a 句中，"蓝的天、白的雪"和"蓝天、白雪"在真值语义上没有区别，但从语境可见，关系化结构"A 的 N"显然是为了强调形容词所表达的属性义"蓝、白"。同样，b 句中"新的衣服、新的牙刷、新的鞋子"可以去掉"的"而不影响字面意思，但由于语境需求，"的"可以突出说话人"新生活"的开始。c 句中"难的题"比"难题"更能体现了说话人对考试的恐惧。d 句中"好的人"在日常话语中明显比"好人"要少见，但关系化标记"的"可以体现原文希望表达"好人难得"的语义需求。最后，e 句中的"冷的水"和前一句中"热水"呈现鲜明对比，说明作者在二选一的情形中，着重强调其希望选择"冷水"的倾向。

但是相比上述的语义需求，汉语多数情况下使用"A 的 N"是出于句法原因。前文已经分析，汉语的"AN"是复合词，"A"或"N"都无法继续扩展，为了表达与"A"或"N"相关的额外信息，所以需要使用关系化结构"A 的 N"以满足信息结构扩展的目的。现简单举例说明：

(24) a. 有的犯人说，<u>这么冷的水</u>，弄不好已经死个毬了。(严歌苓《陆犯焉识》)

b. 山外有山，楼外有楼，登上一座山，就要看到还有<u>更高的山</u>；登上一层楼，就要看到还有<u>更高的楼</u>。(《人民日报》1964 年 8 月 30 日)

c. 美帝国主义及其走狗阮庆和杨文明在偷偷摸摸地杀害阮文追烈士之后，又正继续走上<u>新的罪恶道路</u>。(《人民日报》1964 年 10 月 22 日)

例（24）的 a 句中形容词"冷"需要被副词"这么"修饰，而"冷水"是复合词，无法扩展，所以通过把复合词"AN"变为关系化结构"A 的 N"，就可实现句法和语义的扩展。b 句中"更高的山、更高的楼"也是同样的道理。在 c 句中，扩展出现在中心语"道路"上（需要被"罪恶"修饰），因此也只能通过关系化结构把复合词"新道路"变为可扩展的短语。

前文曾说明，汉语中有些"AN"结构已经成为专有名词，不能转变为关系化结构，否则就会丧失其专有的特定含义，如"红包（压岁钱或礼金）≠红的包"、"黑车（非法营运车辆）≠黑的车"、"热钱（投机性短期资金）≠热的钱"等。英语中存在类似的情况，一些"AN"结构无法转变为关系小句结构，否则就会改变语义，例如"right man ≠ man who is right"，前者是指"合适的人"，后者指"观点或行为正确的人"。

第四节 汉语违反了语序共性？

Greenberg（1963）和 Dryer（1992）都曾观察到，在 VO 型语言中形容词和关系小句充当定语时倾向后置于被修饰的中心语。汉语似乎不符合这一发现。而且 Dryer 在大范围的语言调查中，汉语关系化结构的语序是 VO 语言中唯一一个违反共性的语言，这也是汉语和图普利语在形容词和关系小句做定语的结构中呈现镜像相反的主要原因。不过，国内一些学者指出，汉语的关系小句在古汉语和现代汉语中都可以后置于中心语。董秀芳（2003：124）提出，在古代汉语中当关系小句后置时，进入关系小句的标记不是"的"而是"者"。例如：

(25) a. 士<u>志于道而耻恶衣恶食者</u>，未足与议也。（《论语·里仁》）
   b. 民<u>死亡者</u>，非其父母，即其子弟，夫人愁痛，不知所庇。（《左传·襄公八年》）
   c. 使吏<u>召诸民当偿者</u>悉来合券。（《战国策·齐策》）

董秀芳（2003）认为，现代汉语口语体中的关系小句也可以后置，而且在正式的法律文书中为了强调也会使用后置关系小句。例如：

(26) a. 咱们<u>当大人的</u>，平时可以不管，到节了，总得为孩子们办点儿实事儿。（王朔《编辑部的故事》）
   b. 我<u>当老婆</u>的都不嫌，外人裹个什么乱哪？（王朔《编辑部的故事》）

(27) a. 当事人<u>对决定不服</u>的，可以申请复议。（《诉讼法》第四十七条第四款）
   b. 司法工作人员<u>私放罪犯</u>的，处五年以下有期徒刑或者拘役。（《中华人民共和国刑法》第一百九十条）

这些关系小句的特点是，"的"字不能省略，否则就会改变语法结构以及原有的语义。例如（26a）中"咱们当大人的"是个名词性短语做主语，如果省掉"的"就会成为主谓结构"咱们当大人"，意思也同时改变。此外，在（26a）和（27a）中，"当大人的、对决定不服的"等都属于限定性关系小句，不能省略，否则会影响语义表达的完整性。

沈家煊（2012d）也认为，汉语后置的流水句可以表达从属关系，因此也是一种关系小句。像例（28）中的 a 句和 b 句，零句"昨天来过了、走路有点儿一拐一拐的"隐含的主语是前一句的宾语。从语义上看，这些零句形式的关系小句属于非限制性的，起到补充信息的作用，所以可以省略。

(28) a. 那位女同志，昨天来过了，怎么又来了？
    b. 他在找一个人，走路有点儿一拐一拐的，已经找了半天了。

我们还可补充以下语料。在例（29）的划线结构中，回指成分"他"已经虚化，也不再是单数第三人称的代词。

(29) a. 名片还有一些功能，比如替代信件，国际社会有的时候有一些人他的事很多，天天写信发电子邮件不堪重负……（金正昆《金正昆谈礼仪之名片礼仪》）
    b. 有一些人他的情绪状态比较压抑，容易焦虑，容易紧张，容易抑郁。（杨凤池《婚姻家庭与心理健康》）

例（29）中 a 句和 b 句的先行词"一些人"是复数，而后续结构中却用单数代词"他"回指。显然此处的"他"仅起到关系代词的作用，其单数范畴的语法意义已经消失。当然，这里如果用"他们"回指也可以，因此"他"的使用尚不具有强制性，还没有成为专职的关系化标记。另外，例句中的"他"也可以省略，但是句子结构的性质会随之改变。正是因为代词"他"的虚化程度不够，可能处于语法化的模糊阶段，才会出现以下歧义句：

(30) 王安老爹说过，自打创世之初，世界上就有奸党，有我们；但是还有<u>一种人</u>他忘了说，就是地头蛇。（王小波《寻找无双》）

在例（30）中，"他"可能是回指"王安老爹"，但也可能回指"一种人"。前一种回指是单数、特指，而后一种回指是复数、类指。两者的对立造成了歧义的表象，背后的动因是代词"他"作为关系化标记的语法化程度尚且较低。

综上，汉语的关系化结构并非完全违反了语言共性，只不过当关系小句前置时，关系化标记"的"的作用较为明显且具有一定的强制性。而当关系小句后置时，结构类型则会相对灵活。我们认为，汉语的形容词同样也可以后置，形成关系小句结构，此时的形式通常为"N + A 的"。例如：

(31) a. 他握握吴天亮的大手，不知如何感谢才好，真是<u>衣服新的好</u>，<u>朋友老的好</u>。（肖复兴《远在天边》）
b. 脸蛋上没有胭脂，而只在小三瓣嘴上画了一条细线，<u>红的</u>，上了油；两个细长白耳朵上淡淡的描着点浅红……（老舍《四世同堂》）

在例（31）的 a 句中，"新的、老的"只可能修饰前面的中心语，且具有强制性，属于限定性关系小句。如果删掉"新的、老的"，就会造成语义问题，如"*真是衣服好，朋友好"。另外，"的"在语法上也是强制性的，删掉会改变结构的性质，而且语义很难接受，如"*真是衣服新好，朋友老好"。在例（31）的 b 句中，关系小句"红的"修饰先行中心词"细线"，语义上属于非限定性的，可以删除。上述两句中后置的形容词关系小句都可以转换为前置修饰语，如"真是新的衣服好，老的朋友好""画了一条红的细线"。

形容词后置的关系化结构具有更强的强调意味，因为在句法上，结构后置会导致句法提升（syntactic promotion）（Payne, 1997），处于边缘的成分获得了中心成分的句法地位。例如在"新的衣服好"中，"新的"只是名词"衣服"的定语，即附加修饰语。而当"新的"后置形成"衣服新的好"时,"新的"获得了近似小话题的语用地位,因此语义得到了加强。同样,在"红的细线"中,定语"红的"可从相对边缘的定语位置移出,形成独立的零句形式的关系小句,即"一条细线,红的"。当定语"红的"的句法地位得到提升时,语义也会相应得到加强或凸显。句法提升同样可以解释 Halliday(1994/2000)的观点,即英语的形容词从定语位置变换到谓语位置时,会对主语起到语义强调的作用。

由于汉语以"话题—说明"为强势结构,话题套话题的现象也十分普遍(详见徐烈炯、刘丹青,2007)。再者,汉语的"A 的"具有转指的功能,所以我们在句法上也要区分哪些名词后的"A 的"才是真正的关系小句。一个关键的标准是:如果"N"后的"A 的"可以转换为"AN"或"A 的 N",且不会改变基本语义,那么"A 的"就是后置的关系小句;反之则不是。例如:

(32)岳父母亡故,三个内弟大的 13 岁,小的刚 5 岁,都要由他抚养。(《人民日报》1994 年 12 月 16 日)

上例中,在"不改变基本语义"的限制条件下,"大的"无法和前面的名词"三个内弟"转换为"A 的 N"结构,因为"三个大的内弟"或"大的三个内弟"都完全不符合原来的语义。所以(32)中的"大的、小的"不是修饰"三个内弟",只能算是单纯的话题套叠。相比之下,在以下例(33)中,名词"N"后的"A 的"都可以转换为"A 的 N":

(33)a. 她在这里,在沃罗涅日,同姨妈一起住。哎哟,瞧你脸红的!难道,是不是?(盛震江译《战争与和平》)
   b. 财会科长说:"我到省里一些汽车经销单位看了,这种车子新的卖价至少 45 万元。"(徐苏明《旧车交易:一桩并不轻松的买卖》)

在例(33)的 a 句中,"脸红的"可变换为"红(的)脸"。后置的"红的"可以突出强调"你的脸色"。同样,b 句中"车子新的"可变换为"新(的)车子"。所以在这两个例句中"A 的"是后置的关系小句修饰前面的名词。

曹逢甫（2005：331）认为，现代汉语中的后置关系小句来源于翻译作品或风格西化的作品，或者在追述的情况下才使用。但实际上古代汉语中就已出现后置关系小句。不管如何，上述分析可以表明，就关系小句和中心语的语序而言，现代汉语并没有完全违反 VO 语言的语言共性。只不过和其他 VO 型语言相比，汉语的关系小句可能具有更为灵活的句法位置而已。

第五节　汉语定语的并列结构

在具有分化词类系统的语言中，名词、动词、形容词和指称、陈述、修饰一一对应。因此一个词类的名称就可提示其语法或语用功能。当谈及"形容词"时，其语用功能自然就和修饰语联系起来，所以形容词可以直接被称为"饰词"。同样，说到"名词""动词"时，它们的语用功能会和指称语、陈述语分别关联起来。这些都是分化词类系统的默认匹配，这种匹配已经实现了语法化。

在柔性词类系统中，具有修饰功能的词类可能也具有其他功能。或者说，没有一个特定的词类专门用来充当饰词。所以如果仅依靠定语这个语法位置，可能无法确定相应的词类。这也是柔性语言的重要特点之一。例如在汉语中，"红衣服"和"红色衣服"中的定语成分都可表示"衣服"的内在属性，但学界通常认为"红"和"红色"分别属于形容词和名词。之所以这么区分主要是因为"红"可以受"很"修饰，而且"红"可以直接做谓语。可事实上，"红"和"红色"除了在能否受"很"修饰上存在差别外，它们在做主宾语和谓语这两个核心功能上并无二致，并且它们也都可以自由做定语。对比如表 10—2 所示：

表 10—2　　　　"红"和"红色"的语法分布对比

	"红"	"红色"
做谓语	这件衣服红（对举）	这件衣服红色（对举）
进入"（是）……的"	这件衣服（是）红的	这件衣服（是）红色的

续表

	"红"	"红色"
做主宾语	喜欢这种红	喜欢这种红色
做定语	红衣服	红色衣服
被"很"修饰	很红	*很红色

　　"红色"之所以不能被"很"修饰是因为它是"颜色"的名称而不是指属性本身,"红"只是在修饰"色"而已。所以表10—2清楚地显示,根据结构平行性(赵元任,1968/1979;朱德熙,1985)以及分清主次原则(沈家煊,2017c),我们没有必要将"红"和"红色"分为两个词类,前者是属性名称,后者是颜色名称,它们都是名词。传统观点过于看重能否被"很"修饰这一并不可靠的标准(详见第八章第二节),却忽视了宏观上的平行性。形成明显反差的是,现代英语中的"red"和"red colour"的语法差异却十分明显。对比如表10—3所示:

表10—3　　"red"和"red colour"的语法分布对比

	"red"	"red colour"
做谓语	The coat is red.	*The coat is red colour.
做主宾语	? I like the red of the coat.	I like the red colour of the coat.
做定语	red coat	*red colour coat
被"very"修饰	very red	*very red colour

　　根据表10—3显示的对立,将"red"归为形容词、将"red colour"归为名词性结构是完全合理的。以上汉英对比可以说明,在确定汉语词类的语法功能时,词类之间的对比需要全面,不能只看重局部而忽视整体。另外,我们在判断一个词类的语法功能时,通常将不同词项轮流放入某个句法位置,如表10—2和表10—3的做法,这的确可以起到测试的作用。但还有一个直接的方式,即并列结构测试,这更容易看出词项之间的词类关系。以下将以定语中的并列结构为例。

　　在定语位置中,英语和汉语的一个重要差别是,英语的定语可首先区分为两个大致的类型:名词和形容词属于一个类型,都具有直接修饰能力；而动词单独成为一个类型，因为动词通常只有陈述性，如果需要获得修饰能力则需通过形态变化。英语中形容词和名词做定语都比动词更自由，从这一点看来，英语形容词和名词的语法性质较接近，它们都和动词的语法性质相对较远。除了形容词、名词在定语位置的相似处，英语的形容词在口语中还像名词一样可被代词来指代。例如：

（34）I am a bit older than you all. Yes, I am. I know I don't look it, but I am just a little older.（2015年6月16日米歇尔·奥巴马的伦敦演讲）

在例（34）中代词"it"可回指形容词性成分"a bit older than you all"，所以英语的形容词和名词近似也具有一定的指称性。

当并列结构做定语时，我们也可以看出英语名、动、形之间的词类关系。如以下例（35）、例（36）所示（引自 Quirk et al., 1985），形容词和名词可以并列修饰名词，因为它们在语义上对名词都有分类作用。

（35）They detest both suburban and city life.
（36）She likes both woolen and cotton dresses.

虽然英语的句法规则要求并列项应具有相同的句法性质，但上例显然违背了句法规则。另外，即使两个句法成分具有相同的句法性质，也并不一定就可以并列。例如：

（37）*A gamekeeper and a gun wounded him.
（38）*a new and financial company

在例（37）中，虽然"gamekeeper"和"gun"都是名词，并列结构符合语法，但该句在语义上不可接受，因为"gamekeeper"是施事而"gun"是工具，所以并列后会造成语义理解的困难。但如果将这两个主语分开，分别形成"A gamekeeper wounded him"和"A gun wounded him"，那么在英语中都可接受。同样，在例（38）中，"new"和"financial"都是形容词，并列结构符合语法，但在语义上却很难成立。因为"new"是描写事物内在品质的定语，而"financial"却是事物外在的分类定语，所以即使"new"和"financial"都是形容词，但由于语义不兼容，从而导致例（38）在英语中不可接受。

和英语类似的是，匈牙利语对定语也有同样的语义约束。如下例所示：

(39) a. irodai　　és　　konyhabútorok
　　　　办公室_形　和　　厨房家具_复数
　　 b. *olcsó　　és　　konyhabútorok
　　　　便宜_形　　和　　厨房家具_复数
(40) a. éjszakai　és　　ragadozó　állatok
　　　　夜间_形　　和　　捕食_形　　动物
　　 b. *védő　　 és　　hasznos　felszerelések
　　　　保护_形　　和　　有用_形　设备_复数

在（39a）中，定语"irodai"（办公室）虽然是个形容词，但却可以和具有名词性的复合词定语"konyhabútorok"（厨房家具）并列，这是因为两个定语都属于同一语义类型，起到地点分类作用，因此（39a）在匈牙利语中可以接受。而（39b）中的定语"olcsó"（便宜的）虽然也是个形容词，但和"konyhabútorok"（厨房家具）在定语的语义类型上不兼容，因此不可接受。在（40a）中，"éjszakai"（夜间）和"ragadozó"（捕食）都是形容词，表达名词事物的内在属性，因此可以并列。而在（40b）中，"védő"（保护）和"hasznos"（有用）也都是形容词，但是它们的语义类型不兼容，因此无法并列做定语。

虽然说英语的句法规则要求只有相同句法性质的成分才可并列，但实际情况明显更加复杂。从英语和匈牙利语可以看出，词类并列结构的合格性受到词类和语义两方面的制约。在某种意义上，英语中的语义规则似乎比语法规则更重要。但是，英语定语的语义规则并不是在任何情况下都可以压制语法规则的，因为英语的形容词和动词，以及名词和动

词,都不可直接并列。例如:

(41) a. * new and fascinate life
　　 b. * city and fascinate life

虽然在语义上,形容词"new"和动词"fascinate"可表示名词中心语"life"的属性,但由于前者是形容词,后者是动词,因此即使它们的语义兼容,但也无法并列做定语,除非将"fascinate"变为"fascinating"。这种情况和英语是 VO 型语言有关,因为"V + N"更倾向于理解为述宾结构而不是修饰结构。所以从总体上看,英语的动词明显有别于形容词和名词,英语的形容词是近名形容词(Dixon,2004)。当然,在定语位置上英语形容词和名词的词类差异还是有所体现的,因为我们可以通过程度词"very"进行定语的词类检测,以区别名词和形容词。

在定语成分的并列方面,汉语和英语存在很大不同。汉语定语位置中不同词类的词可以比较自由地并列,并不存在英语中的那些词类限制。例如:

名动并列:价格和处罚条例/网络和运营成本
　　　　　理论和研究框架/衣食住行的烦恼
形动并列:幸福和消费指数/疑难和常见问题
　　　　　涉黑及重大案件/愉快和放飞的心情
名形并列:力和美的展现/温暖和家庭的感觉
　　　　　情节和恐怖的结合/浪漫与爱情的追求

汉语中的"名、动、形"有时还可同时并列,如"编写<u>新唐宋发展史</u>""堵住<u>黄赌毒</u>的源头"等。因此,汉语的定语位置对词类并不做过多的限制,同时也就意味着,名、动、形在定语位置上表现为同一类范畴。不过,这里分析的动词多为双音节动词,而单音节动词由于动性较强,因此直接做定语的能力则相对较弱(详见第七章第四节)。

按照英语语法,在并列结构中并列项的句法性质决定整个并列结构的性质。英语在大部分情况下遵循了这一规则,这是总的趋势。虽然我们在前文中也给出了一些英语的反例，以说明在某些情况下语义也可以压制语法规则，但压制的程度较为有限，因为英语的名、动不能并列，形、动也不能并列，即使它们在语义上可以兼容。相比之下，汉语所谓"不同词类"的并列则比较自由。但不同词类的并列项在整体上是什么性质？例如在"价格和处罚条例"中，"价格和处罚"的整体结构性质是什么？名词性还是动词性？同样，在"力和美的展现"中，"力和美"的整体结构性质是什么？名词性还是形容词性？如果根据汉语界传统的词类划分，这些问题很难回答，除非走向名词化的路线。但这种路线也是问题重重，例如在"力和美的展现"中，到底是说"美"名词化了，还是说"力"形容词化了呢？按照我们支持的大名词理论，"美"本质上就是一种名词，具有指称性，"力和美"是名词性结构，并不存在名词化的过程。

第十一章

形容词谓语句的句法和语义

汉语的动词和形容词是动性名词。虽然动词、形容词本质是一种名词，但并不妨碍它们可以表达动态义。英语的名词性成分也可以表达动态义，例如"deftly painting a picture"（熟练地画一幅画），意义完全是动态的，但整个结构却是名词性的。再例如"I saw him reading a novel"（我看见他在读小说），分词结构"reading the novel"的意义也完全是动态的，但在语法上是名词性的。Jesperson（1924/1992）曾说，英语的分词和动名词本质上是同一个成分。同样，动态意义也可以通过形容词来表达，例如英语的形容词"aware"（知道）、"afraid"（怕）、"shy"（害羞）等。很明显，语义和词类之间没有必然的直接关联。由于汉语是柔性的词类系统，形容词、动词本身没有形态标志，所以把众多表示"属性义"或"动态义"的词都称为名词，理解起来可能会有困难。但是语言的多样性是不可否认的事实，厘清语义和词类的关系是避免依靠朴素的"直觉"来反驳大名词的关键之一。这也是本章开始之前需要重点澄清的理论前提。

第一节 谓语和谓词

英语传统语法中的术语"predicate"始源于希腊的逻辑学，汉语界一般称之为"谓语"。在西方现代语言学理论中，"predicate"既可以指"谓语"也可以指"谓词"（Crystal，2008）。谓语的涵盖范围更大，除了谓语动词，宾语、状语都可算作谓语的一部分；谓词通常仅指谓语中的动词。所以为了避免混淆，有些西方学者主张用"predicator"专门指称动词性的谓词。不管"predicate"做何种理解，都带有印欧语名动分立的词类背景，因为动词被认为是谓语中必不可少的核心成分。按照西方术语的模糊概念，如果某个成分可以做谓语，实际上还可分为两种情况：一种是指该成分出现在谓语中即可（不是充当谓词），另一种是指该成分直接充当谓词。Dixon（2004）曾指出，在分析形容词谓语句时，不能使用传统语法中"谓语"这个模糊的概念，否则将无法看清形容词的句法特征。他主张，形容词做谓语就是指形容词直接充当谓词。

在汉语语法中，谓语是个句法位置的概念，而谓词的含义则和西方的观点明显不同。根据朱德熙的《语法讲义》（1982），谓词是指能做谓语的一类词，如动词、形容词，所以谓词是一些具有相同功能的词类范畴的统称。如果我们认可汉语的名词也能做谓语的话，那么汉语的谓词还可包括名词。英语的谓词是指谓语中的核心词，本质上是个更加精准的句法定位，所以英语的谓词并非一类词的统称。本章为了表述上的习惯与方便，将依照汉语界的传统做法把谓词当作词类范畴的名称。

第二节　形容词谓语句的结构类型

2.1　形容词谓语句的类型

根据语言类型学的调查，形容词出现在谓语中的句法形式主要有以下三种（Payne，1997：120）：

Ⅰ．无系词（NP ADJ）
Ⅱ．有系词
　　a. 系词是动词（NP V ADJ）
　　b. 系词是代词（NP PRO ADJ）
　　c. 系词是特定的助词（NP COP ADJ）
　　d. 系词是派生词缀（［NP］$_v$ ADJ）
Ⅲ．系词只出现在非现在时态中［NP（COP）ADJ］

在类型Ⅰ中，名词主语和形容词谓语直接并置，无需借助其他成分。也就是说，形容词可以直接做谓语。现代汉语、斐济语（Fijian）、菲律宾的塞布阿诺语（Cebuano）等都属于该类型。

在类型Ⅱ中，形容词需要借助系词类的成分才能做谓语。在Ⅱa中，系词是一种动词。现代英语属于这种情况。古英语（公元5世纪至公元12世纪中叶）在原始日耳曼语系的影响下就已出现系词（Cook，1894）。中古英语（公元12世纪中叶至公元15世纪中叶）的系词结构和现代英语基本相同，但是位于系词之后的形容词需要和主语保持形态上的一致（agreement）。如以下例（1）（引自 Horobin& Smith, 2002：91）：中古英语的形容词"god"（好）是单数形式，"gode"是其复数形式，它们都需要和各自主语的单、复数保持一致。而在现代英语中，形容词有关数的形态变化早已消失。从形态上讲，中古英语的形容词做谓语显然不如现代英语自由。

（1）中古英语　　　　　　现代英语
　　The man was god.　　The man was good.
　　The men weren gode.　The men were good.

现代汉语的形容词除了可以直接做谓语，也可以借助动词性的系词"是"做谓语，例如"她是高"。汉语中还有一种情况：形容词可以通过加"的"做谓语，例如"糖是甜的"。不过这种结构算不上是形容词在做谓语，而是形容词构成的名词性"的"字短语在做谓语。

在Ⅱb类型中，系词是由代词性成分充当，例如希伯来语（Hebrew）。请见下文例（2）（引自 Payne, 1997：117）："hu"（他）是个回指代词，指代前文的"ha–ish"（那个男人），同时"hu"又是句子的系词，"av–í"（我的父亲）是系词补语。

（2）ha–ish　　　hu　　av–í
　　定指–男人　他　父亲–我的
　　'那个男人是我的父亲。'

现代汉语的判断动词"是"在古汉语中也是个指示代词。在上古汉语中，判断句的句尾通常会使用标记"也"。有些情况下，主语之后还会出现一个用于复指的代词"者",这时句尾可不用标记"也"。但在上古汉语时期,"是"还只是个指示代词(王力,1980/2004),尚未发展为系词。到了先秦,一些"是"的用法已经初具系词的特征,但总体上仍是指示代词。如下文例(3)(引自李佐丰,2004):

(3) a. 富与贵,<u>是</u>人之所欲也……贫与贱,<u>是</u>人之所恶也。
(《论语·里仁》)
b. 君曰:"可矣。是真画者也。"(《庄子·田子方》)

代词"是"在回指的同时,也是句子的主语。在句法结构上"是"所在的小句可被看作主谓短语做谓语。大主语和后续的大谓语之间通常有停顿,但小主语和小谓语之间一般不停顿(李佐丰,2004:382)。例如(3a),停顿出现在大主语"富与贵"和大谓语"是人之所欲也"之间,而后者本身也是个主谓结构,其中的小主语是"是",小谓语是"人之所欲也"。由于"是"之后通常可以跟词或短语,在这种主谓谓语句的句法环境下,代词"是"逐渐语法化为现代汉语的系词。

在Ⅱc类型中,充当系词的是一个特定的助词。助词类系词一般没有时体等形态变化,因此和动词存在明显区别。非洲的苏丕尔语(Supyire)就属于这种类型(Carlson,1994)。刘丹青(2008a:57)曾推测,在先秦汉语的判断句中,句尾的"也"或许具有助词类系词的语法特征。

在Ⅱd类型中,名词后的词缀可以承担系词的功能,但这类语言总体较少,例如北美洲的贝拉库拉语(Bella Coola)(Fasold,1992)。

类型Ⅲ稍显特殊,系词在一定环境下可以省略。其实类型Ⅲ可以看作类型Ⅱ的一种特殊情况。俄语的系词"есть"在现在时中一般可以默认省略,请见下文例(4)。但在其他时态中,系词需要出现以负载时体义。所以类型Ⅲ是语言经济性的一种体现。

(4) Он человек принципиальный.
   他   人   原则性强的
   '他是个原则性强的人。'

2.2　汉语形容词做谓语的形式和特点

如果仅从语法形式上看，汉语形容词做谓语时可以采用 I 型或 IIa 型。这两个类型的区别就是有没有系词"是"。但是汉语的名词和动词做谓语也可以像形容词一样，可带或不带"是"。例如：

(5) a. 形容词谓语句：张三（是）很高。/明天（是）冷。
　　b. 名词谓语句：张三（是）上海人。/明天（是）周末。
　　c. 动词谓语句：张三（是）去上海。/明天（是）下雨。

先不看"是"在以上各句中语用和语义的差别（下文将会分析讨论），形容词、名词、动词做谓语的时候可以呈现同样的语法结构，即"主语 +（是）+ $X_{名/动/形}$"，因此可以说明形容词、名词、动词具有相同的语法分布，因而属于同一个范畴。

不过在例(5)中，"是"在句法上的可选择性似乎是个比较有趣的现象。就形容词谓语句而言，Dixon（2004）曾说，形容词能否直接做谓语，以及是否依靠和如何依靠系词做谓语，都是判断形容词的重要标准。很显然，Dixon 的观点涉及三个方面：（1）能否直接做谓语；（2）是否依靠系词做谓语；（3）如何依靠系词做谓语。对于汉语的形容词来说，前两个方面是句法问题，相对容易回答；而第三个方面似乎是个棘手的问题。汉语的形容词可以直接做谓语，那么就可无需依靠系词。然而系词有时也能出现，所以系词出现的原因到底是什么？是句法需要还是语用或语义需求？系词出现后的语法性质又是什么？这些问题导致学界对"是"的性质和功能产生了争议。

朱德熙（1956；1980）提出，汉语的形容词单独做谓语并不自由，形容词要跟"的"结合成体词性结构后，还要依赖系词才能自由做谓语。朱先生进而认为，形容词直接做谓语"不是自由的造句原则"。例如"? 苹果红"和"苹果是红的"，前一个表达不如后一个自然。不过我们发现反例似乎也很多，如下：

(6) a. ? 天气冷　　　?? 天气是冷的
　　b. ? 巩俐漂亮　　?? 巩俐是漂亮的
　　c. ? 张三矮　　　?? 张三是矮的

在例（6）中，反而是后一个不如前一个自然。可见，仅通过结构来直接判断形容词怎样做谓语才算自由，似乎不是个有效的办法。而且朱先生所说的"自由"或"不自由"本质上是相对灵活的语用或语义分析，并不是语法分析。因为只要提供特定的语境，例（6）中加问号的句子，不管是形容词是直接做谓语，还是在"是……的"框架中做谓语，都可在语义上被接受。例如：

(7) a. 天气冷，不想出门。/天气是冷的，她的心却是热的。
　　b. 巩俐漂亮，这是事实。/巩俐是漂亮的，时髦的，甚至是前卫的。
　　c. 张三矮，李四更矮。/张三是矮的、戴帽子的（那个人）。

正如朱先生所说，在"是……的"框架中，形容词变为体词性成分后做谓语，这虽然不属于 Dixon 提出的形容词谓语句的判定范围，但却是汉语形容词做谓语的主要形式之一，因此也不能忽视。另外，我们还要补充一种学界很少提及的形容词谓语句，如下所示：

(8) a. "红豆汤圆热的。"我当机立断。"嗯……"（卫小游《到好》）
　　b. 自然界醒来的一切都努力为春天装扮着，花儿红的。（微博）
　　c. 现在大家喜欢讲新，潮流新的，色彩新的，文艺新的，所以我也只好随波逐流跟着维新。（徐志摩、林徽因《再别康桥·人间四月天》）
　　d. 什么北京烤鸭啊，难吃死了……差级面粉、烤鸭冷的、酱料太绵。（微博）

上例中，形容词带"的"后无需系词可直接做谓语。需要说明的是，这和我们第十章第四节分析过的后置关系小句"N + A 的"在表面结构上一样。后置关系小句属于一种附加定语，删去"A 的"后并不影响句子结构的独立性。而在例（8）中，"A 的"明显是在做谓语（如"红豆汤圆热的"），是对前面的主语进行陈述，如果删去"A 的"，那么整个表达会存在明显的结构缺陷，显得不知所云。

从宽泛意义上讲，以下是汉语形容词谓语句的 4 种主要结构：

A 式：主语 + 形容词（如"天气冷"）
B 式：主语 + 是 + 形容词（如"天气是冷"）
C 式：主语 + 形容词 + 的（如"天气冷的"）
D 式：主语 + 是 + 形容词 + 的（如"天气是冷的"）

以上 4 个结构有几种归类方式：①如果以是否使用了系词"是"为标准，那么 A、C 是一类，B、D 是另一类。②如果以形容词是否带"的"为标准，那么 A、B 是一类，C、D 是另一类。③如果以形容词做谓语时"是否借助其他手段"为标准（Hengeveld et al.，2004），那么 A 是一类，B、C、D 是另一类。这 3 种归类方式都是从结构形式上讲的。再考虑语用和语义的话，那么还有第④种归类方式：如果以是否是强调句式为标准，那么 B 是一类，A、C、D 是另一类。因为 B 中的"是"具有强制性的天然重音，而其他几句中的成分并无此类重音。

以上 4 种归类方式可针对不同的研究目的。我们将选择第③种归类方式并展开分析，因为判断词类要依据语法功能，而功能的判断要以"是否带标记"为标准。我们先用"是否带标记"来判断词类的语法功能，这是首要的大问题。如果有标记的情况比较复杂（如 B 式、C 式、D 式），那也只是大问题的次要方面。

从汉语形容词谓语句的 4 种结构形式来看，可以首先确定的是：形容词无标记直接做谓语的 A 式是主要的基本结构。如果 A 式加入系词"是"，要么变为强调句（B 式），要么形容词后需要再带个"的"（D 式），因此在语义或形式上都变得有标记。从谓语的角度看，汉语的形容词尚未和动词实现分化，有些语言的形容词在做谓语时和汉语的情况差不多相反，如南美的塔里阿纳语（Tariana）。该语言的形容词都能直接做主宾语和定语，这一点和汉语相同，但塔里阿纳语的所有形容词都需借助系词做谓语，只有其中一部分形容词可直接做谓语（Aikhenvald，2004：123；Dixon，2004：6）。例如：

(9) a. namu-ne　　　　hanu-ite-pidana
　　　妖精－焦点.主语　大－名词：有生命－遥远.过去时：传言
　　　'据说那个妖怪很大。'
　　b. namu-ne　　　　hanu-ite
　　　妖精—焦点.主语　大—名词：有生命
　　　di-dia-pidana
　　　3单.非阴性主语—变—遥远.过去时：传言
　　　'据说那个妖怪变得很大。'

在（9a）中，形容词"hanu"带有时态标记，说明形容词是动词；而在（9b）中，时态附加在了系词"dia"上，因此形容词"hanu"成为系词宾语。可以看出，在塔里阿纳语中形容词需要系词做谓语，因此形容词靠近名词。但其中又有一部分形容词因为可以直接做谓语而靠近动词。由于该语言是名动分立，而且名词和动词做定语都需要形容词化，所以根据 Heine & Kuteva（2002）提出的词类演化规律，我们可以推测塔里阿纳语已经完成名词、动词的分化，形容词尚未从名词中完全分化出来，但有一部分形容词开始向动词漂移。总体上，塔里阿纳语的形容词仍然是个柔性程度较高的词类。所以形容词的分化程度低，是形容词谓语句在汉语和塔里阿纳语中呈现形式多样化的主要原因之一。

第三节　形容词谓语句中的系词"是"

当汉语形容词借助系词"是"做谓语时，"是"的句法性质有无变化？这是个学术界长期争议的话题。产生争议的原因是：当出现在谓词性成分前，"是"需要重读，而且可以起到强调的语用效果，例如"他**是**去了北京"和"今天**是**很冷"（黑体表重读），所以张斌（2009）认为"是"已经副词化了。

朱德熙（1982）提出，系词"是"之后的宾语可以是体词性成分也可以是谓词性成分。例如：

(10) 系词 + 体词性宾语

他是外科医生。/我是中文系，他是历史系。/我是炸酱面。/他是两个男孩儿。

(11) 系词 + 谓词性宾语

他是去接人，不是去送人。/我是不知道（不是故意的）。

沈家煊（2008）也补充了以下例证，说明系词之后的成分十分复杂，而且系词"是"前后的成分不仅是等同、类属等常见的语义关系。

(12) 他是去年生的孩子。/我是日本太太，他是美国太太。他是昨天出的医院。/他是北外学的英语。/他是学校付的工资。/他是室友偷的电脑。/他是毒蚊叮的脑瘫。/他是保安打的瘸腿。

在例（10）、例（11）、例（12）中，只有其中两例的"是"可以翻译成英语的"be"，即"他是外科医生"和"我是炸酱面"。前者表达了类属关系，可根据字面意思直接翻译成英语的"be"，请见（13a）；后者是指"我点/买的是炸酱面"，这里的"是"也可以翻译成英语的"be"，但在英语中需要满足一定的语法条件，请见（13b）[①]：

(13) a. He is a surgeon.

b. I am the sandwich.

在例（13b）中的"I"和"sandwich"既不是等同也不是类属，如果要使两者出现在系词"be"的两边，"sandwich"之前必须要加冠词"the"，才能表示"我点/买的是三明治"。如果不加冠词，那么只能按照客观等同来理解，即"我是三明治这样东西"。而汉语的"我是炸酱面"一般是指"我点/买的是炸酱面"，但也不排除"我是炸酱面这样东西"。

[①] 感谢美国斯坦福大学东亚语言与文化系的 Matthew Palmer 博士等提供的英语语料。在英语译文中我们用"三明治"代替"炸酱面"。

这两种语义在汉语中共享同一个语法结构,说明两种语义并未实现语法化,到底该如何理解则要看语境。

例(10)、例(11)、例(12)中其余的"是"都不能翻译成英语的"be"。可见,汉语主谓结构之间的语义关系十分松散,正如赵元任(1968/1979:45)曾指出的:"(汉语的)主语不一定是动作的作为者;在'是'字句里不一定等于'是'字后边的东西;在形容词谓语前头不一定具有那个形容词所表示的性质……有的时候词语的省略使主语和谓语关系松散到了如果放在别的语言里将成为不合语法的程度。"赵先生的例子是"这件事早发表了""这瓜吃着很甜""你(的鞋)也破了"等。

沈家煊(2008)认为,汉语的"是"字句可以表示主观认同,表达说话人的强烈移情,例如"他是去年生的孩子"和"我是日本太太"。这种主观认同句在日语中也很常见,但是日语的主观和客观认同句存在语法形式上的区分。如下所示:

(14) a. 日语主观认同句:
　　　　私　　姉　　女房　　です。
　　　　我　姐姐　老婆　　是.系词
　　　　'我是姐姐老婆。'(即:我的老婆比我大。)
　　b. 日语客观认同句:
　　　　私は　　　がくせい　です。
　　　　我—话题　学生　　　是.系词
　　　　'我是学生。'

在(14a)中,很显然"私"(我)和"女房"(老婆)既不是等同也是不类属,这和汉语的"我是日本太太、他是两个男孩儿"如出一辙。而(14b)的"私"(我)和"がくせい"(学生)是常见的类属关系。在句法上,(14a)和(14b)的最大不同是:a句中的"私"(我)之后不用附加话题标志"は"。由于日语是SOV语言,名词性论元都出现在谓语动词的左侧,因此句子中各种论元标志通常都是强制性的,包括话题标志"は"、主语标志"が"、宾语标志"を"等,否则很难判断论元的句法和语义角色。从主观认同句和客观认同句的句法差别可以看出,前者的话题"私"虽然没带话题标志"は",但该句式在日语中反而是有标记的、特殊的用法。可如果我们强行在(14a)的话题"私"之后补上话题标志"は",那么这个句子就必须按照客观认同句理解为"我是比丈夫大的老婆",那么说话人通常就是"老婆"本人。所以日语中的主观和客观认同句都已经语法化了,两者存在显性的形式差别。

在日语中,不管是主观认同还是客观认同,句尾系词"です"的句法和语义性质保持不变。在汉语的主、客观认同句中,系词"是"两头的主、宾语成分虽然在语义关系上更加灵活,但"是"仍然是系词,并没有副词化。形式上的证据是,"是"的后面不管是名词、动词还是形容词,在结构上都具有平行性。请见以下对比:

(15) a. 是+名词:
今天是周日/今天不是周日/今天是不是周日?/今天是周日不是?(不)是。
b. 是+动词:
今天是下雨/今天不是下雨/今天是不是下雨?/今天是下雨不是?(不)是。
c. 是+形容词:
今天是很冷/今天不是很冷/今天是不是很冷/今天是很冷不是?(不)是。

和其他语言不同的是,"今天是周日、今天是下雨、今天是很冷"中的"是"也都可以隐而不现。曾骞(2013)也曾论证,"S+是+VP"是个正常的句子,"是"就是判断动词。汉语的形容词也是 V,所以"S+是+AP"、"S+是+VP"和"S+是+NP"具有相同的结构性质。

根据语言类型学的调查,有些语言的系词后边只能出现名词性成分,例如非洲的姆旁语(Mupun)(Frajzyngier,1993)和约鲁巴语(Yoruba)(Madugu,1976)等。英语的系词之后可以直接出现名词或形容词,但不可直接出现动词,因此英语的形容词靠近名词。而汉语的系词之后名、动、形皆可直接出现。从语法分布的角度来看,汉语的名、动、形属于同一个范畴。我们使用表11—1加以对比和说明:

表11—1　　　　　　　系词后附成分对比

系词后附成分	名词	形容词	动词
姆旁语	+	−	−
英语	+	+	−
汉语	+	+	+

尚杰（2009）指出，汉语的"是"是个默认的、无标记的概念。张姜知、张颖（2017）认为，由于汉语词类的语法化程度不高，因此系词"是"的出现是语用性质的、柔性的；系词可以强调"话题"和"述题"之间的关系，具有增强"标述性的关系"。

综上，汉语系词是个默认的判断动词，名词、动词、形容词都可直接出现在系词的前后。一方面说明名词、动词、形容词是同类范畴；另一方面说明汉语的谓语具有潜在的指称性。当系词不出现时，谓语的指称性是隐含的；当系词出现时，谓语的指称性就显而易见了（沈家煊，2016a）。

最后需要分析的是，为什么学界会有观点认为"是+谓词性成分"中的"是"已经副词化了？这可能是受到英语的影响，因为如果把"他是去了北京"翻译成英语的话，这里的"是"在语义上对应的英语可能是"really、indeed"这样的副词。而且，副词修饰动词，这也是"词类—功能"关系的传统认识。出于上述两点原因，动词之前的"是"就容易被当作副词了。可是，如果"是"被当作副词，它和真正的副词之间并没有实现语法结构上的平行性。请看以下"是"和副词"的确"的对比：

(16)　他是去了北京。　　　　他的确去了北京。
　　　他不是去了北京。　　　*他不的确去了北京。
　　　他是去了北京不是？　　*他的确去了北京不的确？
　　　他是不是去了北京？　　*他的确不的确去了北京？
　　　是。/不是。　　　　　　?的确。/*不的确。

例（16）可以证明，"是"的语法性质和副词大不一样。更恰当的分析方式不是改变"是"的词类性质，而是承认汉语的动词"去"也有名词性。这样做不仅可以解决眼前的小问题，很多宏观上的大问题也会迎刃而解。

第四节 "A 的"谓语句

当形容词带"的"做谓语时，系词是否出现也是选择性的。例如：

（17）天气（是）冷的，她的心却（是）热的。

朱德熙（1956；1980）提出，"是"后边的形容词加"的"可以表示"区别义"。同样，如果没有"是"，那么谓语中的"A 的"也可表示区别义。"是"隐现时的差别在前文已有分析，不再赘述。那么，朱先生所说的区别义是在"和谁做区别"？我们可以先拿另外一组例子做比较，如下：

（18）这本书（是）你的，那本（是）我的。

上例中对比的对象显然就是代词指代的对象，即"你"和"我"。至于领有结构"你的"或"我的"所转指的具体内容并不那么重要，如果非要在后面补出什么成分的话，可能是"你的东西"或"我的东西"。但领有物"东西"只是语义隐含，而非句法省略。"的"的作用是将句子主语代表的事物置入某个集合（set）内，所以"这本书"不是和"你"有直接关系，而是和"你的拥有物"（而非"我的拥有物"）有直接关系。那么主语"这本书"和谓语"你的"是成员与集合的关系。英语中也会说"This book is yours, and that one (is) mine"，前一个系词必须出现，因为英语中名词性物主代词不能直接做谓语。

同样，在例句"天气（是）冷的，她的心却（是）热的"中，区别的对象是两个具有不同温度属性的事物，将"天气"置入"冷的事物"的集合，将"她的心"置于"热的事物"的集合。但此时我们很难在句法上为"冷的"或"热的"之后补出什么成分。我们也无法在英语中找到类似的句法结构，这是因为英语中只有名词性成分（含代词）才具有领有标记，如"Tom→Tom's""father→father's""he→his"等，而形容词、动词都不具有这类形态变化，如"cold's、buy's"皆不合法。相比之下，汉语的名词、动词、形容词都可以带同样的标志"的"，并形成具有平行性的语法结构。例如"张三$_名$的书""新$_形$的书""买$_动$的书"都能变换成同样的主谓句，即"书是张三$_名$的""书是新$_形$的""书是买$_动$的"。所以 Larson（2009）曾据此推断说，汉语和伊朗语一样也具有一个大名词类。

回到例（17）所讨论的问题，"主 +（是）+ X 的"本质上不是形容词特有的句式，而是汉语大名词共同享有的句式。该句式的功能是"指定集合"，并自然地衍生出排他性或对比性。所以例（17）可以强调"天气"和"她的心"分别处于不同属性的事物集合，两者形成对比或反差。再例如"我的鞋是新的"，该句一方面为"我的鞋"指定了属性集合"新的"，同时隐含着排他性，即"我的鞋不是旧的"。因此这类句式的目的是指定主语进入具有某个属性的事物集合，不涉及属性本身的程度义。也就是说，"我的鞋是新的"中的"新"不涉及属性的程度，即"比较新""很新"或"非常新"等。汉语中对属性程度义较为敏感的句法结构是形容词直接做谓语的句式，这就是为什么我们通常都认为"张三高"不够独立。一般当该句说明谓语中属性的程度时，才会显得更自然，如"张三很高"。不过，形容词直接做谓语时还有更复杂的情况，我们会在后续的谓语分析中进行详细解释和说明。

另外，不少学者（Xu，1988；Dixon，2004：21；刘丹青，2008b：60）认为，在系词"是"之后的形容词需要加"的"实现名词化。这个观点在以往的词类框架中似乎可以说得通，因为传统理论认为形容词和名词是对立的词类。但是在大名词的理论框架下，"形容词实现名词化"的说法就会存在很大问题。因为汉语的形容词本身就是一种名词，形容词尚未从名词中完全分化出来，所以说"形容词加'的'实现名词化"就相当于在说"名词加'的'实现名词化"。可名词还如何再次名词化呢？所以我们认为，形容词（本身就是名词）加"的"是实现了名词在语义上的转指化，转指具有某个属性的事物集合，而不是指属性本身。如"大的"是转指"大的事物"，而非属性"大"本身。

第五节　形容词谓语句的否定式

形容词谓语句的否定形式比较复杂，先看以下一些有争议的地方：

(19) a. 车子新。/车子不新。
　　 b. 车子（是）新的。/车子不是新的。

在 a 句中当形容词直接做谓语时，否定副词"不"可以直接否定"新"。在 b 句中，当"不"否定名词性的谓语"新的"时，系词"是"必须出现。但在肯定句中"是"的出现不是必须的。这种现象可以证明形容词是名词的一个次类，因为形容词和名词出现了"词类—功能"的扭曲对应。第五章第四节曾说明，名词在做谓语时，否定形式尚存一定的句法限制。因此大名词框架中的名、动、形仍然存在一定限度的区分。

关于"是"在（19b）中为何要出现，张姜知、张颖（2017：69）认为"是"在否定句中出现是因为否定预设了肯定，因此为了强调话题和述题之间的关系，否定句中"是"必须出现。张姜知、张颖（2017：67—68）还认为"是"在语用上具有标述性，可以出现在名词谓语句、动词谓语句和形容词谓语句中，例如"张三是队员$_名$""张三是高$_形$""张三是爱$_动$打篮球"。我们认为，他们的这些观点可能无法解释为何"是"在名词谓语句的否定式必须出现。因为，既然否定预设了肯定，而且名词谓语、动词谓语、形容词谓语前也都有个肯定的"是"，为什么只有在名词谓语句的否定式中"是"必须出现？而动词、形容词谓语句的否定式中"是"却不必出现？如"张三不高$_形$""张三不爱$_动$打篮球"。我们认为，问题的根本和词类有关，和语用预设没有关系。由于汉语的名词不能被直接否定（吕叔湘，1982：234；沈家煊，2010a），但动词可以被"不"否定，系词"是"也是一种动词。汉语的主语和谓语之间本来就被默认为"是"的关系（尚杰，2009），所以在名词谓语句的否定式中，出于句法的需要，隐含的"是"就需要出现，以实现名词的否定式。这也就可以统一解释为什么"张三不高$_形$""张三不爱$_动$打篮球"的否定句中无需出现"是"，因为汉语的形容词、动词本身就可以被直接否定。如前文所述，否定上的差别也是造成名动包含的原因之一，因为名词通常只能被"没"否定，而动词（含形容词）既能被"没"否定也能被"不"否定，这就形成了否定式的扭曲关系（详见沈家煊，2010a）。

厘清了以上的一些问题，现将形容词谓语句的否定式进行如下分类：

A. 形容词直接做谓语的否定式：

主语 + 不/没 – 形容词

B. 形容词借助系词"是"做谓语的否定式：

（1）主语 + 不 – 是 + 形容词

（2）主语 + 是 + 不/没 – 形容词

C. 形容词带"的"做谓语的否定式：

（1）主语 + 不 – 是 + 形容词 – 的

（2）主语 + 是 + 不/没 – 形容词 – 的

在 A 中，直接做谓语的形容词可以被"不"和"没"直接否定，例如"苹果不红/苹果没红"。这一点和动词谓语句的否定式一致，但和名词谓语句的否定式呈现扭曲对应。说明形容词靠近动词。

在 B 中，否定词可以否定系词"是"，也可以否定形容词。在 B 的第（1）种情况里，否定词只能用"不"，而且属于元语言否定（meta-linguistic negation）；"不"否定的是语言自身的适切性，例如"这苹果不是红，而是很红"。说话人觉得"红"这个词使用不当，因此否定了该词的适切性。在 B 的第（2）种情况中，被否定的是形容词，系词"是"仍需重读表强调，如无需强调则"是"可以不出现。

在 C 中也有两种情况：（1）否定系词"是"，或（2）否定词出现在系词之后，以否定名词性的转指结构"A 的"。第（1）种情况前文已有说明，"是"的出现具有强制性，因为汉语的名词不受直接否定。第（2）种情况稍显复杂，表面看否定词"不/没"是在否定"A 的"，其实不然。否定词否定的是形容词"A"，形成 [[不/没 A] 的]，而不是 [不/没 [A 的]]。也就是说，形容词先被否定后，再加"的"实现转指。例如"这个苹果是 [[不红] 的]"和"这个苹果是还 [[没红] 的]"。前者否定属性，后者否定存在。但是如果分析为"这个苹果是 [不 [红的]]"或"这个苹果是 [没 [红的]]"。那么前者不合语法，后者语义不成立。

形容词谓语句的否定方式在宏观上是由汉语名动包含的格局决定的，名词能做谓语但不受"不"的否定，而动词（含形容词）可以做谓语且受"不"和"没"的否定。名词和动词（含形容词）在谓语位置的扭曲对应，说明动词也是一种名词。

第六节　形容词的多维性与谓语性

6.1　形容词谓语句的谓语性及相关问题

汉语形容词做谓语时存在语义自足性的问题。谓语的语义自足性也被称为谓语性。刘丹青（2008b）曾指出，汉语中的形容词，特别是状态形容词，具有很强的谓语性。然而，当性质形容词直接做谓语时，谓语性问题似乎存在很多争议。朱德熙（1956；1980）认为，性质形容词直接做谓语时不够自由，或者说独立性较弱。但是当形容词前加了"很"之后才会显得自然，如"张三?（很）高"。关于"很"在谓语中的功能，第九章第二节已有一些介绍。吕叔湘（1980）认为"很"和性质形容词具有"凑成双音节"的作用。沈家煊（1997）认为"很"的出现不是出于音节上的缘故，因为单音形容词和双音形容词都很少直接做谓语，后者也经常需要加"很"。张伯江（2011）提出，不管是单音节还是双音节形容词，前面既可以加单音节副词"很"，也可以加多音节副词如"非常、特别"等，所以补足音节的说法并不合适。实际上，单音性质形容词做谓语时，实现语义自足的方法有很多。常见的语法手段有：在形容词前加程度类副词、变为差比句、提供一些语境如对举或问答，等等。如下所示：

　　　　（20）? 张三高。
　　　　　　　→张三很高。
　　　　　　　→张三比我高。
　　　　　　　→张三高，王五矮。
　　　　　　　→谁高? 张三高。

针对汉语中的这个现象，一些研究者假设性质形容词做谓语时具有一个抽象的句法规则，即"S→SUB（X）ADJ"（引自庞加光，2015）。句子（S）是由主语（SUB）、谓语的性质形容词（ADJ）和完句成分（X）构成。完句成分就是指例（20）中出现的各种增强谓语性的完句手段，如谓语加"很"等。关于完句成分（X）的解释有谓词转化标记说（Huang，2006）、时制说（顾阳，2007）、焦点说（伍雅清、祝娟，2013）、系词说（张伯江，2011）。然而这些研究似乎并不能解释所有的补救手段，正如庞加光（2015：294）所质疑的，把各种不同的补救手段都整齐划一为"X"是否自然与合理？的确，各家提出的补救手段在性质上完全不同，加"很"是补充属性的程度义，变为差比句是提供参照点，扩展为对举或问答又是提供语用环境。所以似乎没有获得一个统一的说法来解释所有补救手段。

庞加光（2015）（以下简称庞文）从概念语义学的视角提出了另一种解释方法。他认为，之所以性质形容词做谓语时语义不够自足是因为性质形容词的程度参照没有被赋值，有的补救手段是为该参照设定基准值、语境程度值或零值，还有的补救手段是为了规定属性的占位。例如：

（21）a. 张三很高。（参照的基准值是根据语境设定的常规身高）
　　　b. 张三比王五高。（参照的基准值为"王五"）
　　　c. 张三一米八高。（参照的基准值为0）
　　　d. 张三高，王五矮。（规定属性的占位）

在（21a）中，"很高"的参照基准值是灵活的。主语"张三"是大人还是孩子，是决定常规的身高值的语境因素。"张三很高"就是指张三高于这个常规身高。而（21b）和（21c）中的参考基准值则分别是"王五"的高度和"0"高度。庞文强调，当性质或程度形容词做谓语时，程度参照的实现具有强制性（庞加光，2015：298）。（21d）是个对举结构，和其他三个例句不同，"张三高，王五矮"规定了张三和王五在属性域的占位。最后，庞文提出了一个锚定（anchoring）假设：参照赋值和规定占位能使显影的程度区间脱离"游弋状态"（庞加光，2015：300）。

我们认为，锚定假设的确可以统一解释一些谓语补救手段的外在动因。该假设丰富了形容词谓语句中的完句成分（X），并且没有根据单一因素来说明完句所需的语义条件，因此具有较好的解释力。然而，锚定假设也有一个缺陷，有时性质形容词做谓语并不一定需要程度参照，也无需规定占位，所以该假设并非像庞文所说的具有强制性。例如汉语的主谓谓语句，"张三个子高""他心眼儿好"。这些句子中的性质形容词"高、好"无需添加"很"等补救手段同样可以实现句子谓语的语义自足，而且也不存在对举结构中对属性域的占位需求。

简单来说，由性质形容词充当谓语的主谓谓语句，既不需要补充谓语的程度义也不需要补充对比、答问等语用环境，就可以实现谓语的语义自足性。这同时显露了以往研究的一个通病：由于形容词谓语句的谓语语义不够自足，那么大家的研究重心自然全部聚焦在谓语中，却忽视了主语（或话题）对谓语性的重要影响。这就意味着，已有的研究只是在努力解决问题的一半，却遗漏了问题的另一半。我们认为，形容词的语义多维性（multi-dimensionality）是解决问题另一半的突破口。

6.2 形容词的多维性对谓语的影响

形容词通常表达的是相对单纯的属性义，例如"高、红、大"，其内涵意义十分简单。然而，同一个属性形容词可能会和多种事物相关联，这种现象被称为形容词的多维性，而这类形容词则被称为多维形容词（multi-dimensional adjectives）（Kamp, 1975; Klein, 1980）。例如"红"可以和"苹果""酒""衣服"等事物相关联，表达单纯的属性义；"红"还可以和"人""歌曲"等事物相关联，表达灵活的隐喻义。所以汉语中会有"红苹果""红酒""红衣服"以及"红人""红歌"等这些组合结构。英语也一样，如果在描述两个事物时使用了形容词"identical"（相同），那么有可能是指它们的尺寸维度上的相同，也有可能是指颜色维度上的相同（Sassoon, 2012）。例如"two identical cars"可能是说两辆车的外形一样，也可能是说它们的颜色一样。同样，"long"（长）可以指时间维度的长，或者指尺寸维度的长。在现实交际中，由于有语境的支持，"long"的两个维度只能二选一。

汉语的形容词大多是多维形容词。一方面是由大千世界客观事物的多样性造成的；另一方面是语言使用者的主观性造成的，很多隐喻等用法使得形容词的关联维度得到大范围的扩展。一个形容词的隐喻义越丰富，说明它所关联的维度也就越多。

这里还涉及多维形容词的关联度的问题。在形容词谓语句中，主语越是有定或已知的事物，越是和谓语形容词的关联度高。"有定"会导致主语的结构倾向于复杂，而"已知"则依靠交际双方事先共享的语境知识。例如：

(22) a. ? 脖子长。
　　 b. ? 脖子很长。
　　 c. 长颈鹿脖子长。/长颈鹿的脖子长。

在（22a）中，虽然主语"脖子"的语义清晰，但缺少范围的限定。即使依照以往的观点，在形容词"长"之前补上个"很"，即（22b），句子的语义自足性也并未获得明显提高。在无语境的情况下，（22b）的独立性要明显弱于（22c）。因此补救谓语有时反而不如补救主语的效果好。可见，越是信息量大的主语或话题，就越容易和谓语形容词建立明确、直接的语义关联，语义自足性也自然就会提高。

我们再以大家讨论的"张三高"为例。"张三"作为"人"，具有十分复杂的潜在属性。所以形容词"高"和"张三"相关联的潜在维度也自然增多，例如张三的身形维度（含五官、四肢、躯干等）、相貌维度、智力维度、能力维度、道德维度等。这些维度都可以和"高"的语义相关联。其中有些维度会涉及"高"的原本属性义，如身形维度（"个子高、额头高"）；有些会涉及隐喻性的属性义，如智力维度（"智商高"）。所以仅仅说"张三高"，会显得主语和谓语形容词的语义关联不够确定。或者说，听话人不太容易直接确定形容词"高"的语义维度，因此"张三高"给人以"突兀、不明确"的感觉。这就是形容词直接做谓语显得语义不自足的原因之一。

语言表达是一种线性结构，通常主语在先，谓语在后。如果我们说话时能够对主语信息进行丰富和补充，方便听话人对谓语形容词的关联维度进行及时的确定，那么句子的语义自足性就会提高。例如：

(23) A. ？张三高。　　　　　B. ？王五好。
　　　　张三（的）个子高。　　王五（的）体形好。
　　　　张三（的）鼻梁高。　　王五（的）视力好。
　　　　张三（的）颜值高。　　王五（的）心眼儿好。
　　　　张三（的）智商高。　　王五（的）品德好。
　　　　张三（的）考分高。　　王五（的）成绩好。
　　　　张三（的）体温高。　　王五（的）画画儿好。

在例（23）的 A 组中，"高"的直接陈述对象是"个子、鼻梁、颜值、智商、考分、体温"，它们分别代表了"高"可关联的不同维度。例（23）的 B 组中的"好"也是类似的情况。各句中的"的"可有可无，只是句法结构不同，但对形容词的关联维度影响不大。从例（23）可见，只要主语部分提供了丰富了维度信息，单音形容词做谓语也很自由。

如果例（23）各句缺少了信息"张三（的）/王五（的）"，那么剩余的主语或话题（如 A 组的"个子、鼻梁"等以及 B 组的"体形、视力"等）就会倾向于无定，这和主语通常是有定或已知成分（赵元任，1968/1979；朱德熙，1982）相冲突。我们自然会在语感上觉得句子的独立性弱，如"？个子高、？体形好"。

在面对"张三高"这样的句子时，我们也许会默认或推测"高"的关联维度是"身形"，把"张三高"理解为"张三个子高"。但这毕竟只是一种默认或推测，具有一定的不确定性。也正是这种少量的不确定性才是导致研究者的语感出现"报警"的原因。相比之下，在"王五好"中，由于"好"是使用频率极高的形容词，与其相关的语义维度也更加丰富，因此"好"的语义维度则显得更难判断。如果缺少语境，"王五好"比"张三高"的语义独立性显得更弱。英语也有类似的情况。例如"He is tall"和"He is good"，前一句语义自足性相对较高，而后一句则会让人比较费解[①]。这是因为"good"潜在的关联维度非常多，如"人品、相貌、道德、态度、言辞、表现、动机、情感、情绪、职责"等。而"tall"潜在的关联维度要比"good"少得多，因为"tall"在英语中的

---

① 感谢 Joseph Subbiondo 教授提供的英语语感支持。

维度通常只涉及有生命事物或较小物体的"尺寸"维度。所以"He is tall"比"He is good"要更好理解，即语义自足性更高。

顺带说明的是，英语"tall"的语义维度要明显少于汉语的"高"。如前所述，"tall"的语义维度通常只限于有生命事物或较小物体的尺寸维度（如"tall man、tall tree"），而较大的无生命物体以及很多隐喻性的表达则多用"high"（如"high mountain、high technology"）。可见，英语中"tall"和"high"的语义维度是有区分的，但它们在汉语中都用"高"来表达。也就是说，汉语"高"的关联维度基本包括了英语的"tall"和"high"。所以从语义维度的角度看，英语"He is tall"比汉语"他高"具有更高的语义自足性。

在信息层面，"张三很高"比"张三个子高"的语义自足性要低，因为后者小主语（或小话题）"个子"所提供的维度信息要比前者副词"很"所提供的程度义更重要。这个差别可从以下两个场景获得证明：

场景1：在无语境的情况下，我们无意中听到某人说"张三很高"。

场景2：在无语境的情况下，我们无意中听到某人说"张三个子高"。

明显的是，场景2中的表达具有更高的语义自足性或确定性，因为"张三个子高"没有其他可能的解读。而在场景1中，"张三很高"可能是在谈论张三的"个子"，但也有可能是在说张三的"考分""排名""鼻梁"，甚至是发烧时的"体温"。这些不同的潜在解读说明"张三很高"的语义信息不够充分、不够自足。由于场景1和场景2都缺乏语境，所以要想获得精准的理解，很显然"张三很高"比"张三个子高"更加需要语境的支持，以确定形容词的关联维度。

"语义自足"就是指结构的语义足够明确和清晰，在理解时无需补充额外的语义或语境。我们认为，当形容词做谓语时，维度信息比程度信息显得更为重要。

6.3 形容词谓语句的语义自足等级

在汉语中，由形容词直接充当谓语的主谓谓语句并不需要补充程度义或参照基准，也不需要规定占位。就是因为主谓谓语句的维度信息可以及时确定形容词的关联维度，以实现属性和事物的具体语义联系，减少了多维形容词在理解上的语义不确定性。当然，我们并不否认谓语补救手段的有效性。主语补救和谓语补救可以更加全面地解释形容词直接做谓语时不够自由的关键原因。

根据上文的分析结果，我们尝试给出以下等级序列，即"形容词谓语句的语义自足等级"。如图 11—1 所示：

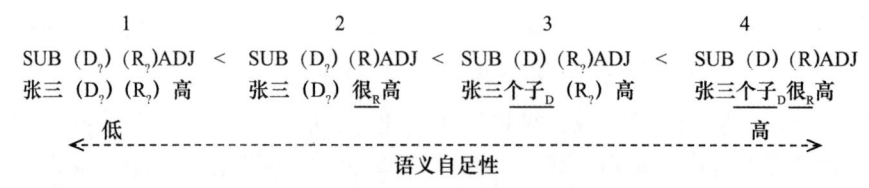

```
     1                    2                    3                    4
SUB (D?) (R?)ADJ  <  SUB (D?) (R)ADJ  <  SUB (D) (R?)ADJ  <  SUB (D) (R)ADJ
张三 (D?) (R?) 高     张三 (D?) 很_R 高       张三个子_D (R?) 高      张三个子_D 很_R 高
    ←─── 低 ─────────────────── 语义自足性 ─────────────────── 高 ───→
```

D：形容词维度信息　　R：程度参照基准信息

图 11—1　形容词谓语句的语义自足等级

在图 11—1 的等级序列中，越是靠左，语义自足性越弱；反之则越强。等级 1 既缺少形容词的维度信息成分 D，也无程度参照基准成分 R，因此语义自足性最低。等级 2 即使有程度参照基准成分 R（"很_R"），但无法获知形容词的维度信息 D，所以语义上仍有不确定性。那么等级 2 的语义自足性要强于等级 1 而弱于等级 3。等级 3 提供了语义维度 D（"个子_D"），因此形容词所陈述的具体维度信息十分明确。如上文论证，形容词的维度信息比程度信息更重要，所以等级 3 即使缺少程度参照基准 R，但语义自足性也要高于等级 2。等级 4 同时具有形容词的维度信息 D 和程度参照基准 R，因此语义自足性最高。

我们结合形容词的关联维度和程度参照，在上文为形容词谓语句区分了语义自足性的等级序列。不过，如果换一个角度，还可分出另一种语义自足性的等级。因为不同的形容词和相同的主语之间也会有等级不同的语义关联度，关联度的高低会导致语义自足性出现差别。例如：

(24) a. 张三高。
　　 b. 张三快。
　　 c. 张三薄。

以上三句的主语都是"张三"，三个不同的形容词直接做谓语。从语感上看，例（24）中语义自足的强弱排序应该是 a > b > c。因为 a 句的"高"较容易理解为"身形"维度，这涉及"高"的本义，而且是和"张三"紧密关联的、直观的物理属性。b 句的"快"是"速度"维度，和"张三"相对较远，但人有活动或运动的潜在属性或能力，因此"速度"维度也可以和人建立间接的关联。c 句的"薄"是"厚度"维度，和"张三"的潜在属性距离最远，因为我们一般不会用"薄"或"厚"来描述人。所以根据主语"张三"和形容词维度之间的距离，a 的语义自足性最高，b 其次，c 最低。即使我们按照传统观点给 c 句的谓语形容词补上"很"（如"?张三很薄"），也无法明显提高语义自足性。只有提供形容词的语义维度才是有效的改善办法，如"张三脸皮薄""张三家底儿薄"等。这也再次说明，形容词的维度信息比程度参照基准更为重要。需要注意的是，例（24）的三个句子都符合语法，它们只是在语义自足性上存有差别，不能因为（24c）很难接受就认为其不合语法。

另外，在语言结构层面，我们会有多种形式用来确定谓语形容词的关联维度。汉语主谓谓语句中的双主语（或双话题）结构就是常见的形式之一。传达维度信息的成分在句法位置上也比较灵活，例如"说到个子，还是张三高"，形容词"高"的维度信息"个子"出现在单独的话题结构"说到……"之中。

总之，虽然形容词直接做谓语时在语义上显得不够自然或不够独立，但不能简单地看成是谓语的语义有缺陷，这也是以往某些研究思路的一个误区。语义自足是指整个句子的语义可接受度。严格来说，孤立的谓语部分不存在语义自不自足的问题。大多数情况下，语义自足涉及了主语和谓语两方面因素。越是常用的形容词，语义维度就越丰富，也就越需要在句子中确定维度信息。此外，主语和谓语形容词在维度距离上越远，句子也就越需要确定形容词的维度信息。

6.4 从形容词谓语句看结构的语法性

形容词直接做谓语时语义不自足，有的文献甚至认为这是不合语法的现象（Liu, 2010）。需要强调是，"直接做谓语"是一种语法表述，"直接"是指形式上无标记。学界有时也会说"自由做谓语"，但"自由"的语义稍显含糊，没有明确是语法自由还是语义自由。不管如何，能否直接做谓语主要取决于语法规则,并不考虑、也无法考虑现实话语中的语义自足性。如果说某类词"一般不做谓语"或者说句子的"独立性弱",便因此判断这类词"不能"做谓语,这是明显欠妥的。正是有些观点把语义自足当作语法规则,所以才制造了词类划分中各种模糊和争议的空间。

实际上,所谓的"一般不做谓语"或"独立性弱",十有八九是在谈论使用频率高低的语用问题,或者是句子信息不够充足的语义问题。例如,如果名词谓语句"张三人"不好接受,我们只能判断谓语中的名词"人"提供的语义信息过少或语境不够充分,所以很难完成对主语进行陈述的交际需求。但我们不能因此否认"名词可以做谓语"这个抽象的语法规则。否则在面对"张三上海人"这样语法合格的句子时,就不得不改变说法为"名词'一般'不能做谓语"或"名词'不能自由'做谓语"。而在一些研究者的意识中,"一般不能做"常常变为了"不能做"。这样的思维方式直接干扰了词类功能的观察结果,进而影响了词类的划分。同时还会把主观的语义问题带到词类的判断中,直接推翻了词类研究的核心原则:词类划分要依靠词的语法功能(朱德熙,1985;Payne,1997)。

我们在文献中经常发现各种类似"一般、通常"等表述,诸如"形容词'通常'不能做状语"(胡明扬,1987)、"非谓形容词不能充当'一般性'的主语和宾语"(吕叔湘、饶长溶,1981)等。在《现代汉语(下)》中,黄伯荣、廖序东(2011:12)认为谓词和名词的语法特性存在着对立,并给出了谓词和名词的三个对立面:①能否经常做主语、宾语;②能否经常做谓语;③能否受'不'修饰。引人注意的是,①和②在描述词类的"语法特性"时,都使用了"经常"一词。因为谓词不经常做主宾语,所以和名词对立。同样,因为名词不经常做谓语,所以和谓词对立。这种基于"经常"的频率判断显然不是在分析词类的语法特性,而是在描述词类的语用特性。事实上,在语法层面汉语所有的动词都能做主宾语(朱德熙,1985;沈家煊,2016a),汉语的名词也都能做谓语(沈家煊,2016a)。况且,我们该如何确定"经常"的标准呢?第八章第六节曾用大量语料说明,非谓形容词在正式文体中"经常"被用做主宾语或谓语,那么我们是不是可以说:非谓形容词在正式文体中是名词或动词，但在非正式文体中是形容词呢？这样的结论显然令人难以接受。"不经常"和语境的关系很大，但并不意味着"不合法"。

　　语义和语用因素是汉语词类划分中最大的干扰因素，我们在第九章也曾专门讨论了这类问题。国内的研究者似乎比较重视意义的干扰，但或多或少地忽视了语用的干扰。汉语是语用型语言，虽然重视语用显得很重要，但严格来讲，在阐述词类的语法功能时，理想的答案应该是"能"或"不能"。如果存在特殊或边缘情况，则需要特殊的前提条件。比如在英语语法中，现在时用来陈述现在或惯常发生的事件。但特殊条件下现在时也可以用于陈述过去刚刚发生的事件，例如一些紧急或激烈的、需要激发即视感的一些场景（如体育赛事解说）。过去事件和现在时之间存在显而易见的冲突，也正是这种冲突才成为"现在时可以陈述过去事件"的特殊前提和必要依据。而学界很多的词类划分，仅仅依靠语义自足或语用频率就轻易地否定或肯定一个语法现象，这种做法是不合理、不科学的。

第十二章

形容词做补语的结构和语义

——论动结式的歧义现象

第一节 动结式的歧义现象及问题

汉语的动词和形容词都是动性名词。和传统名词不同的是，形容词经常可以做动词的结果补语，共同表达一个完整的动态义，这是形容词具有动性的体现。在国内，形容词做补语的相关研究较为丰富（详见朱德熙，1980；王红旗，1997；马真、陆俭明，1997；张国宪，2006；罗思明，2009；马婷婷，2017），我们不再重复类似的话题探讨。但形容词做补语时存在一个特殊的情况，即有些动补结构可能会产生数量不等的歧义解读，这类现象一直存有学术争议和研究空白。本章将详细分析这些歧义结构，尝试发现汉语形容词做补语时的歧义规律和特点。由于动结式是动补结构的一种语义类型，后文将统一使用"动结式"来说明形容词做结果补语的句法和语义现象。

根据语言类型学的调查，动结式（resultative）是个常见的语法结构，但如何确定一个合格动结式的形成条件却是一个长久的挑战（Levin，2015）。动结式的句法结构主要分为三种形式（Payne，1997：176）：词汇型、形态型和分析型（或迂回型）。例如：汉语的"空间房子给我"是形态型，"杀了个人"是词汇型，"令我难过"是分析型。牛顺心（2014）又把前两种统一归为综合型。从结构上看，汉语"动+形"构成的动结式（如"烧热、吃饱"）接近分析型，因为"动+形"具有一定的扩展能力，如"烧不热、吃得饱"和"烧不烧得热、吃不吃得饱"。

汉语的动结式还存在一个十分特殊且具有争议的现象，尤其以"追累"句为典型代表。请见例（1）的"张三追累了李四"，根据述语"追"和结果补语"累"的不同指向，该句存在四种逻辑释义：

(1) 张三追累了李四。
　　释义1：张三追李四→李四累了
　　释义2：张三追李四→张三累了
　　释义3：李四追张三→李四累了
　　释义4：*李四追张三→张三累了

学界普遍认同以上四种释义在语感上的可及度存在明显的差别。释义1的可及度最高；释义2和释义3次之，但可以接受；释义4不成立。因此"追累"句式呈现四缺一的歧义格局。汉语中还有其他类似的情况，如例（2）中的"说烦"：

(2) 昨晚老爸说烦了我哥，他俩还吵了一架，我能怎么着。（微博）

"老爸说烦了我哥"和例（1）一样，也有三种语义解读，即"老爸说我哥→老爸烦了""老爸说我哥→我哥烦了""我哥说老爸→我哥烦了"，但是"我哥说老爸→老爸烦了"不成立。

此外，还有一些动结式在没有语境的时候只会出现两种歧义解读，如以下例（3）中的"吃腻"和"等急"：

(3) a. 蜜獾吃腻了蛇，转换胃口改吃巨蜥。（腾讯视频）
　　b. 医生等急了病人。

(3a)的"吃腻"句式可被理解为"蜜獾吃蛇→蜜獾腻了"或"蛇吃蜜獾→蛇腻了"。(3b)也存在类似的歧义解读，即"医生等病人→医生急了"，或者"病人等医生→病人急了"。

上述例（1）、例（2）、例（3）虽然歧义数量不等，但都存在某种共性,因此"追累"动结式的歧义分析对揭示同类现象具有代表性的意义。国内外关于"追累"句式的相关研究大致分为生成语言学视角(Li, 1990;Gao, 1997;王玲玲、何元建, 2002;熊仲儒、刘丽萍, 2006)和认知视角(何万顺, 1997;宋文辉, 2003;沈家煊, 2004)。这些研究主要关注歧义动结式的理论分析框架和句法生成的具体操作,但各家看法莫衷一是,尚无统一的观点(施春宏, 2008;周长银, 2012)。

总的来看,已有的研究只聚焦个别歧义动结式的句法生成,忽视了此类现象的共性特征。我们认为,汉语动结式中歧义的形成和述语、补语的句法位置相关,而且在很大程度上受制于语义理解中的认知和语用因素。该歧义现象可以在宏观上进行统一的归纳和解释。鉴于此,我们将根据句法象似性、论元选择原则等,探讨以下一些尚未得到合理解释的问题和议题:一、为何"追累"句式呈现四缺一的歧义格局;二、影响歧义数量的主要因素有哪些;三、歧义动结式的形成条件和规律是什么。

汉语动结式的语义结构较为复杂,我们只关注含有歧义的及物动结式"$NP_1 - V - R - NP_2$"。其中NP_1和NP_2分别是主语和宾语,V是述语动词,R是由形容词充当的结果补语。

第二节　句法象似性和歧义产生的认知理据

2.1　语序和句法象似性

生成学派主要从语言内部研究"追累"动结式,经常出现循环论证和理论的不自洽(沈家煊, 2004)。认知语言学家提出,生成语法无法解释有些句法现象,因此他们提出了句法象似性(syntactic iconicity)(Haiman, 1983:1)。Bolinger(1968:241)就曾指出,如果两个事物在人类的经验中存在着互动关系,那么它们之间的紧密关系就会体现在语言的结构中。Haiman(1983:781—783)进而提出:①语言成分之间的形式距离反映了概念距离;②语言表达结构的中断反映了概念结构的中断。Haiman给出以下a、b、c、d四种情形以说明概念和句法的象似性。

请见例 (4)①：

(4) a. X#A#Y b. X#Y c. X + Y d. Z

在（4a）中，X 和 Y 被成分 A 阻隔，所以 X 和 Y 的概念距离远。例如 "Only Joe sang a song"，副词 "only" 修饰的是紧邻成分 "Joe"，而不是 "sang" 或 "a song"，因为形式距离制约了概念距离。在（4b）中，X 和 Y 直接并置，因此它们的概念距离近。在（4c）中，X 和 Y 是词和形态的依附关系，所以概念距离比（4b）更加紧密。在（4d）中，X 和 Y 融合成为 Z，所以 Z 的概念距离最紧密。

同样，概念距离也会影响形式距离。Greenberg（1963）发现，当指示词 D、数词 Num、形容词 A 同时修饰名词 N 时，定语前置型语言和定语后置型语言在语序上呈现镜像颠倒②，请见例（5）：

(5) 定语前置型：D Num A N
    定语后置型：N A Num D

形容词反映名词事物内在的稳定属性，所以在概念上和名词最紧密。数词描述名词事物的外部的离散特征，具有可变性，所以概念距离相对较远。指示词体现了说话人对名词事物的临时指别功能，具有易变性，所以概念距离最远。以上三种定语根据概念距离的远近而依次靠近名词。汉语和英语都符合这条共性，如 "那$_D$ 三$_{Num}$ 只红$_A$ 苹果$_N$"（those$_D$ three$_{Num}$ red$_A$ apples$_N$）。

Givón（1984：970）将 Haiman 的上述观点归纳为邻近原则（proximity principle）。根据实验，邻近原则符合人类的认知偏好（cognitive bias）

---

① X 和 Y 分别代表两个语言成分，"#" 指词的边界，"+" 指形态的边界。
② Greenberg（1963）同时也发现，有少数定语后置型语言的定语语序是 N – D – Num – A。陆丙甫（2005）认为这虽然违反了临近原则，但却满足了可别度领先原则，这是两种认知原则竞争的结果。可见，不管后置的定语是何种语序，都需符合认知规律。

（Culbertso et al., 2016）。句法象似性还包含其他一些重要的原则，如顺序原则（sequential order principle），即语言结构的顺序是概念空间里事件顺序的反映（Radden & Dirven, 2007: 53），例如凯撒的拉丁语名句"veni, vidi, vici"（我来了，我看到了，我征服了）。此外还有数量原则（quantity principle）（Givón, 1984: 970），该原则和汉语的歧义动结式无关，不再赘述。

上述认知原则是语法规则的外部理据。从语言编码来看，说话人想要表达的概念结构影响编码的最终形式。从解码的角度来看，听话人对语义的理解受制于语言结构，即语言形式决定语义理解的过程和范围。

2.2 动结式的语序结构

动结式的语法结构是否符合象似性原则会直接影响语义的解读。汉语和英语的动结式存在较大的结构差异。英语动结式的形式为"$NP_1 - V - NP_2 - R$"，其中谓语动词 V 和结果补语 R 分别代表两个子事件（Levin, 2015），即陈述原因的子事件"$NP_1 - V - NP_2$"和陈述结果的子事件"$NP_2 - R$"。如下例（6）（引自 Goldberg & Jackendoff, 2014: 538）。

(6) Willy watered the plants flat.

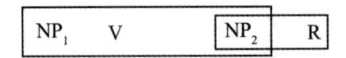

| NP_1 | V | NP_2 | R |

值得注意的是，NP_2 作为中介成分连接了两个线性排列的子事件。我们认为，在功能上 NP_2 可被看作联系项（relator）。Dik（1997: 398）提出，联系项可将两个具有并列或从属关系的成分连接成更大的语言单位。联系项是个成员丰富的功能类，包括连词、介词、领属标记、从属小句引导词等。例如"John's father"中的领有标记"s"，以及例（7）中位于主句和从句之间的关系代词"where"。

(7) I don't know where he lives.

"where"同时在主句和从句中承担一定的句法和语义角色，并将主句和从句连接成更大的语法单位。Dik（1997：402）还提出了范域整合原则（Principle of Domain Integrity），即不同范域之间的界限要清晰，所以联系项通常位于两个范域之间。Dik 认为联系项居中符合象似性原则。刘丹青（2003：72）曾评价，联系项类似"黏合剂"，体现了语言规则对行为规则的最佳模拟，如果缺少联系项，就容易导致范域混淆并产生歧义。

英语动结式中的 NP_2 作为联系项，位于两个子事件之间，因此事件范域的划分较为清晰，消除了歧义产生的可能性。相比之下，汉语动结式的结构是"$NP_1 - V - R - NP_2$"，代表两个子事件的 V 和 R 直接并置，参与两个子事件的论元位于 V 和 R 的两侧，因此两个子事件几乎重合，显然缺少形式边界。以至于动结式中的"V - R"常被看作一个复合词（Li，1990；Gu，1992）。然而，在古汉语的动结式中，子事件的边界是比较明确的。余健萍（1957）认为，汉语动结式形成的路径为"A→A 而 B→AB"。例如：

(8) 推之→推而远之→推远它
　　 1　　　 2　　　　 3

很明显，阶段2中的"A 而 B"结构是动结式形成的关键阶段，事件 A 和事件 B 之间存在区分边界的联系项"而"。假设我们可以将"张三追累了李四"变换为"张三追而累了李四"，那么只能理解为"张三追李四，李四累了"，歧义自然就会消失。可见，现代汉语动结式的子事件之间缺少了联系项，这为述语和结果补语的多种语义指向提供了句法条件。汉语和英语都是 SVO 型语言，所以动词、补语以及论元的句法位置都对子事件的划分起到了重要影响。而动词居首型或动词居尾型语言（如 SOV 或 VSO 型语言）则需要靠严格的论元标记来区分子事件，例如朝鲜语（Wechsler & Noh，2001）。

2.3　汉语动结式的概念模式

在上文例（1）和例（2）中，"张三追累了李四、老爸说烦了我哥"都是四缺一的歧义格局。在句法结构上，述语和补语直接并置导致语义指向的多样化成为可能，但为何在四种可能的逻辑释义中只有其中三种可以成立？这可以通过句法象似性得到解释。如例（9）所示，根据述语动词 V 和结果补语 R 所指向的不同主体，动结式"$NP_1 - V - R - NP_2$"可呈现以下四种概念模式，它们可分别对应"张三追累了李四"的四种逻辑释义。

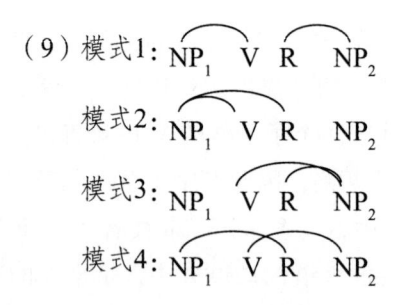

（9）模式1：NP_1　V　R　NP_2
　　　模式2：NP_1　V　R　NP_2
　　　模式3：NP_1　V　R　NP_2
　　　模式4：NP_1　V　R　NP_2

模式 1 是述补异指，述语动词 V 指向主语 NP_1，结果补语 R 指向宾语 NP_2。这种模式符合邻近原则，而且子事件的语义结构也符合顺序原则，即原因"$NP_1 \cdots V$"在先、结果"$R \cdots NP_2$"在后。模式 1 和"追累"的释义 1 对应，而且汉语中大量动结式也都属于模式 1，如"张三打碎了花瓶、弟弟踢破了足球"等。

模式 2 是述补同指，述语动词 V 和结果补语 R 都指向主语 NP_1，它们按照子事件发生的顺序依次和主体 NP_1 相邻，这种结构看重事件主体先后经历的两个子事件。所以模式 2 同时符合邻近原则和顺序原则。"追累"句式的释义 2 可对应模式 2，该模式在汉语中也较常见，如"小张吃饱了饭、室友看腻了言情剧"等。

模式 3 也是述补同指，述语动词 V 和结果补语 R 都指向句尾的宾语 NP_2，没有违反邻近原则。但模式 3 特殊的是，主体 NP_2 和结果 R 更接近。根据邻近原则，这种语义结构更加强调结果子事件对主体产生的影响。模式 3 对应"追累"句式的释义 3，这类情况在汉语中也不算罕见，例如"一瓶假酒喝倒一桌人、这些俄语单词背哭了我"等。

模式 4 也是述补异指，但这种模式在语感上不可接受，我们在汉语中也无法找到相应的语料。究其原因，补语 R 需要"跳过"述语 V 指向主语 NP_1；同样，述语 V 要"跳过"补语 R 指向宾语 NP_2。这两种指向相互为对方制造了形式上的障碍，两次违反了邻近原则，所以会给听话人的理解能力带来极大的挑战。此外，在子事件的顺序上，结果"NP_1⋯R"在前，而原因"V⋯NP_2"在后，这不符合顺序原则。上述因素共同导致模式4在语感上的可及度极低。"追累"句式的释义4就属于模式4，所以不成立。可见，我们无需考虑语义，仅仅根据认知规律就可排除模式4的可能性。或者说，句法象似性是导致"追累"动结式四缺一歧义格局的认知动因。

第三节 动结式的事件结构

3.1 子事件的划分

目前的主流观点认为，汉语动结式表达了一个复合事件，内部包含两个子事件。述语动词代表使因事件（causing event），结果补语代表使果事件（caused event），两个子事件之间存在着一种致使关系（施春宏，2008：243）。然而这种分析也存在一个误区，如果将汉语动结式看作一个致使结构，把述语和补语分别等同于致使结构中的使因谓词（predicate of cause）和使果谓词（predicate of effect）[①]，那么按照这个逻辑，在"室友考砸了两门课"中，结果补语"砸"是由述语"考"造成的。然而"因考而砸"不合逻辑。事实上"考"和"砸"只是时间先后关系，并不是致使或因果关系。可见，致使或因果关系仅仅是汉语动结式能够表达一种语义类型而已。主流观点用使因事件和使果事件来处理动结式的事件结构会将复杂的问题简单化，同时也导致动结式和致使结构失去了区分的意义。

Goldberg & Jackendoff（2014：538）将动结式的子事件分为动作事件（verbal subevent）和构式事件（constructional subevent）。前者由谓语动词决定，后者由整个构式决定。那么前文例（6）的动作事件是"Willy watered the plants"，构式事件是含有致使义的"Willy caused the plants to become flat"。这两个子事件共同形成一个宏观事件"Willy caused the plants

---

[①] 根据句法学界的共识，致使结构内部可区分使因事件和使果事件，前者含有使因谓词，后者含有使果谓词。但是动结式并不存在这种区分。

to become flat by watering"。主语"Willy"和宾语"plant"在两个子事件中分别是施事和受事。我们同意 Goldberg & Jackendoff 对事件结构的划分，但是他们对事件中论旨角色的分析是针对没有歧义的英语语料，并不完全适用于汉语。仅用施事、受事不能说明汉语歧义动结式的复杂语义关系。

在例（1）的"追累"句式中，动作事件是"谁追谁"，有正反两种解读，即"张三追李四"和"李四追张三"；构式事件是含有致使义的"谁使谁累"，有正反四种解读，即"张三使李四累""张三使自己累""李四使张三累"和"李四使自己累"。很显然"追累"句式中的论旨角色十分复杂。根据袁毓林（2002）的分类，"谁追谁"涉及的论旨角色是施事（agent）和目标（goal），"谁使谁累"涉及的论旨角色是致事（causer）和役事（causee）。Dowty（1991：572, 576）依据认知心理学提出了原型施事（Proto-Agent）和原型受事（Proto-Patient）。他还进一步提出了论元选择原则（Argument Selection Principle），即施事、致事、感事等这些具有原型施事属性的论旨角色最可能出现在主语位置，而受事、役事、目标等具有原型受事属性的论旨角色最可能出现在宾语的位置。这就形成了句法论元和论旨角色的两组无标记匹配。Dowty（1991：614）指出，在语言习得中原型施事和原型受事范畴是认知的必要内容，论元选择原则有利于语法特征的掌握。如果从解码的角度来看，听话人在心理上会把主语论元优先解读为施事、致事、感事等，会把宾语论元优先解读为受事、役事、目标等。正是由于"优先解读"的存在，论元选择原则才可以从深层上解释歧义动结式在语义可及度上的细微差异。

3.2 歧义动结式的事件和语义

此节将对"张三追累了李四"的四种释义进行逐一分析和综合对比，并在此基础上说明汉语动结式的歧义模式和形成规律。

（一）释义1：张三追李四→李四累了

释义1的动作事件是"张三追李四"，构式事件是"张三使李四累了"。根据论元选择原则，主语"张三"和宾语"李四"在两个子事件中都实现了论旨角色的无标记匹配。下文例（10）描述了"追累"句中两个子事件的论旨角色分布。

(10) 释义1中论旨角色的分布和匹配
动作事件：张三_施事_追累了李四_目标_（无标记匹配）
构式事件：张三_致事_追累了李四_役事_（无标记匹配）

例（10）的这种情形只有当述语指向主语、补语指向宾语时才可以实现。在动作事件和构式事件中，论旨角色的两组无标记匹配最有利于听话人的语义理解。这就可以说明为什么释义1在语感上的可及度最高，而且汉语大量动结句式的理解方式也和释义1相同。

（二）释义2：张三追李四→张三累了

释义2的动作事件是"张三追李四"，构式事件是"张三使自己累了"。然而一些学者认为，如果"追累"句按照释义2来理解，那么该句没有致使义（Li，1990；Gao，1997；王玲玲、何元建，2002；熊仲儒，2004），至于作为致使结构的"追累"句为什么不可以表达致使，一般都语焉不详（施春宏，2008：243）。事实上，释义2的构式事件属于自施动致使（self-agentive causation）（Talmy，2000）。汉语和英语的自施动致使在结构上存在一些差异。如例（11）和例（12）的对比：

(11) a. He ate himself full. / * He ate full.
b. Jean cried herself hoarse. / * Jean cried hoarse.
(12) a. 他喝醉了自己。/他喝醉了。
b. 小偷摔死了自己。/小偷摔死了。

在例（11）中，英语的自施动致使结构通常使用反身代词充当宾语，因此役事论元"oneself"是显性的，而且是强制性的。相比之下，在例（12）的汉语中，反身代词宾语"自己"并非强制出现，所以在"他喝醉了、小偷摔死了"中，役事可以是隐含的。我们可由语境推导出隐含的役事就是句子的致事（主语）。

根据熊学亮、魏薇（2014a）的调查，"追累"句释义2的可接受程度低于释义1。我们认为这和论旨角色的匹配有关。请见以下例（13）（"∅"表示无论旨角色），在释义2的动作事件中，主语和宾语的论旨角色是便于理解的无标记匹配。但由于构式事件含有自施动致使，主语

"张三"既是致事同时也是隐含的役事;而宾语"李四"没有参与构式事件,因此没有获得论旨角色,"李四"也就不能被自然地解读为役事。这就违反了论元选择原则而形成有标记匹配,进而增加了释义2的理解难度。

(13) 释义2中论旨角色的分布和匹配
  动作事件:张三$_{施事}$追累了李四$_{目标}$(无标记匹配)
  构式事件:张三$_{致事(役事)}$追累了李四$_\varnothing$(有标记匹配)

此外,还有一个现象也可以同时得到解释。当一些汉语动结式的理解方式和"追累"句的释义2相同时(即述语和补语都指向主语),说话人会倾向于使用相应的动词拷贝句(详见郭锐,2002)。例如"姐姐洗累了衣服、张三开累了车"的可接受比例分别是47%和58%,一半左右的被调查者会使用结构更为复杂的动词拷贝句,如"姐姐洗衣服洗累了、张三开车开累了"。这是因为动词拷贝句具有事件结构上的优势,即动作事件("姐姐洗衣服、张三开车")可以独立出来,以减少论旨角色的有标记匹配而带来的理解上的干扰。Martinet(1955)的语言经济学(Linguistic Economy)理论认为,人类追求省力的天性导致语言结构趋于简化。但与此同时,希望获得充分有效信息的交际需求又导致语言结构趋于复杂。它们在不断的竞争中造就了语法的现状。动词拷贝句具有信息理解上的便捷优势,而动结式具有表达结构上的省力优势,所以两种句式各具优点。这就可以说明为何它们在使用倾向上没有出现显著的偏好。

(三)释义3:李四追张三→李四累了

施春宏(2008:250)认为,如果将"张三追累了李四"理解为释义3,那么"张三"是致事、"李四"是役事,因为"追"的客体论元"张三"跟"累"的论元没有同指关系,所以"张三"因语义凸显而提升为动结式的致事。然而论元"提升说"忽略了"致事"的定义。在使因事件中,致事是原因谓词的动作实施者(Payne,1997;Song,2001)。释义3的使因事件是"李四追张三",很明显"李四"是原因谓词"追"的实施者。如果按照施春宏先生的分析思路,将"张三"提升为致事,那么得到的使因事件要么是"张三追李四",要么是语义异常的"张三追张三"。这些都和释义3完全相左,所以论元提升说在事件的推导结果上无法成立。

当"追累"句被理解为释义3时,也可被称为倒置动结式(熊学亮、魏薇,2014b)。请见下文例(14),释义3的动作事件是"李四追张三",出现了施事和目标的角色颠倒。构式事件是含有自施动致使的"李四使自己累了"。由于主语"张三"未参与构式事件,所以未获得论旨角色,也就不能被自然地解读为致事①。而宾语"李四"既是致事也是隐含的役事。可见,两个子事件都违反了论元选则原则,形成有标记匹配,不利于语义理解。

(14) 释义3中论旨角色的分布和匹配
动作事件:张三$_{目标}$追累了李四$_{施事}$(有标记匹配)
构式事件:张三$_{\varnothing}$追累了李四$_{致事(役事)}$(有标记匹配)

释义3的理解难度还体现在韵律层面。如果"追累"句中出现语音停顿的话,那么停顿只能出现在主语"张三"之后,即"张三‖追累了李四"("‖"表停顿)。如果停顿出现在其他位置,如"张三追累了‖李四",那么释义3则很难被听话人所获取。可见,释义3对韵律的要求更加严格。

(四)释义4:李四追张三→张三累了

释义4的动作事件是"李四追张三",构式事件是"李四使张三累了",这也是倒置动结式。请见以下例(15),根据论元选择原则,主语"张三"和宾语"李四"的论旨角色在两个子事件中完全颠倒,都为有标记匹配。

(15) 释义4中论旨角色的分布和匹配
动作事件:张三$_{目标}$追累了李四$_{施事}$(有标记匹配)
构式事件:张三$_{役事}$追累了李四$_{致事}$(有标记匹配)

---

① Li(1990;1995)等认为"张三"是致事,但此观点并不能成立,详见沈家煊(2004)的分析和评论。

但更为关键的是，如本章第2.3节所述，释义4的概念结构两次违背了象似性原则。所以释义4在认知上就事先已被排除，听话人也就无法进一步理解事件结构和论旨角色。

3.3　释义对比分析

综合以上分析，是否满足认知原则是决定四种释义在理解中能否成立的首要前提。而成立的释义在语感上可及度的高低取决于主、宾语论元在子事件中论旨角色的匹配情况。请见图12—1的对比：

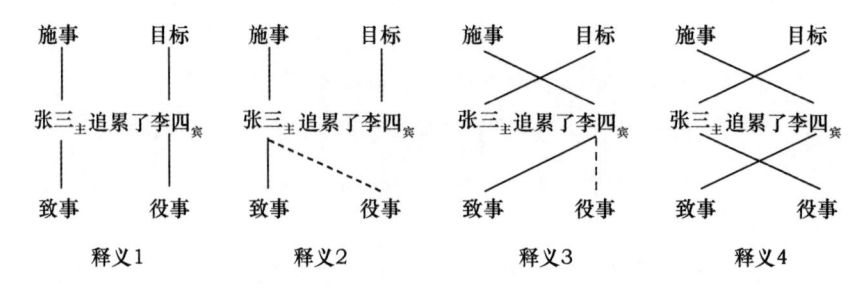

图12—1　"追累"句四种释义的概念模式对比

释义1符合象似性原则，而且语法论元和论旨角色在两个子事件中都是无标记匹配，因此成为汉语动结式的原型概念模式。释义2和释义3没有违背认知原则，但都含有自施动致使，导致语法论元和论旨角色出现了局部有标记匹配，所以释义2和释义3的可及度相对较低。而且释义3还受到韵律的限制，听话人需要耗费更多的时间来梳理"谁追谁"和"谁使谁累"。释义4的语义结构完全违反了认知原则，这为事件理解制造了双重障碍，因此超越了人的认知能力；而且事件中的主、宾语和论旨角色都是有标记匹配。所以释义4不可接受。前文例（2）中的歧义句"老爸说烦了我哥"也是同样的概念模式，不再重复分析。

第四节　歧义产生的限制条件和规律

句法象似性可从认知上解释汉语歧义动结式四缺一的大格局，但却无法解释为什么有的动结式只有一种语义解读，而有的会出现两种或三种语义解读。那么，歧义产生的数量是否存在规律？这是本节需要回答的问题。Gao（1997）认为在"张三追累了李四"中，由于主语"张三"和宾语"李四"具有［+生命］的语义特征，都有可能成为动词"追"的施事，所以出现了歧义。但实际情况更为复杂，有些句子可以满足Gao提出的语义条件，但是没有歧义。例如在例（16）中只有释义a可以成立。

(16) 哥哥吓呆了弟弟。
    a. 哥哥吓弟弟→弟弟呆了
    b. *哥哥吓弟弟→哥哥呆了
    c. *弟弟吓哥哥→弟弟呆了
    d. *弟弟吓哥哥→哥哥呆了

首先，(16d) 和"追累"句的释义4一样，完全违反了认知原则，所以可被提前排除。(16b) 和 (16c) 不可接受的原因是：基于人类经验的理想认知模型（Lakoff, 1987），当一个主体实施的动作"吓"的时候，只有动作的客体才会出现结果"呆"。也就是说，动结式的述语指向主体，而结果补语必须指向客体，述补不可同指。但 (16b) 和 (16c) 都是述补同指，这违反了人类的认知经验，所以都不成立。

汉语中还有些动结式只有两种歧义，如前文例（3）中的"蜜獾吃腻了蛇、医生等急了病人"。请见例（17），在该句的四种逻辑可能中，只有释义b和c成立。

(17) 蜜獾吃腻了蛇。
    a. *蜜獾吃蛇→蛇腻了
    b. 蜜獾吃蛇→蜜獾腻了
    c. 蛇吃蜜獾→蛇腻了
    d. *蛇吃蜜獾→蜜獾腻了

具体原因如下：(17d) 完全违反了认知原则，同样首先被排除。(17a) 不成立是因为它不符合"吃腻"的理想认知模型，因为"吃"和

"腻"应具有相同的行为主体,即"吃东西的主体才会腻",所以"吃腻"动结式只能是述补同指。但(17a)是述补异指,所以不可接受。而(17b)和(17c)是述补同指,符合认知经验,因此两者都成立。

我们同样可以根据理想认知模型来分析"张三追累了李四"。动作"追"的主体和客体都有可能承担结果"累",所以述语"追"和补语"累"既能同指也能异指。由于"追累"句的释义4完全违反了认知原则被提前排除,那么最终导致该句的歧义数量多达三种。

总的来看,在汉语动结式"$NP_1 - V - R - NP_2$"中,当NP_1和NP_2具有[+生命]的语义特征,且NP_1和NP_2都是V的潜在施事时,那么"吓呆""吃腻""追累"可以分别代表三种可能的语义类型。述语和补语基于认知经验的指向能力会影响语义解读的数量。请见表12—1:

表12—1　　　　　　　　　汉语及物动结式的语义模式

	述补异指	述补同指	语义数量
"吓呆"类	+	−	1
"吃腻"类	−	+	2
"追累"类	+	+	3

汉语动结句式的歧义现象常被学界当作特殊情况处理。通过分析可以看出,当动结式满足特定条件时,歧义的形成就具有一定的规律性和可预测性。语法结构为语义表达提供逻辑可能,但基于语法推导的逻辑语义并不一定能够顺利进入语言交际,因为逻辑语义还会受到认知和语用因素的制约。汉语动结式的语法结构较为特殊,述语和结果补语直接并置,导致子事件的边界比较模糊。这为四种逻辑释义提供了句法条件。基于认知原则的句法象似性为汉语动结式的歧义解读设定了数量的上限。同时,人的认知经验决定了述语和补语的语义指向,并影响了歧义的形成方式。而语法论元和论旨角色的匹配情况会最终影响语义解读在语感上的可接受度。总之,汉语动结句式的歧义现象既和内部的句法结构相关,又涉及外部的认知和语用因素。只有内外研究视角相结合,才能为汉语动结式的歧义现象找到一个合理的解释。

第五节　汉语动结式的名词性

在汉语的动结式中，述语所带的补语多由动词或形容词充当，如"打倒_动_、砍死_动_"和"追累_形_、洗白_形_"。而且补语在语义上也可成为构式事件中的陈述语或次级谓语。不过，补语成分不能由传统名词成分来充当。在语义上，动词和形容词具有动性，和传统名词存在明显的区别。但这不能否认动词、形容词本质上只是具有动性的名词，而且动结式本身也具有名词性，可以做主宾语。例如：

(18) a. 一头牛，一路草，要想吃好草，就不要怕起早。（阮琴珍《要想吃好草就不要怕起早》）
b. 首先他要静悄悄地不受打扰地起床，穿好衣服，最要紧的是吃饱早饭，再考虑下一步该怎么办。（卡夫卡《变形记》中译本）
c. 全员劳动生产率和农业生产率分别需要提高26倍……（《文汇报》2005年2月19日）

上例中"起早、吃饱早饭、提高26倍"分别做"怕、是、需要"的宾语。而且即使这些动结式带了宾语，也不影响动结式的名词性。

关于动补结构的内部，吕叔湘（1979）曾提出，要是不把补语限制在名词的范围里，那么形容词做补语的"吃饱、问明白"中的"饱、明白"都可以算是性状宾语。沈家煊（2017d）也认为，汉语的补语是宾语的一个次类，是一种动态结果宾语，但这不是抹煞补语和宾语的区分，动态结果宾语和一般宾语还是有所区别的。在大名词的框架中，充当补语的动词或形容词本身就是动性名词，因此说补语是一种动态结果宾语，在理论上可以行得通。另外，述语和动态结果宾语的动性都较强，因此动结式中还常会出现一般性宾语，我们可称之为静态宾语。那么"吃饱早饭"的语法结构自然就是一种双宾结构。如例（19）：

(19) [吃　　　　饱　　　　　早饭]
　　　述语　　动态结果宾语　　静态宾语

　　将"吃饱"看作述宾结构并非没有根据。朱德熙（1982）曾利用结构平行性论证了述宾结构"盖个亭子"和述补结构"问个明白"具有结构上的平行性。而且它们在语义上也具有平行性（沈家煊，2017d），因为"亭子"和"明白"都是动作的结果。邵敬敏（1984）也采用同样的方法证明，"吃个痛快、跑个快"也是一种述宾结构。同样，"吃饱"和"吃饭"其实在结构上一样，可转换成"吃个饱"和"吃个饭"，而且还可以说"吃得那个饱"，"饱"被名量词"个"所修饰。尚新（2009）提出，汉语中"V 个 N"中的"个"可把事物个体化，而"V 个 V"是把事件个体化。那么我们也可以说，"V 个 A"是把属性个体化，所以充当结果补语的形容词具有名词性。

　　简而言之，如果把宾语和补语对立起来，本质上就是把名词和动词、形容词对立起来。汉语的动结式虽然具有较强的动性，但动结式在整体上仍然是名词性的，补语也是一种动态的名词性宾语。

第十三章

结　　语

在汉语界，传统观点似乎看重汉语词类的"分"，而我们更加关注词类的"合"，把以往分开的词类再根据汉语的情况合并起来。汉语的词类问题一直没有得到很好的解决就是在"分"的道路上走得很远、很坚定。汉语名词、动词、形容词的多功能性是个人为制造的假象，因为汉语具有柔性的词类系统，本来就没有那么多对立的词类。传统研究把汉语中的一类词按照另一种语言而强行分出几个类，就必然会出现词类的多功能性，也必然会带来中心扩展规约和简约原则的矛盾。

赵元任先生将形容词、动词合二为一，沈家煊先生又将名词、动词合二为一，这些做法就是我们重新看待汉语形容词的关键理论基础。传统动词是表达动作的动性名词，形容词是表达属性的动性名词。不管动词、形容词表达何种语义，它们在语法层面都是名词性的。所以根据汉语词类的大格局，汉语没有真正独立的形容词。即使形容词、名词、动词之间存在一些次要的形式差别，但是根据分清主次原则以及词类划分的主次要标准，形容词、动词并不足以成为独立的词类范畴。从词类的演化过程来看，形容词、动词尚未从名词中分化出来，没有分化的证据就是它们在主要语法功能上呈现的高度一致性。

第一节　摆脱语义和语用的干扰

词类范畴在形式上未分化，不代表语义或语用不做区分。大名词不容易被理解的原因之一就是词类划分受到了语义和语用因素的干扰。甚至可以说，这些干扰是当前词类研究依然问题重重的主要根源。我们并非无视名词、动词、形容词在语义或语用上的差别，但词类是语法范畴，不是语义或语用范畴。虽然学界普遍承认划分词类要根据词的语法功能，但是不少研究至今仍然没有摆脱语义的干扰。语义最生动、最直观，是静态或动态，具体或抽象，这些特征一目了然。然而，也正是语义的生动性和直观性，才对语法范畴的划分带来重大的负面影响。有的观点始终认为动词或形容词不是名词，因为不合直觉。这很有可能就是受到了语义的干扰，他们似乎并不看重动词或形容词都能无标记做主宾语这个重要的语法事实。我们承认词类也能根据语义来分类，如行为动词、感知动词等，但这和语法体系中的词类划分并非一回事。

　　语义干扰词类划分的另一个现状是：没有合理的区分语法限制和语义限制。这会在词类功能的分析中直接引导最终的结论走向完全不同的方向。什么是语法限制？就是当两个句法成分即使在语义组合上说得通，但在形式上如果不经句法或形态的改造，它们就不能直接结合。这就是语法限制。在英语"＊John ate apples bananas"中，虽然两个名词并列项"apples"和"bananas"在语义上可以组合做动词"ate"的宾语，但是该句并不合法。根据英语语法，如果只有两个并列项，那么它们之间需要使用"and"等连词，这就是并列项组合时需要强制进行的句法改造。可是在"John ate apples, bananas and peaches"中，"apples"和"bananas"之间就无需连词，因为英语中三个并列项的前两项之间可不加连词。可见，并列项之间要不要加连词完全是一种语法限制，而非语义限制。相比之下，在汉语"张三吃了苹果香蕉"中，"苹果"和"香蕉"可以直接并列，不存在英语中的语法限制。再如"＊He spoke loud"中的形容词"loud"如果不加"-ly"就无法修饰动词"spoke"。而汉语的"他大声说"并无不妥，名词"大声"不必经过形态或句法的改造就能够和动词"说"直接并置。也就是说，在汉语的同类现象中只要语义上能够找到适当的搭配，语法上就没有特定的限制。

　　问一类词能否实现某个语法功能，其实是在问是否存在形态或句法上的限制。很多研究在词类功能的分析中经常提出一些所谓"不自由""受限制"等论断，实际上是以语法分析之名，行语义判断之实。如果不区分语法限制和语义限制，那么在分析形容词、名词能否修饰动词时就会陷入语义上的误区。这也是学界对名词、形容词的语法功能经常出现观点对立的原因，那么词类最终的划分结果自然无法得到统一。总之，分清语法限制和语义限制，对词类的功能判断起到十分关键的作用。

语法是一套抽象规则，关注句法成分在形式上能否组合以及如何组合，并不会涉及语义搭配、语义自足、使用频率这些关乎语言使用者和语言使用环境的一些主观因素。我们在文中多次论证，一些研究把"语义搭配的自由""能否单说""使用频率的高低"都当作肯定或否定词类语法功能的一个理由。这些主观因素必然会导致各种观点的相互冲突。我们始终认为，只有形态或句法标准才能成为判断词类语法功能的有效和客观的依据。也只有这样，才能保证"词类是语法范畴"，而非灵活的语义或语用范畴，进而避免陷入观点迥异的各种纷争。

第二节　形容词的研究出路：大名词

汉语形容词的问题在本质上是大名词的问题。我们全文论证的主要目的就是基于汉语的客观事实确认形容词的名词地位。为什么要采用大名词的包含模式来分析汉语的词类？大名词也许不是汉语词类划分的唯一途径，但大名词理论总体上是基于客观形式特征的词类处理方式，遵循了词类的演化规律，尊重汉语的实际情况，符合科学研究中的简单性原则。大名词理论也更方便讲语法，因为该理论可以消除传统语法观点中互相矛盾、削足适履的分析方式，使得语法分析更加简洁和统一，避免了名词化、副词化等不必要的理论假设，解决了简约原则和中心扩展规约之间的冲突，消除了定语和状语的矛盾问题等，可以有效摆脱汉语语法研究中的印欧语眼光。

从世界范围来看，大名词反映了词类演化的多样性。Haspelmath（2012a：100—101，114）指出，按照 Baker（2003）和 Dixon（2004）的方式去寻找语言的普遍词类（universal word classes），并不利于看清语言多样性的规律所在；而且当认定人类语言具有某些普遍词类，那么研究者也就容易陷入语言优势论（ethno-centrism）的陷阱；我们不能预设名词、动词、形容词都是人类语言普遍具有的范畴，因为语法范畴是因语言而异的。我们同意 Haspelmath 的观点，因为所谓的"形容词是普遍词类"是如何确定的？这的确令人生疑。为了满足交际需求，指称、陈述、修饰是普遍的，但名词、动词、形容词在语法上的分立却未必是普遍的。语言学家发现，每种语言都有自己特定的范畴（Boas，1911；Lazard，1992；Dryer，1997；Croft，2001；Haspelmath，2007）。甲语言拥有的范畴，不代表乙语言也有此范畴；甲语言的范畴划分及标准并不一定适用于乙语言。希腊语名词的定义是指能带格标记的词，而英语名词的定义是指能够被限定词"the、this、that"修饰的词（Quirk et al.，1985：72）。那么，如果名词的界定标准不统一，那么得到的词类范畴也会不尽相同。或者说，此"名词"非彼"名词"。同样，汉语的大名词完全可能在语法特征和范畴成员上和其他语言的名词存在无法比附的差异。Haspelmath（2012a：114）指出，如果出于方便而将一种语言中的术语用来描述另一种语言，那么无可厚非。但是在深层意义上，如果要将两种语言进行对比，这么做并不可行。

第三节　词类的术语问题

众所周知，从黎锦熙的《新著国语文法》伊始，源于印欧语中词类的四分格局渐入人心，那些西方的词类术语或名称也自然沿用至今。西方词类术语对汉语词类的负面影响十分明显。首先，汉语界的传统研究犯了一个逻辑错误。因为本应词类划分在先，词类命名在后。而传统研究却逆其道而行，先有词类名称（源自印欧语），然后根据词类名称进行"对号入座"式的分类。那么可能的结果就是：不该分的分了，该分的不分。其次，这些西方词类的名称隐含了西方词类的划分思路和标准。孔子在《论语·子路》中说："名不正，则言不顺；言不顺，则事不成。"其义是指如果在名分上用词不当，那么说话就不能顺理成章，事情也无法做成。在孔子看来，"名分"是成事的重要出发点。语言研究者在对某个语法范畴进行定性时，必然要为其正名。汉语词类的名称源于英语的词类框架，当英语的"noun""verb""adjective"被译为汉语的"名词""动词""形容词"时，就产生了明显的误导："动词"带有较强烈的语义暗示，"形容词"带有强烈的语用暗示。所以把"动词""形容词"归为名词时常会遭到直觉上的抵触。

Bacon（2010：48—49）曾提出："词语理解有两种假象：一是虽有

名称，但事物却不存在；二是虽有事物存在，但名称混乱且定义不当"。汉语传统的词类框架接近第一种假象。在术语名称上"动词""形容词"是和"名词"对立的，这似乎意味着汉语的词类系统中存在着两个和名词对立的语法范畴。可实际情况是，汉语的形容词、动词只是名词的次类而已，因此在名称上"形容词""动词"也许未来应该逐渐被放弃。可以试想，一百年多前如果具有柔性词类系统的伊朗语、萨摩亚语或蒙达里语偶然成为影响世界的优势语言，那么汉语的大名词理论还是那么难以接受吗？汉语的词类研究还会存在今天的困境吗？答案也许不言自明。

参考文献

[美] 爱因斯坦，1983，《爱因斯坦文集（第1卷）》，许良英等译，商务印书馆。

蔡淑美、施春宏，2007，《阎连科作品中的重叠形式探析》，《语言教学与研究》2007年第4期。

曹逢甫，2005，《汉语的句子与子句结构》，北京语言大学出版社。

陈　刚，2012，《汉英形容词对比研究》，浙江大学博士学位论文。

陈　刚，2013，《从形容词看现代汉语词类系统的主要特征》，*Chinese as a Second Language Research*，2013年第2期。

陈　刚，2016，《汉英关系化标记的句法差异及其影响》，潘文国《英汉语比较与翻译》，上海外语教育出版社。

陈　刚、沈家煊，2012，《从"标记颠倒"看韵律和语法的象似关系》，《外语教学与研究》2012年第4期。

陈满华，2008，《体词谓语句研究》，中国文联出版社。

陈青松，2012，《现代汉语形容词与形名粘合结构研究》，中国社会科学出版社。

程　工，1999，《名物化与向心结构理论新探》，《现代外语》1999年第2期。

崔艳蕾，2004，《性质形容词再分类》，胡明扬《词类问题考察续集》，北京语言大学出版社。

戴浩一，2011，《汉语关系子句的本质》，第六届现代汉语语法国际研讨会报告（台北）。

董秀芳，2003，《"的"字短语做后置关系小句的用法》，《语言文字应用》2003 年第 4 期。

董秀芳，2007，《动词直接作定语功能的历时考察》，《燕赵学术》2007 年第 2 期。

董秀芳，2008，《汉语偏正短语的历时变化》，《中国语言学集刊（二）》，中华书局。

范继淹，1958，《形名组合间"的"字的语法作用》，《中国语文》1958 年第 5 期。

冯胜利，1997，《汉语的韵律、词法和句法》，北京大学出版社。

冯胜利，2000，《汉语韵律句法学》，上海教育出版社。

冯胜利，2011，《韵律句法学研究的历程与进展》，《世界汉语教学》2011 年第 1 期。

高本汉，2010，《汉语的本质和历史》，商务印书馆。

高　航，2009，《认知语法与汉语转类问题》，上海交通大学出版社。

顾　阳，2007，《时态、时制理论与汉语时间参照》，《语言科学》2007 年第 4 期。

郭　洁，2013，《形容词修饰语的语法地位探析》，《外语教学与研究》2013 年第 6 期。

郭　锐，2002，《述结式的论元结构》，徐烈炯、邵敬敏《汉语语法研究的新拓展（一）》，浙江教育出版社。

郭　锐，2010，《现代汉语词类研究》，商务印书馆。

何万顺，1997，《汉语动宾结构中的互动与变化》，文鹤出版有限公司。

贺　阳，1996，《性质形容词做状语问题考察》，胡明扬《词类问题考察》，北京语言学院出版社。

胡建华，2013，《句法对称与名动均衡——从语义密度和传染性看实词》，《当代语言学》2013 年第 1 期。

华玉明，2008，《汉语重叠功能的多视角研究》，南开大学博士学位论文。

胡裕树，1995，《现代汉语（重订本）》，上海教育出版社。

黄南松，1996，《论非谓形容词》，《汉语言文化研究》，广西师范大学出版社。

黄　珊，1996，《古汉语副词的来源》，《中国语文》1996 年第 3 期。

甲柏连孜，1881/2015，《汉文经纬》，外语教学与研究出版社。

金立鑫，2012，《语言研究的科学范式》，《语言科学》创刊 10 周年学术研讨会论文（徐州）。

金立鑫、于秀金，2016，《普通话形容词用"的"与"很"的统一解释》，《中国语言学报》2016 年第 17 期。

柯　航，2007，《现代汉语单双音节搭配研究》，中国社会科学院博士学位论文。

柯　航，2018，《韵律和语法》，学林出版社。

[美] 伯纳德·科姆里，2010，《语言共性和语言类型（第二版）》，沈家煊、罗天华译，北京大学出版社。

李晋霞，2008，《现代汉语动词直接做定语研究》，商务印书馆。

李永乐，2017，《清华学霸老师讲解什么是闰年》，https：//www.iqiyi.com/w_19rtof9f59.html。

黎锦熙，1924/2000，《新著国语文法》，商务印书馆。

李佐丰，2004，《古代汉语语法学》，商务印书馆。

林巧莉、韩景泉，2011，《从"分布形态理论"看汉语的词类》，《外国语》2011 年第 3 期。

刘丹青，2003，《语序类型学与介词理论》，商务印书馆。

刘丹青，2005，《形容词和形容词短语的研究框架》，《民族语文》2005 年第 5 期。

刘丹青，2008a，《汉语名词性短语的句法类型特征》，《中国语文》2008 年第 1 期。

刘丹青，2008b，《语法调查研究手册》，上海教育出版社。

刘丹青，2010，《汉语是一种动词型语言——试说动词型语言和名词型语言的类型差异》，《世界汉语教学》2010 年第 1 期。

刘丹青，2017，《语言类型学》，中西书局。

鲁国尧，2000，《欣喜·忧虑——序》，董志翘《〈入唐求法巡礼行记〉词汇研究》，中国社会科学出版社。

陆丙甫，2003，《"的"的基本功能和派生功能——从描写性到区别性再到指称性》，《世界汉语教学》2003 年第 1 期。

陆丙甫，2005，《语序优势的认知解释：论可别度对语序的普遍影响（上）》，《当代语言学》2005 年第 1 期。

陆丙甫，2014，《沈家煊"名动包含"理论正反说》，潘文国《英汉对比与翻译（第二辑）》，上海外语教育出版社。

陆俭明，2003，《对"NP＋的＋VP"结构的重新认识》，《中国语文》2003年第5期。

陆俭明，2008，《北京大学110年前行与回望》，《中华读书报》2008年3月26日刊。

陆俭明，2014，《怎么认识汉语在词类上的特点？——评述黎锦熙、高名凯、朱德熙、沈家煊诸位的词类观》，潘文国《英汉对比与翻译（第二辑）》，上海外语教育出版社。

罗思民，2009，《英汉动结式的认知功能分析》，中国社会科学出版社。

吕叔湘，1954，《关于汉语词类的一些原则性问题》，《中国语文》1954年第9期、第10期。

吕叔湘，1962，《关于"语言单位的同一性"等等》，《中国语文》1962年第11期。

吕叔湘，1963，《现代汉语单双音节问题初探》，《中国语文》1963年第1期。

吕叔湘，1965/2002，《形容词使用情况的一个考察》，《20世纪现代汉语语法八大家——吕叔湘选集》，东北师范大学出版社。

吕叔湘，1979，《汉语语法分析问题》，商务印书馆。

吕叔湘，1980，《现代汉语八百词》，商务印书馆。

吕叔湘，1982，《中国文法要略》，商务印书馆。

吕叔湘，2002，《语法研究中的破与立》，《吕叔湘全集（第十三卷）》，商务印书馆。

吕叔湘、饶长溶，1981，《试论非谓形容词》，《中国语文》1981年第2期。

吕叔湘、朱德熙，1952，《语法修辞讲话》，开明书店。

马建忠，1898/1983，《马氏文通》，商务印书馆。

马庆株，2002，《著名中年语言学家自选集——马庆株卷》，安徽教育出版社。

马婷婷，2017，《结果补语对形容词的选择限制》，《语言研究》2017年第1期。

马 真、陆俭明，1997，《形容词作结果补语情况考察（一）》，《汉语学习》1997 年第 1 期。

宁春岩，2013，Healthy Sentence? Sick Sentence? Non-Sentence?，第二届中国句法语义（青年）论坛（昆山）。

牛顺心，2014，《汉语中致使范畴的结构类型研究——兼汉藏语中致使结构的比较研究》，南开大学出版社。

[美] 皮尔斯，2014，《皮尔斯论符号》，赵星植译，四川大学出版社。

尚 杰，2009，《横向的逻辑与垂直的逻辑》，《中国社会科学院研究生院院报》2009 年第 4 期。

邵敬敏，1984，《"动+个+形/动"结构分析——兼与游汝杰同志商榷》，《汉语学习》1984 年第 2 期。

邵敬敏，1997，《论汉语语法的语义双向选择性原则》，《中国语言学报》1997 年第 8 期。

沈家煊，1995，《"有界"和"无界"》，《中国语文》1995 年第 5 期。

沈家煊，1997，《形容词句法功能的标记模式》，《中国语文》1997 年第 4 期。

沈家煊，1999，《不对称和标记论》，江西教育出版社。

沈家煊，2004，《动结式"追累"的语法和语义》，《语言科学》2004 年第 6 期。

沈家煊，2008，《"移位"还是"移情"？——析"他是去年生的孩子"》，《中国语文》2008 年第 5 期。

沈家煊，2009，《我看汉语的词类》，《语言科学》2009 年第 1 期。

沈家煊，2010a，《英汉否定词的分合和名动的分合》，《中国语文》2010 年第 5 期。

沈家煊，2010b，《我只是接着向前跨了半步——再谈汉语的名词和动词》，《语言学论丛（第40辑）》，商务印书馆。

沈家煊，2010c，《关于先秦汉语的名词和动词》，中国语言学会第 15 届年会报告（呼和浩特）。

沈家煊，2011a，《朱德熙先生最重要的学术遗产》，《语言教学与研究》2011 年第 4 期。

沈家煊，2011b，《从韵律结构看形容词》，《汉语学习》2011 年第 3 期。

沈家煊，2011c，《汉语语法研究摆脱印欧语眼光》，北京大学对外汉语教育学院报告。

沈家煊，2012a，《关于先秦汉语的名词和动词》，《中国语言学报》2012年第15期。

沈家煊，2012b，《名动词的反思问题和对策》，《世界汉语教学》2012年第1期。

沈家煊，2012c，《怎样对比才有说服力——以英汉名动对比为例》，《现代外语》2012年第1期。

沈家煊，2012d，《"零句"和"流水句"——为赵元任先生诞辰120周年而作》，《中国语文》2012年第5期。

沈家煊，2013，《谓语的指称性》，《外文研究（创刊号）》2013年第1期。

沈家煊，2015，《词类的类型学和汉语的词类》，《现代外语》2015年第2期。

沈家煊，2016a，《名词和动词》，商务印书馆。

沈家煊，2016b，《从唐诗的对偶看汉语的词类和语法》，《当代修辞学》2016年第3期。

沈家煊，2017a，《汉语"大语法"包含韵律》，《世界汉语教学》2017年第1期。

沈家煊，2017b，《汉语有没有"主谓结构"》，《现代外语》2017年第1期。

沈家煊，2017c，《"能简则简"和"分清主次"——语言研究方法论谈》，《南开语言学刊》2017年第2期。

沈家煊，2017d，《"结构的平行性"和语法体系的构建——用"类包含"讲汉语语法》，《华东师范大学学报》2017年第4期。

沈家煊，2018，《布龙菲尔德说"主谓结构"》，第17届中国当代语言学国际研讨会（北京）。

沈家煊，2019，《有关思维模式的英汉差异》，"语言教学与研究前沿论坛"暨《语言教学与研究》创刊40周年庆典报告（北京）。

沈家煊、完权，2009，《也谈"之字结构"和"之"字的功能》，《语言科学》2009年第2期。

沈家煊、许立群，2016，《从"流水句"的特性看先秦"名而动"结构》，《语言教学与研究》2016 年第 6 期。

施春宏，2008，《动结式"V 累"的句法语义分析及其理论蕴涵》，《语言科学》2008 年第 5 期。

施关淦，1981，《"这本书的出版"中"出版"的词性——从"向心结构"理论说起》，《中国语文通讯》1981 年第 4 期。

石　锓，2010，《汉语形容词重叠形式的历史发展》，商务印书馆。

史有为，2014，《第一设置与汉语的实词》，潘文国《英汉对比与翻译（第二辑）》，上海外语教育出版社。

石毓智，2000，《论"的"的语法功能的同一性》，《世界汉语教学》2000 年第 1 期。

宋文辉，2003，《现代汉语动结式配价的认知研究》，中国社会科学院博士学位论文。

苏　颖，2011，《古汉语名词作状语现象的衰微》，《语文研究》2011 年第 4 期。

孙朝奋，2012，《再论结构助词"的"：汉语名词短语的形式和语义》，浙江大学语言与认知研究中心报告。

孙德金，1995，《现代汉语名词作状语的考察》，《语言教学与研究》1995 年第 4 期。

孙德金，1997，《现代汉语动词作状语考察》，《语言教学与研究》1997 年第 3 期。

孙鹏飞，2017，《形容词定谓转换的实现条件与"的""很"的统一认知功能》，《世界汉语教学》2017 年第 3 期。

谭景春，2010，《〈现代汉语词典〉第 6 版条目修订举例》，中国社会科学院语言研究所高研演讲稿（北京）。

唐钰明，1995，《"例不十，法不立"的来源及意义》，《语文建设》1995 年第 10 期。

王红旗，1995，《动结式述补结构配价研究》，沈阳、郑定欧《现代汉语配价语法研究》，北京大学出版社。

王　力，1936，《中国文法学初探》，《清华学报》1936 年第 1 期。

王　力，1955，《关于汉语有无词类的问题》，《北京大学学报》1955 年第 2 期。

王　力，1980/2004，《汉语史稿》，中华书局。

王跟国，2006，《句法位置对性质形容词的句法语义特征的制约》，山西大学硕士学位论文。

王光全，1993，《动词做定语的几个问题》，《吉林师范学院学报》1993年第 2 期。

王玲玲、何元建，2002，《汉语动结结构》，浙江教育出版社。

王启龙，2003，《现代汉语形容词计量研究》，北京语言大学出版社。

王　寅，2007，《认知语言学》，上海外语教育出版社。

文炼、胡附，1954/1982，《谈词的分类》，《现代汉语参考资料》，上海教育出版社。

完　权，2010，《"的"的性质与功能》，中国社会科学院博士学位论文。

完　权、沈家煊，2010，《跨语言词类比较的"阿姆斯特丹模型"》，《民族语文》2010 年第 3 期。

伍雅清、祝　娟，2013，《形容词作谓语的不完句效应研究》，《现代外语》2013 年第 1 期。

邢公畹，1992，《现代汉语教程》，南开大学出版社。

熊学亮、魏　薇，2014a，《"NPV 累了 NP"动结式的补语趋向解读》，《外语教学理论与实践》2014 年第 2 期。

熊学亮、魏　薇，2014b，《倒置动结式的致使性透视》，《外语教学与研究》2014 年第 2 期。

熊仲儒、刘丽萍，2006，《动结式的论元实现》，《现代外语》2006 年第 2 期。

徐烈炯、刘丹青，2007，《话题的结构与功能（修订版）》，上海教育出版社。

颜景常，1954，《对于语法讨论的意见和希望》，《中国语文》1954 年第 3 期。

杨荣祥，1998，《总括副词"都"的历史演变》，《北大中文研究创刊号》，北京大学出版社。

俞　敏，1984，《名词动词形容词》，上海教育出版社。

余健萍，1957，《使成式的起源和发展》，《语法论集（第二集）》，中华书局。

袁毓林，2002，《论元角色的层级关系和语义特征》，《世界汉语教学》2002 年第 3 期。

曾　骞，2013，《再论 VP 前"是"的语法性质》，《汉语学报》2013 年第 1 期。

曾一书，1985，《名词作状语应注意的几个问题》，《南充师范学院学报》1985 年第 3 期。

詹卫东，2012，《从语言工程看"中心扩展规约"和"并列条件"》，《语言科学》2012 年第 5 期。

张　斌，2008，《新编现代汉语语法（第二版）》，复旦大学出版社。

张伯江，2011，《现代汉语形容词做谓语研究》，《世界汉语教学》2011 年第 1 期。

张伯江，2015，《双音化的名词性效应》，《中国语文》2015 年第 4 期。

张　凤、高　航，2008，《词类的认知语法视角》，《中国外语》2008 年第 5 期。

张国宪，2006，《现代汉语形容词功能与认知研究》，商务印书馆。

张国宪，2008，《韵律引发词汇化的个案分析》，《语法研究和探索（第十四辑）》，商务印书馆。

张国宪，2016，《现代汉语动词的认知与研究》，学林出版社。

张姜知，2013，《体词谓语句和汉语词类》，中国社会科学院博士学位论文。

张姜知、郑通涛，2015，《类型学视野下的广义名词谓语句框架》，《厦门大学学报》2015 年第 1 期。

张姜知、张颖，2017，《系词的形式与功能——兼论名词谓语句》，《外国语》2017 年第 2 期。

张　敏，1998，《认知语言学与汉语名词短语》，中国社会科学出版社。

张　敏，2017，《汉语为什么（还是）没有独立的形容词类》，中国社会科学院语言研究所报告。

张　倩，2013，《现代汉语一般名词作状语的研究》，上海师范大学硕士学位论文。

张谊生，2000，《现代汉语副词研究》，学林出版社。

张志公，1956，《暂拟汉语教学语法系统》，人民教育出版社。

赵元任，1968/1979，《汉语口语语法》，商务印书馆。

郑怀德、孟庆海，2010，《汉语形容词用法词典》，商务印书馆。

周长银，2012，《现代汉语"追累"句式的生成研究述评》，《北京科技大学学报》2012年第1期。

周生亚，2018，《汉语词类史稿》，中国人民大学出版社。

朱德熙，1956，《现代汉语形容词研究》，《语言研究》1956年第1期。

朱德熙、盧甲文、马真，1961，《关于动词形容词"名物化"的问题》，《北京大学学报》1961年第4期。

朱德熙，1980，《现代汉语语法研究》，商务印书馆。

朱德熙，1982，《语法讲义》，商务印书馆。

朱德熙，1985，《语法答问》，商务印书馆。

朱德熙，2010，《语法分析讲稿》，商务印书馆。

Abney, S., 1987, *The Noun Phrase in Its Sentential Aspect*, MIT: MIT Press.

Aikhenvald, Alexandra Y., 2004, "The adjective Class in Tariana", in Dixon, R. M. W. and Alexandra Y. Aikhenvald, *Adjective Classes: A Cross-Linguistic Typology*, Oxford: Oxford University Press.

Ansaldo, Umberto, Jan Don & Roland Pfau, 2010, *Parts of Speech: Empirical and Theoretical Advances*, Amsterdam: John Benjamins Publishing Co.

Ayto, John, 2005, *Word Origins*, London: A & C Black Publishers Ltd.

Backhouse, A. E., 2004, "Inflected and Uninflected Adjectives in Japanese", in Dixon, R. M. W. & Alexandra Y. Aikhenvald, *Adjective Classes: A Cross-Linguistic Typology*. Oxford: Oxford University Press.

Bacon, F., 2010, *New Organon*, Beijing: Foreign Language Teaching and Research Press.

Bader, Markus & Jana Häussler, 2010, "Toward a Model of Grammaticality Judgments", *Linguistics*, Vol. 46, pp. 273–330.

Baker, Mark C., 2003, *Lexical Categories: Verbs, Nouns, and Adjectives*, Cambridge: Cambridge University Press.

Beck, David, 2002, *The Typology of Parts of Speech Systems: The Markedness of Adjectives*, New York: Routledge.

Beck, David, 2013, "Unidirectional Flexibility and the Noun – Verb Distinction in Lushootseed", in Jan Rijkhoff & E. van Lier, *Flexible Word Classes: Typological Studies of Underspecified Parts of Speech*, New York: Oxford University Press.

Bhat, D. N. S., 1994, *The Adjectival Category*, Amsterdam: John Benjamins Publishing Company.

Bisang, Walter, 2010, "Precategoriality and Syntax – Based Parts of Speech: The Case of Late Archaic Chinese", in Umberto Ansaldo, Jan Don & Roland Pfau, *Parts of Speech: Empirical and Theoretical Advances*, Amsterdam: John Benjamins Publishing Co.

Bloomfild, Leonard. 1933. *Language*. New York: Henry Holt.

Boas, Franz, 1911, "Introduction", in *Handbook of American Indian Languages (Volume 1)*, Washington, D. C. : Bureau of American Ethnology.

Bolinger, D. 1968, *Aspects of Language*, New York: Harcourt Brace Jovanovich.

Broschart, Jurgen, 1997, Why Tongan Does It Differently: Categorial Distinctions in a Language without Nouns and Verbs, *Linguistic Typology*, No. 1, pp. 123 – 165.

Burling, Robbins, 2004, *The Language of the Modhupur Mandi (Garo)*, Vol. 1: *Grammar*, New Delhi/Morganville: Bibliophile South Asia/Promilla & Co.

Carlson, Robert, 1994, *A Grammar of Supyire, Kampwo Dialect*, Berlin: Mouton de Gruyter.

Chao, Yuen Ren, 1997, Making Sense Out of Nonsense, *The Sesquipedalian*, Vol. Ⅷ, No. 32.

Chomsky, Noam, 1957, *Syntactic Structures*, The Hague/Paris: Mouton.

Chomsky, Noam, 2001, "Derivation by Phase", in Ken Hale, Michael Kenstowicz eds. , *A Life in Language*, Cambridge, Mass. : MIT Press.

Chung, Sandra, 2012, "Are Lexical Categories Universal? The View from Chamorro", *Theoretical Linguistics*, Vol. 38, pp. 1 – 56.

Comrie, Bernard, 1976, *Aspect*, Cambridge: Cambridge University Press.

Comrie, Bernard, 1989, *Language Universals and Linguistic Typology: Syntax and Morphology*, Oxford: Blackwell Publishing Ltd.

Comrie, Bernard, 2010, New Directions in the Typology of Relative Clauses. 中国社会科学院语言研究所报告。

Cook, A. S., 1894, *First Book in Old English*, Boston: Ginn & Company Publisher.

Croft, William, 1991, *Syntactic Categories and Grammatical Relations: The Cognitive Organization of Information*, Chicago: University of Chicago Press.

Croft, William, 2000, "Parts of Speech as Language Universals and as Language – Particular Categories", in Petra M. Vogel and Bernard Comrie eds., *Approaches to the Typology of Word Classes*, Berlin: Mouton de Gruyter.

Croft, William, 2001, *Radical Construction Grammar: Syntactic Theory in Typological Perspective*, Oxford: Oxford University Press.

Croft, William, 2002/2008, *Tyology and Universals*, Beijing: Foreign Language Teaching and Research Press.

Crystal, David, 2008, *A Dictionary of Linguistics and Phonetics*, Malden: Blackwell Publishing.

Davis, Henry and Lisa Matthewson, 1999, On the Functional Determination of Lexical Categories, *Revue québécoise de linguistique*, No. 2, pp. 29 – 69.

Dik, Simon C., 1989, *The Theory of Functional Grammar Part 1: The Structure of the Clause*, Dordrecht: Foris.

Dik, Simon C., 1997, *The Theory of Functional Grammar Part 1: The Structure of the Clause (2nd Edition)*, Berlin and New York: Mouton de Gruyter.

Dixon, R. M. W., 1982, *Where Have All the Adjectives Gone?* Berlin: Mouton Publishers.

Dixon, R. M. W., 2004, "Adjective Classes in Typological Perspective", in Dixon, R. M. W. and Alexandra Y. Aikhenvald, *Adjective Classes: A Cross-Linguistic Typology*, Oxford: Oxford University Press.

Dowty, D., 1991, "Thematic Proto–Roles and Argument Selection", *Language*, Vol. 67, pp. 547 – 619.

Dryer, Matthew S., 1992, The Greenbergian Word Order Correlations, *Language, No. 1, pp. 81 – 138.

Dryer, Matthew S., 1997, "Are Grammatical Relations Universal?" in Joan L. Bybee, John Haiman, and Sandra A. Thompson eds., *Essays on Language Function and Language Type: Dedicated to T. Givon*, Amsterdam: Benjamins.

Fasold, Ralph W., 1992, *The Sociolinguistics of Language: Introduction to Sociolinguistics*, Vol. II (5th Edition), Oxford, UK and Cambridge, MA: Blackwell.

Frajzyngier, Zygmunt, 1993, *A Grammar of Mupun*, Berlin: Dietrich Reimer.

Gao, Q., 1997, "Resultative Verb Compounds and BA – Construction in Chinese", *Journal of Chinese Linguistics*, Vol. 25, pp. 84 – 130.

Gil, David, 2005, "Word Order without Syntactic Categories: How Riau Indonesian Does It", in Andrew Carnie, Heidi Harley, and Sheila Ann Dooley eds., *Verb First: On the Syntax of Verb-Initial Languages*, Amsterdam: John Benjamins.

Givón, Talmy, 1979, *On Understanding Grammar*, New York: Academic Press.

Givón, Talmy, 1984, *Syntax: A Functional-Typological Introduction*, Volume II, Amsterdam: Benjamins Publishing Company.

Goldberg, A. E. and R. Jackendoff, 2014, "The English Resultative as a Family of Constructions", *Language*, No. 3, pp. 532 – 568.

Greenberg, J. H., 1963, "Some Universals of Grammar with Particular Reference to the Order of Meaningful Elements", in J. H. Greenberg ed., *Universal of Human Language*, Cambridge & Mass: MIT Press.

Haiman, J., 1983, "Iconic and Economic Motivation", *Language*, Vol. 59, pp. 781 – 819.

Halle, M. and A. Marantz, 1993, "Distributed Morphology and the Pieces of Inflection", in K. Hale and S. J. Keyser eds., *The View from Building* 20, Cambridge, MA: The MIT Press.

Halliday, M. A. K., 1994/2000, *An Introduction to Functional Grammar*, Beijing: Foreign Language Teaching and Research Press.

Hagège, C., 1974, "The 'Adjective' in Some African Languages", *Studies in African Linguistics*, No. S5, pp. 125 – 133.

Hajek, J., 2004, "Adjective Classes: What Can We Conclude?" in Dixon, R. M. W. and A. Y. Aikhenvald, *Adjective Classes: A Cross-Linguistic Typology*, Oxford: Oxford University Press.

Haspelmath, Martin, 2001, "Word Classes and Parts of Speech", in N. J. Smelser and P. B. Baltes, *International Encyclopedia of the Social & Behavioral Sciences*, Amsterdam: Elsevier.

Haspelmath, Martin, 2007, "Pre-Established Categories Don't Exist: Consequences for Language Description and Typology", *Linguistic Typology*, No. 11, pp. 119 – 132.

Haspelmath, Martin, 2012a, "How to Compare Major Word-Classes across the World's Languages", *UCLA Working Papers in Linguistics: Theories of Everything*, Vol. 17, pp. 109 – 130.

Haspelmath, Martin, 2012b. "Escaping Ethnocentrism in the Study of Word-Class Universals", *Theoretical Linguistics*, Vol. 38 (1 – 2), pp. 91 – 102.

Heine, B., 1997, *Cognitive Foundations of Grammar*, Oxford: Oxford University Press.

Heine, B., 2011, *The Evolution of Human Language: A Grammaticalization Perspective*, 首都师范大学报告（北京）。

Heine, B. and T. Kuteva, 2002, "On the Evolution of Grammatical Forms", in A. Wray eds., *The Transition to Language*, Oxford: Oxford University Press.

Hengeveld, K., 1992a, "Non-Verbal Predictability", in M. Kefer and J. van der Auwera eds., *Meaning and Grammar: Cross-Linguistic Perspectives*, Berlin & New York: Mouton de Gruyter.

Hengeveld, K., 1992b, "Parts of Speech", in M. Fortescue, P. Harder & L. Kristoffersen eds., *Layered Structure and Reference in a Functional Perspective*, Amsterdam: John Benjamins.

Hengeveld, K., J. Rijkhoff and A. Siewierska, 2004, "Parts-of-Speech Systems and Word Order", *Journal of Linguistics*, Vol. 40 – 3, pp. 527 – 570.

Hengeveld, K. and Jan Rijkhoff, 2005, "Mundari as a Flexible Language", *Linguistic Typology*, Vol. 9 - 3, pp. 406 - 430.

Hengeveld, K. and E. van Lier, 2010, "An Implicational Map of Parts of Speech", *Linguistic Discovery*, No. 8. pp. 129 - 156.

Hengeveld, K. , 2013, "Parts-of-Speech Systems as a Basic Typological Determinant", in J. Rijkhoff and E. van Lier, *Flexible Word Classes: Typological Studies of Underspecified Parts of Speech*, Oxford: Oxford University Press.

Hofhrr, P. Cabredo, 2010, *Adjectives: Formal Analyses in Syntax and Semantics*, New York: John Benjamins Publishing Co.

Horobin, Simon and Jeremy Smith, 2002, *An Introduction to Middle English*, Edinburgh: Edinburgh University Press Ltd.

Huang, Shi-Zhe, 1997, "*Some Remarks on Adjectives in Mandarin Chinese*", Paper delivered at the International Association of Chinese Linguistics - 6 (IACL - 6), Leiden.

Huang, Shi-Zhe, 2006, "Property Theory, Adjectives, and Modification in Chinese", *Journal of East Asian Linguistics*, Vol. 15, pp. 343 - 369.

Jackendoff, R. , 1972, *Semantic Interpretation in Generative Grammar*, Cambridge and Massachusetts: The MIT Press.

Jesperson, Otto, 1924/1992, *The Philosophy of Grammar*, London: George Allen and Unwin.

Kamp, Hans, 1975, "TwoTheories about Adjectives", in E. L. Keenan ed. , *Formal Semantics of Natural Language*, Cambridge: Cambridge University.

Kaufman, Daniel, 2009, "Austronesian Nominalism and Its Consequences: A Tagalog Case Study", *Theoretical Linguistics*, Vol. 35 - 1, pp. 1 - 49.

Kindade, M. Dale, 1983, "Salishan Evidence against the Universality of 'Noun' and 'Verb'", *Lingua*, Vol. 60, pp. 25 - 40.

Klein, Ewan, 1980, "ASemantics for Positive and Comparative Adjectives", *Linguistics and Philosophy*, No. 4, pp. 1 - 45.

Lakoff, G. , 1987, *Women, Fire and Dangerous Things*, Chicago: University of Chicago Press.

Lakoff, George and Mark Johnson, 1980, *Metaphors We Live By*, Chicago: The University of Chicago Press.

Langacker, Ronald W., 1999, *Grammar and Conceptualization*, Berlin & New York: Mouton de Gruyter.

Larson, Richard, 2009, "Chinese as a Reverse Ezafe Language",《语言学论丛（第三十九辑）》, 商务印书馆。

Lazard, Gilbert, 1992, "Y at-il des catégories interlangagières?" in Susanne Anschütz ed., *Texte, Sätze, Wörter und Moneme: Festschrift für Klaus Heger zum 65. Geburtstag*, Heidelberg: Heidelberger Orientverlag.

Levin, B., 2015, *Resultatives Revisited: Expanding the Empirical Foundations*, Keynote Speech at Hebrew University.

Levinson, S. C., 1983, *Pragmatics*, Cambridge: Cambridge University Press.

Li, Charles N. and Thompson, Sandra A., 1981, *Mandarin Chinese*, Berkeley: University of California Press.

Li, Y. F., 1990, "On V-V Compounds in Chinese", *Natural Language and Linguistic Theory*, No. 8, pp. 177–207.

Li, Y. F., 1995, "The Thematic Hierarchy and Causativity", *Natural Language and Linguistic Theory*, Vol. 13, pp. 255–282.

Lieber, Rochelle and Pavol Štekauer, 2009, "Introduction: Status and Definition of Compounding", in Lieber, Rochelle and Pavol Štekauer eds., *The Oxford Handbook of Compounding*, Oxford: Oxford University Press.

Liu, C.-S. L., 2010, "The Positive Morpheme in Chinese and the Adjectival Structure", *Lingua*, Vol. 120, pp. 1010–1056.

Luuk, E., 2010, "Noun, Verbs and Flexibles: Implications for Typologies of Word Classes", *Language Sciences*, Vol. 32, pp. 349–365.

Madugu, Isaac S. G., 1976, "Yoruba Adjectives Have Merged with Verbs, or Are They Just Emerging?" *Journal of West African Languages*, Vol. 11, pp. 85–102.

Martinet, A., 1955, *Economie des Changements Phonétiques: Traité de Phonologie Diachronique.* Berne: Francke.

McCawley, J., 1992, "Justifying Part of Speech Assignments in Mandarin Chinese", *Journal of Chinese Linguistics*, Vol. 20 – 2, pp. 211 – 246.

Paul, Waltraud, 2005, "Adjectival Modification in Mandarin Chinese and Related Issues", *Linguistics*, Vol. 43 – 4, pp. 757 – 793.

Payne, T. E., 1997, *Describing Morphosyntax: A Guide for Field Linguistics*, Cambridge: Cambridge University Press.

Priestley, Joseph, 1761, *The Rudiments of English Grammar*, London: R. Griffiths.

Pustet, Regina, 1989, *Die Morphosyntax des 'Adjectivs' im Sprachvergleich*, Frankfurt am Main: Lang.

Quirk, Randolph, Sidney Greenbaum, Geoffrey Leech and Jan Svartvik, 1985, *A Comprehensive Grammar of the English Language*, Cambridge: Cambridge University Press.

Radden, G. and R. Dirven, 2007, *Cognitive English Grammar*, Amsterdam/ Philadelphia: John Benjamins.

Rijkhoff, Jan, 2000, "When Can a Language Have Adjectives? An Implicational Universal", in Vogel, P. M. and B. Comrie, *Approaches to the Typology Word Classes*, Berlin and New York: Moutonde Gruyter.

Rijkhoff, Jan and E. van Lier, 2013, *Flexible Word Classes: Typological Studies of Underspecified Parts of Speech*, New York: Oxford University Press.

Santorini, Beatriceand Anthony Kroch, 2007, *The Syntax of Natural Language: An Online Introduction Using the Trees Program*, http://www.ling.upenn.edu/~beatrice/syntax-textbook.

Sasse, Hans – Juergen, 1993, "Syntactic Categories and Subcategories", in Joachim Jacobs, Arnim von Stechow, Wolfgang Sternefeld, and Theo Vennemann eds., *Syntax: An International Handbook of Contemporary Research*, Berlin: Mouton de Gruyter.

Sassoon, Galit W., 2012, "A Typology of Multidimensional Adjectives", *Journal of Semantics*, No. 3, pp. 335 – 380.

Schachter, Paul, 1985, "Parts-of-Speech Systems", in Timothy Shopen ed., *Language Typology and Syntactic Description*, *Vol I: Clause Structure*, Cambridge: Cambridge University Press.

Schachter, Paul. and T. Shopen, 1985/2007, "Parts-of-Speech Systems", in Timothy Shopen eds., *Language Typology and Syntactic Description. Vol. 1*, Cambridge: Cambridge University Press.

Searle, John R., 1969, *Speech Acts: An Essay in the Philosophy of Language*, Cambridge: Cambridge University Press.

Selkirk, E., 1984, *Phonology and Syntax: The Relation between Sound and Structure*, Cambridge and Massachusetts: MIT Press.

Shen, Jiaxuan, 2011, "Nouns and Verbs in Chinese: Cognitive, Philosophical, and Typological Perspectives", 第 11 届国际认知语言学大会主题报告（西安）。

Simone, Raffele, 1998, "The Early Modern Period", in Giulio Lepschy ed., *History of Linguistics III. Renaissance and Early Modern Linguistics*, London: Longman.

Simone, Raffaele and Francesca Masini, 2014, *Word Classes: Nature, Typology and Representations*, Amsterdam and Philadelphia: John Benjamins Publishing Co.

Song, J. J., 2001, *Linguistic Typology: Morphology and Syntax*, Harlow: Longman.

Sproat, R. and C. Shih, 1991, "The Cross-Linguistic Distribution of Adjective Ordering Restrictions", in Georgopoulos, C. and R. Ishihara (eds.), *Interdisciplinary Approaches to Language: Essays in Honor of S. -Y. Kuroda*, Dordrecht et alibi: Kluwer Academic Publisher.

Stassen, Leon, 1997, *Intransitive Predication*, Oxford: Oxford University Press.

Swadesh, Morris, 1938, "NootkaInternal Syntax", *International Journal of American Linguistics*, No. 9, p. 77 – 102.

Talmy, L., 2000, *Toward a Cognitive Semantics*, Volume 2, Cambridge: MIT Press.

Thompson, Sandra A., 1988, "A Discourse Approach to the Cross-Linguistic Category 'Adjective'", in John Hawkins ed., *Explaining Language Universals*, Oxford: Basil Blackwell.

Vogel, P. M., 2000, "Grammaticalisation and Parts-of-Speech Systems", in Vogel, P. M. and B. Comrie, *Approaches to the Typology Word Classes*, Berlin and New York: Mouton de Gruyter.

Vogel, P. M. and B. Comrie, 2000, *Approaches to the Typology Word Classes*, Berlin and New York: Mouton de Gruyter.

Wechsler, Stephen and Bokyung Noh, 2001, "On Resultative Predicates and Clauses: Parallels between Korean and English", *Language Sciences*, Vol. 23, pp. 391–423.

Wetzer, Harrie, 1996, *The Typology of Adjectival Predication: Empirical Approaches to Language Typology*, Berlin: Mouton de Gruyter.

Wouters, Alfons and Pierre Swiggers, 2013, "Word Classes", in Giannakis, Georgios K., *Encyclopedia of Ancient Greek Language and Linguistics*, http://dx.doi.org/10.1163/2214-448X_eagll_COM_00000400.

Xu, Weiyuan, 1988, *Capturing the Adjective in Chinese*, Mss. Australian National University Phd. Dissertation.

Zhao, M., T. Liu, G. Chen and F. Chen, 2015, "Are Scalar Implicatures Automatically Processed and Different for Each Individual? A Mismatch Negativity (MMN) Study", *Brain Research*, No. 1599, pp. 137–149.

Zwicky, Arnold, 1985, "Clitics and Particles", *Language*, No. 2, pp. 283–305.

后　　记

　　曾经在读书的一段时期里，很少能有一个研究方向或课题能让我如此聚焦，因为当时自己并不清楚语言学界会有什么需要解决的大问题，所以别人做什么，我就学什么、写什么。直到进入汉语领域，我才知道什么是更具挑战的研究课题，汉语的词类便是其中之一。也就是从那时起，词类成为我观察语言现象的一个主要视角。同时我也领悟到，许许多多的语法问题本质就是词类问题。此书是我博士阶段以来研究兴趣的一个小结，诚恳欢迎各位学者的批评和指正。

　　借此机会，我要衷心感谢恩师沈家煊先生。跟随沈先生读博期间，我深刻地意识到，读博不仅是增加知识，更重要的是掌握科学、严谨的思维方式。此外，非常感谢我的硕士导师，安徽大学的朱跃教授，他是我语言学道路的启蒙者。多年来，朱老师一直给我关心和鼓励。还要感谢安徽大学杨玲教授以及安徽大学 A 类文科创新团队建设项目（S030314002/011），为我的学术研究提供了各种人力和物力上的支持和帮助。

陈　刚

2021 年 10 月